여행상품
상담 실무

THE PROFESSIONAL CONSULTANT FOR TRAVEL AGENCY

Preface

최근 NCS는 대학의 실무교육과 관련하여 최대의 관심사로 떠올랐다. 대학 교육의 체계와 내용을 친 기업적, 실무적으로 변화시키겠다는 정부의 방침에 따라 교육의 대 혁신이 이루어지고 있다. 관광분야에서도 NCS 체계의 직무분석과 함께 교과목에 대한 전반적인 조정이 이루어지고 있다. 여행분야에 대한 NCS 체계는 (대분류) 숙박·여행·오락 → (중분류) 관광·레저 → (소분류) 여행서비스 → (세분류) 여행상품개발, 여행상품상담, 국내여행안내, 국외여행안내, 항공객실서비스로 구분되고 있으며, 각 세분류별로 10~15의 능력단위로 구성되어 있다.

본 교재는 세분류 중 여행사 업무에서 가장 큰 비중을 차지하는 여행상품상담의 10개 능력단위(고객응대, 상품추천, 상담교육, 상담자료작성, 상품설명, 상담고객관리, 여행요금상담, 예약수배업무, 여행상품계약, 여행고객관리)를 중심으로 대학 교육에서 꼭 필요한 핵심적인 내용으로 구성하였다. 교재의 구성과 내용은 NCS 체계를 철저히 준수하여 집필하였다. 또한 대학의 교육환경을 고려하여 전문대학 이상의 학생 수준에서 여행상품상담 업무를 학습하는 데 필요한 내용을 한 학기 수업 분량으로 맞추어 구성하였다.

상품추천 부분에서는 QR코드를 통한 동영상자료를 담고 있어서 학습자들이 흥미롭게 전 세계의 유명 관광지에 대한 이해를 높일 수 있도록 하였다. 내용에 있어서는 이론적 서술을 최대한 배제하고 NCS의 기본 이념인 실무·실습 중심으로 꾸미고자 하였다. 이 교재는 여행상품상담 업무를 학습하는 데 있어서 교수자에게는 가장 편리하고, 학습자에게는 가장 효율적인 지침서가 될 것으로 판단된다.

2019. 07

저자 씀

Contents

Chapter 01
고객 응대

Chapter 02
상품 추천

Chapter 03
상담교육

Chapter 04
상담자료 작성

Chapter 05
여행요금 상담

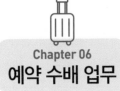

Chapter 04
여행고객 관리

NCS 기반
여행상품상담실무

Chapter 01

고객 응대

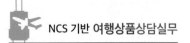

1. 고 객

1 고객의 개념

기업 간의 경쟁이 치열하고 상품이 넘쳐나는 시장상황에서 고객의 개념은 더욱 중시되고 있다. 신규고객의 확보와 이탈고객의 방지는 매우 중요한 과업이며, 고객만족이 고객유치를 위한 충분조건은 아닐지라도 필요조건이 되는 것은 자명한 사실이다. 서비스기업에서 고객의 개념은 더욱 확대되어서 '내게 서비스 제공에 대한 기대를 갖는 모든 사람'으로 인식되고 있다. 고객만족은 기업의 사명이며 존재이유이다. 만족한 고객만이 단골고객이 될 수 있으며 이러한 단골고객으로 인하여 기업이 성장하는 것이다.

고객응대는 직원이 업무 수행 상 고객을 대함에 있어서 고객으로 하여금 회사에 대하여 신뢰와 호감을 가지도록 하는 일체의 행동을 말한다. 서비스 기업인 여행사에서 고객응대가 가지는 의미는 매우 중요하다. 여행에 필요한 사전 준비에서부터 여행의 종료에 이르기까지 수반되는 대부분의 업무가 인적 서비스에 대한 의존도가 높다. 고객의 여행사 선택과 만족도에 종사원의 태도가 크게 영향을 미치기 때문에 여행사 경영에서 고객접점의 관리가 더욱 강조되고 있다. 고객의 의미와 중요성에 대하여 다음과 같이 살펴보기로 한다.

❶ 고객은 우리 사업의 가장 중요한 존재이다.

- 고객이 없는 사업은 존재하지 않는다. 사업의 성공을 가늠하는 것은 획기적인 아이템과 더불어 고객의 반응과 참여 여부이다.

❷ 고객은 우리에게 급여를 지급하는 사람이다.

- 경영자는 우리의 고용주이지만 실제로 우리의 급여는 고객이 지급하는 것이다. 고객의 다소에 따라 달라지는 것이 급여이며 근무조건이다.

③ **고객은 우리의 예절과 대접을 최고 수준으로 받을 권리가 있다.**

- 고객이 지불하는 요금에는 서비스에 대한 요금이 이미 포함되어 있다. 고객에게 서비스를 베푸는 것이 아니라 당연히 해야 할 일을 하는 것이다.

④ **고객은 혜택을 주는 사람이다.**

- 서비스맨의 의식과 행동이 변화될지라도 '고객이 왕'이라는 마인드는 시대를 초월한 서비스의 기본 개념이다. 서비스는 우리가 선심 쓰듯이 고객에게 베푸는 것이 아니라 고객의 당연한 권리이며 그런 과정에서 고객으로부터 혜택을 받는 것이다.

⑤ **고객은 우리 사업의 목적이다.**

- 고객의 불평을 사전에 예방한다. 그래도 불평이 발생하면 정중하게 경청한 뒤 조속한 시간 내에 최선을 다해 해결을 해야 한다. 불평을 토로하는 고객의 마음을 사로잡는 것이 서비스 예술이다.

⑥ **고객이 우리에게 의지하는 것이 아니라 우리가 고객에게 의지하는 것이다.**

- 치열한 경쟁사회에서 고객과의 거래가 중단되면 고객은 경쟁업체를 선택할 수 있어 손해 볼 일이 없다. 그러나 손해를 감수해야하는 것은 기업이다.

2 고객 응대 태도

① **열의를 가져라.**

- 고객 응대에서 열의야말로 상대방에게 느낌을 전달할 수 있는 가장 좋은 방법이다. 이러한 태도는 상대를 이해하려고 노력하고 있고 어떤 어려움도 해결해 줄 수 있을 것이라는 신뢰감을 고객이 느낄 수 있게 해준다.

② **성공 지향적 태도를 가져라.**

- 소극적인 태도나 좋지 못한 습관 등은 버리도록 하자. 부정적인 사고 역시 버

려야 할 것들이다. 자신은 무엇이든 할 수 있다는 자신감을 갖고 성공을 이루려는 의지를 가져야 한다.

③ 철저하게 준비하라.

- 현재 자신이 정보를 제공하고 있는 상품과 서비스에 대해 정확히 알고 있는지 스스로에게 물어볼 필요가 있다. 전문 상담가라면 자사의 여행상품 종류와 내용, 가격대, 특징 등 상품·서비스에 관련된 모든 지식을 사전에 숙지하고 있어야 한다. 경쟁사의 상품·서비스에 대해서도 비교 분석할 수 있어야 하며 상품과 서비스를 구매하는 고객 유형과 구매동기 및 구매기록까지도 파악하고 있어야 한다.

④ 업무처리를 체계적으로 하라.

- 업무의 진행상황을 기록하는 것이 필요하다. 이를 통해 보다 나은 업무수행을 위해 어떤 부분에 집중해야 할지를 정확하게 알 수 있다. 매일 매일의 계획을 세우고 이를 실천하도록 한다.

⑤ 창의성을 발휘하라.

- 항상 새로운 언어표현과 기술, 참신한 생각, 새로운 내용, 정확한 분석, 신개념들을 여행상품상담에서 활용할 수 있도록 끊임없이 창의적인 노력을 기울여야 한다.

⑥ 자기개발에 투자하라.

- 인생에 있어 성공한 사람들의 특징을 보면 대부분 자기 주변이나 자신의 일에 대해서 긍정적인 사고와 열정적 태도를 지니고 있다. 그리고 수입의 일부를 자신의 능력개발을 위해 기꺼이 투자하라. 자신의 성공은 스스로 쌓아온 노력의 결과라는 것을 항상 잊지 말아야 한다.

⑦ 반복업무에 지치지 마라.

- 비록 하루에 수십 번 똑같은 말을 되풀이한다고 하더라도 절대 매너리즘에

빠지지 말아야 한다. 반복적인 노력과 그 결과에 의해 새로움과 업적이 창출되는 것이다.

⑧ 잘 짜여진 스크립트를 이용하라.

- 고객과 통화 시에는 자연스러우면서 상대방이 이해하기 쉽게 언어구사를 할 필요가 있다. 스크립트를 잘 활용하고 익숙하게 구사할 수 있도록 많은 연습과 훈련이 필요하다. 또한 통화목적에서 벗어나지 않도록 철저하게 준비해야 한다.

⑨ 목소리와 어휘능력을 개발하라.

- 일반적으로 전화통화에서는 대면 대화 때보다 20% 정도 더 높게 목소리를 조절할 필요가 있다. 이를 위해서 평소에 연습을 꾸준히 하여 자신의 목소리를 개발할 필요가 있다. 억양, 리듬, 호흡, 발음, 강약, 속도와 목소리 크기 등의 음성적 요소가 고객의 마음속에서 호감이 느껴지도록 해야 한다.

⑩ 녹음으로 자신을 점검하라.

- 고객과의 상담을 주기적으로 녹음하여 자신의 어법과 특징 등을 확인할 필요가 있다. 녹음된 내용을 들어보면서 자신이 구사하는 화법상의 내용이나 기법에 어떤 문제점이 있는지 개선해야 할 점은 무엇인지 점검하여 고치도록 노력해야 한다.

③ 효과적인 고객 응대를 위한 음성조절

고객과의 의사소통 방법으로는 대면·전화·온라인 응대 등이 있는데 이 중에 대면 응대와 전화 응대는 사람 간의 대화를 통한 방법으로 이루어진다. 고객과의 대화과정에서 음성적 요인은 자신의 생각 및 정보를 전달하는 데 있어서 중요한 요인으로 인식되고 있다. 사람에게는 선천적으로 타고난 목소리가 있지만

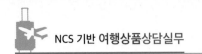
노력을 통하여 더 좋은 음성 또는 메시지 전달능력을 향상시킬 수 있다.

1) 호흡법

우리는 일상에서 흔히 가슴으로 하는 흉식 호흡을 한다. 그런데 복식 호흡은 이와 달리 복부를 이용해 하는 호흡으로, 심신의 안정과 폐활량을 키우는데 도움이 된다. 이러한 호흡이 처음에는 약간 힘이 들겠지만 너무 힘을 주어 억지로 하지 말고 최대한 자연스럽게 편안한 범위 내에서 배를 나오게 한다. 최대한 자연스럽게 숨을 깊이 들이쉬고 내쉬면서 아랫배를 의식하며 호흡하다 보면 익숙해지게 된다. 다음과 같은 방법으로 하루에 약 20~30분 정도 하면 효과적이다.

- 양손을 배 위에 편안히 올려놓으며 긴장하지 않는다.
- 숨을 코로 들이마시면서 마치 풍선이 부풀어 오르듯 지긋이 배를 나오게 한다.
- 숨을 참고 3~5초 정도 잠시 정지한다.
- 숨을 내쉴 때는 천천히 배를 집어넣으면서 마치 풍선 속의 바람이 빠져나가듯 치아 사이로 조금씩 끊어서 내쉰다.

2) 메시지 전달능력

각자 자신이 타고난 목소리 특징이 있겠으나 고객과의 대화 시 상대방이 듣기 좋도록 의사전달력을 높이기 위하여 목소리 조절능력을 갖출 필요가 있다. 이를 위해 다음과 같이 정확한 발음과 속도, 억양으로 말하는 연습을 통해 메시지 전달능력을 향상시키도록 한다.

- 각 단어나 문장 사이에 일정한 간격을 두어 또박또박 발음한다. 문장의 각 단어 사이에 일정한 간격을 두도록 한다. 신문을 펴놓고 띄어쓰기와 악센트를 표시하며 글을 읽는 연습을 통해 각각의 단어를 정확히 발음하는 훈련을 한다. 가장 빠르게 향상할 수 있는 방법 중 하나이다.
- 적절한 호흡 조절을 한다. 급하거나 흥분했을 때, 숨이 가빠지며 목소리가 잘

나오지 않는다. 호흡을 고르게 안정적으로 하여 보다 쉽게, 편안한 억양으로 말하는 습관을 기른다. 이를 위해 녹음기로 자신의 목소리를 녹음하여 재확인한다. 각 단어의 발음을 어떻게 하는지, 단어 사이의 적절한 간격을 유지하는지, 명확한 발음과 억양으로 말하는지 등에 대하여 점검한다.

3) 말의 속도 조절

적절하고 편안한 속도의 목소리를 유지함으로써 전달하고자 하는 메시지를 상대방에게 보다 명확하게 전달할 수 있다. 다음과 같은 방법을 통해 연습한다.

- 신문기사 등의 글을 크게 소리 내어 읽어본다. 그리고 그 글을 읽는 데 걸린 시간을 측정해본다. 그리고 정해진 시간 내에 읽은 총 단어의 수를 세어 말의 속도를 가늠하는 방법을 꾸준히 하여 향상시키도록 한다.
- 자신의 목소리를 녹음하여 들어보면서, 말의 속도뿐 아니라 전반적인 목소리 느낌을 평가한다.
- 일상생활 중의 대화에서 자신의 말 속도를 측정해 본다. 상대방의 말 속도에 맞추어 가장 적절한 자신만의 말 속도를 유지하도록 한다.

4) 목소리 억양 조절

- 말을 시작하기 전에 휴지(Pause), 심호흡 그리고 입가에 미소를 지어본다.
- 대화의 상대방이 친근한 사람이라고 의식적으로 상상해 본다. 실제 친근한 관계에 있는 누군가와 통화한다고 생각하며 말을 하면 잠재의식 속에 보다 친근하고 자연스러운 피드백이 나온다. 또한 상대방에 대한 긍정적인 이미지를 떠올림으로써 목소리의 느낌이나 상대방을 대하는 태도가 달라질 수 있다.
- 정확한 발음, 적절한 속도유지와 억양과 훌륭한 말하기를 익힘으로써 보다 전문적이고 지적인 그리고 강력한 설득력을 가진 사람으로 자기 자신을 변화시킬 수 있다.

2. 전화 응대하기

전화는 우리 일상에서 흔히 사용하는 일상적인 커뮤니케이션 수단이다. 청각적 요인에 대한 의존도가 높은 의사전달 수단으로써 내용뿐만 아니라 음색과 음성의 크기, 톤(tone), 속도 등의 요인이 중요하게 작용한다. 전화는 시간적 제약을 받지 않으며 상대의 표정도 볼 수 없기 때문에 사소한 부주의로 오해나 잘못된 상황이 발생할 수도 있다. 따라서 전화를 잘 사용하려면 충분한 주의와 훈련이 필요하다. 특히 서비스기업에 있어서 전화 응대는 매우 중요하며 통화상의 매너가 기업의 이미지에 큰 영향을 준다는 사실을 인식할 필요가 있다. 자신의 전화 응대로 상대에게 좋은 이미지를 새기기 위해서는 밝은 음색과 품위 있고 간결한 언어 사용 그리고 정중한 태도를 가져야 한다.

1 전화 응대의 특성 및 중요성

1 기업과 서비스 제공자에 대한 첫 이미지이다.

- 고객 입장에서 전혀 방문해 본 적이 없는 기업일지라도 직원의 전화 응대가 잘 이루어진다면 그 회사에 대한 이미지도 긍정적으로 작용하게 된다.

2 정보를 전달하는 가장 유효한 도구이다.

- 직접적인 만남을 위해서는 공간의 이동, 시간상의 고려 등이 필요하며 온라인 상에서의 커뮤니케이션은 문장으로써 의사표현을 하게 되는 한계점이 있다. 그러나 전화상에서는 공간적 제약 없이 직접적인 음성을 통해 서로간의 의사교환을 즉시 할 수 있다는 장점이 있다.

③ 예고 없는 만남이 될 수 있다.

- 언제 어떠한 내용의 고객 문의가 있을지 예상할 수 없으므로 항상 대비하는 자세가 필요하다. 평상시 자신의 업무영역과 역할에 대하여 정확히 파악하고 그에 대한 지식과 응대능력을 갖추어야 한다.

④ 고객과의 대면 없는 만남이다.

- 얼굴을 보고 상대를 파악 또는 이해하고 이루어지는 커뮤니케이션 상황이 아니기 때문에 자신의 습관적인 말투로 인하여 오해가 발생할 수 있다. 또한 부정확한 발음으로 인하여 고객에게 불쾌감을 주거나 업무 실수가 발생할 수 있다는 점을 고려해야 한다.

⑤ 고객과의 대화는 기록으로 남을 수 있다.

- 고객과의 대화는 사적인 것이 아니라 공적이며 업무적인 내용으로 구성된다. 담당자의 대화 내용은 고객 입장에서 보면 하나의 정보체계로 인식된다. 그리고 대화의 결과는 계약서의 내용으로 연결될 수 있으므로 본인의 대화내용은 객관적이면서도 신뢰성을 기초로 해야 한다.

🧭 전화 응대 시 적절한 표현 화법

구분	표현 화법
첫 인사말	안녕하십니까? 반갑습니다. 감사합니다. 고맙습니다.
의견 동의	아, 그렇습니까? 네, 그러시군요. 네, 맞습니다.
양해·감사	잠시만 기다려 주시겠습니까? 기다려 주셔서 감사합니다. 확인해주셔서 감사합니다.
적극적인 표현	확인해 보겠습니다. 잠시만 기다려 주시겠습니까?
쿠션언어	죄송합니다만. 실례지만. 번거로우시겠지만. 양해해주신다면. 괜찮으시다면.
사과	죄송합니다. 대단히 죄송합니다.
끝 인사말	감사합니다. 고맙습니다.

2 상담 매뉴얼에 따른 인사멘트

1) 전화 걸 때

- 고객의 입장(TPO; Time, Place, Occasion)을 고려하여 전화를 건다.
- 고객의 이름, 전화번호, 소속, 용건 등을 미리 확인한다.
- 상대방이 전화를 받으면 즉시 인사를 하고 자신의 소속과 이름을 밝힌다.
- 용건을 간단하고 명확하게 전달한다.
- 내용이 많아 복잡할 경우에는 요점을 재확인한다.
- 본인이 통화를 원하는 상대방이 자리에 없을 경우에는 "죄송합니다만, ○○○씨에게 메모를 부탁드려도 될까요?"라고 정중히 부탁한다.

🕐 전화 응대 시 Self Check List (전화 걸 때)

구분	확인사항	상	중	하
1	이야기할 내용을 미리 요약하고 메모했는가?			
2	상대방의 전화번호를 정확히 확인했는가?			
3	상대방을 확인했는가?			
4	인사를 밝고 상냥하게 했는가?			
5	자신의 소속과 이름을 정확하게 말했는가?			
6	용건과 요점을 서로 간에 정확히 확인했는가?			
7	상대방이 알기 쉬운 말로 했는가?			
8	올바른 경어를 사용했는가?			
9	끝맺음의 인사를 했는가?			
10	조용히 끊었는가?			

2) 전화받을 때

- 벨이 울리면 즉시 받으며 메모를 준비하도록 한다.
- 인사말과 함께 자신의 부서와 이름을 밝힌다.
  - ex 안녕하십니까? or 감사합니다. or 고맙습니다. 동남아팀 ○○○입니다.

- 늦게 받았을 경우에는 사과의 말을 전한다.
  ⓔ 늦게 받아서 죄송합니다.

🧭 전화 응대 시 Self Check List (전화받을 때)

구분	확 인 사 항	상	중	하
1	메모 준비가 되어 있는가?			
2	벨소리를 인식한 순간 즉시 받았는가?			
3	자신의 소속과 이름을 정확하게 말했는가?			
4	상대방이 누구인지 확인했는가?			
5	중요한 요점은 복창했는가?			
6	용건을 들으며 중요 내용을 메모했는가?			
7	전문용어를 쓰지는 않았는가?			
8	알기 쉬운 말로 배려를 하면서 전화를 받았는가?			
9	확실하고 밝은 목소리였는가?			
10	적절한 경어를 사용했는가?			
11	끝맺음의 인사를 했는가?			

 상황에 따른 전화 응대방법

다른 직원에게 연결하게 될 경우

- 전화를 받아야 하는 직원이 통화 중일 경우에는 상황을 이야기하고 기다릴지 메모를 전달할
  지 의견을 묻는다.
  ○○○씨가 통화 중인데 잠시 기다려 주시겠습니까?

통화가 30초 가량으로 길어질 경우

ex. ○○○씨의 통화가 길어질 것 같은데 메모를 남겨드릴까요?

전화를 받아야 하는 직원이 부재 중일 경우에는 상황을 이야기하고 메모를 남길지를 묻는다.

ex. ○○○씨가 잠시 자리를 비운 것 같은데 메모를 남겨드릴까요?

ex. ○○○씨는 현재 외출 중인데 약 2시간 후에 돌아올 것 같습니다. 메모를 남겨드릴까요?

3) 통화할 때

- 고객이 전화한 용건을 파악하기 위해 노력한다.
- 고객의 말을 끝까지 경청하며 의중을 정확히 파악한다.
- 고객의 말이 이해가 되지 않을 경우에는 다시 물어서 확실히 이해하고 중요한 용건은 복창하여 확인한다.
- 음성을 바르게 하고 말끝을 흐리지 않는다.
- 본인이 상대에게 정보를 전달하게 되는 경우에는 고객의 입장에서 이해하기 쉽게 설명한다.(전문용어를 사용하지 않도록 한다)
- 성명, 일시, 장소 등은 천천히 명확하게 말한다.
- 신속, 정확, 성의 있게 책임감을 가지고 답변한다.
- 중요한 부분은 강조하여 말한다.
- 고객과 통화 중에 다른 직원과 의논할 일이 발생할 경우에는 상대방에게 들리지 않도록 한다.

4) 전화를 끊을 때

- 밝고 명랑한 목소리로 끝맺음 인사를 한다.
  - ⓔⓧ 감사합니다. 좋은 하루되시기 바랍니다.
- 고객이 먼저 끊는 것을 확인하고 통화를 마무리한다.

5) 기타 고려사항

- 상대방에게는 경어를 붙이고 자기 측에는 겸양어를 사용한다.
- 고객이 이야기할 때 상대방의 말을 중간에 가로막지 않도록 한다.
- 대답은 예예, 에, 옛, 응, ~음 등의 불명확한 단어를 사용하지 말고 "예" 또는 "네"라는 명확한 단어를 사용한다.
- 고객의 용건을 파악하여 담당자에게 전화를 돌려야 할 경우에는 바로 연결되도록 한다.(여기저기로 돌려지지 않도록 한다)

- 대기 중인 전화는 오래 기다리지 않게 한다.(30초~1분 내)
- 부정적인 표현을 사용하지 않는다.

   모르겠습니다. → 알아보도록 하겠습니다.

- 통화 중에 전화가 끊기면 즉시 다시 걸어 상대방으로 하여금 기다리지 않도록 한다.

발음 연습

정확한 발성과 발음을 구사하기 위하여 다음과 같은 방법으로 연습을 하면 도움이 된다.

• 입술 운동

할아버지 할머니 아버지 어머니 형님 누나 이모 고모

• 혀 운동

아(a) ➡ 에(e) ➡ 이(i) ➡ 오(o) ➡ 우(u)
나이테 ➡ 빨래터 ➡ 놀이터 ➡ 개나리

• 입 체조 발음표

가	갸	거	겨	고	교	구	규	그	기
나	냐	너	녀	노	뇨	누	뉴	느	니
다	댜	더	뎌	도	됴	두	듀	드	디
라	랴	러	려	로	료	루	류	르	리
마	먀	머	며	모	묘	무	뮤	므	미
바	뱌	버	벼	보	뵤	부	뷰	브	비
사	샤	서	셔	소	쇼	수	슈	스	시
아	야	어	여	오	요	우	유	으	이
자	쟈	저	져	조	죠	주	쥬	즈	지
차	챠	처	쳐	초	쵸	추	츄	츠	치
카	캬	커	켜	코	쿄	쿠	큐	크	키
타	탸	터	텨	토	툐	투	튜	트	티
파	퍄	퍼	펴	포	표	푸	퓨	프	피
하	햐	허	혀	호	효	후	휴	퓨	히

• 발음연습에 효과적인 문장

나무젓가락 등을 입에 물고 하루에 10분 정도 다음의 문장을 정확하게 읽는 연습을 하면 발음을 교정하는 데 많은 도움이 된다. 발음훈련은 매일 꾸준히 할 때 더욱 효과적이다.

- 강릉시청 창살은 쌍창살이고 광양시청의 창살은 외창살이다.

- 상표 붙인 큰 깡통은 깐 깡통이고 상표 없는 작은 깡통은 안 깐 깡통인가?

- 저기 저 뜀틀이 내가 뛸 뜀틀인가 내가 안 뛸 뜀틀인가?

- 된장 공장 공장장은 봉 공장장이고, 간장 공장 공장장은 정 공장장이다.

- 여기 계신 이 분이 박 법학박사이시고, 저기 계신 저 분이 백 법학박사이시다.

- 우리집 옆집 앞집 뒷창살은 홑겹창살이고, 우리집 뒷집 앞집 옆창살은 겹홑창살이다

- 내가 그린 기린 그림은 긴 기린 그림이고 네가 그린 기린 그림은 안 긴 기린 그림이다.

- 들의 콩깍지는 깐 콩깍지인가 안 깐 콩깍지인가. 깐 콩깍지면 어떻고 안 깐 콩깍지면 어떠냐. 깐 콩깍지나 안 깐 콩깍지나 콩깍지는 다 콩깍지인데

- 앞집 팥죽은 붉은 팥 풋 팥죽이고, 뒷집 콩죽은 햇콩 단콩 콩죽, 우리집 깨죽은 검은깨 깨죽인데 사람들은 햇콩 단콩 콩죽 깨죽 죽 먹기를 싫어하더라

출처 : 임송국 외, 텔레마케팅, 2012

③ 고객 문의·요구사항 파악 및 기록

고객의 문의 및 요구사항이 있는 경우에는 우선 충분히 경청하고 응대하도록 한다. 경청할 때는 다음과 같은 태도로 임하도록 한다.

- 고객의 입장에서 생각하라. 고객의 관점에서의 문제점, 니즈 등을 파악하라.

- 집중해서 듣는다. 대화의 주제를 파악하며 경청하라.

- 고객이 이야기하는 도중에 절대로 끼어들거나 말을 끊지 마라.

- 내용을 이해할 수 없을 때는 질문을 해라. 그냥 넘어갈 경우 그릇된 업무처리로 이어질 수 있다.

- 중요한 사항을 메모하라. 고객이 반복해서 말하지 않도록 주의하고 당신이 고

객의 말을 잘 듣고 있었다는 것을 알 수 있도록 하라.

- 말로 표현하지 않는 사항들에 대해서도 신경써라. 특히 고객이 부정적인 반응을 보이고 있다면 고객은 반론에 대한 진짜 이유를 나타내려 하지 않을 것이다. 무엇이 진정한 문제인지 탐색하고 찾아내야 한다. 고객의 음성 변화를 잘 듣는 것만으로도 고객의 태도, 감정 등을 살필 수 있을 것이다.

- 철저히 준비하라. 고객으로부터 질문을 받았을 때, 회사의 제품과 서비스, 경쟁사에 대하여 알고 있는 것이 효과적이고 자신감 있게 반론과 질문을 처리할 수 있게 한다.

- 끊임없이 연습하라. 가족, 친구, 동료와 대화를 하며 TV를 보면서 경청하는 훈련을 하라. 예리하게 듣고 판단하는 능력을 키울 수 있다.

- 고객과의 통화에서 고객의 요구사항을 정확히 파악하고 기록한다. 고객의 요구사항은 문의사항과 요구사항으로 구분해 볼 수 있다.

문의사항으로는 다음 사례와 같이 그 범위가 다양할 수 있다. 따라서 본인의 업무범위에 있는 경우는 그 사항에 대하여 정확한 자료를 통해 성실히 답변하도록 한다. 그러나 고객의 문의사항이 본인의 업무범위에 해당하지 않는 경우에는 애매하게 답변하는 것은 금물이며 고객의 양해를 구하고 담당자가 누구인지 정확히 파악하여 담당자에게 전화를 연결하도록 한다.

 문의사항 사례

여권, 비자, 항공권, 환전, 여행자보험, 공항 출입국 사항, 지역별·가격별 패키지 여행상품, 인센티브 여행상품, 허니문 상품, 배낭여행 상품, 여행목적지의 기후, 관광지 정보, 교통편, 숙박 관련 사항 등 다양할 수 있다.

또한 요구사항에 대해서는 본인이 처리할 수 있는 범위에 있는 경우인지 그렇지 않은지를 구분한다. 본인이 처리할 수 있는 범위 내에 있는 경우에는 절차에 따라 정확히 처리한다. 그러나 본인의 권한 밖인 경우에는 상사 또는 담당자의 지시 또는 협조에 따라 진행하도록 한다. 그리고 업무가 처리되는 과정은 가급적 문서 또는 사내 인트라넷 망을 통해 기록으로 남기도록 한다.

서비스 화법

- 명확하고 부드럽고 상냥하게 말하라.
- 시선은 상대를 향하고 말하라.
- 잘 듣고 맞장구쳐라.
- 상대의 입장을 존중하라.
- 침착하게 말하라.
- 정중하고 품위 있는 말을 하라.

대 고객 3대 용어

예   가장 짧으면서도 상대를 기분 좋게 하는 말이다. 긍정의 의미로 고객의 입장을 이해한다는 뜻이며 돕겠다는 뜻이다.

감사합니다   거절 표현도 영어에서는 'No, thank you'를 사용할 정도로 'Thank you'는 생활용어이다.

죄송합니다   'Thank you'라는 표현과 함께 일상화된 생활용어가 'Excuse me'이다.

5대 금지 언어	5대 접객 용어
안 됩니다.	안녕하십니까?
없습니다	무엇을 도와드릴까요?
모릅니다.	감사합니다.
못합니다.	죄송합니다.
제 업무가 아닙니다.	다시 찾아주십시오.

⏱ 담당자 부재 중 전달 메모

부재중 MEMO		
TO :	DATE :	TIME :
FROM :	PHONE NO :	
· 긴급 회신 요망 ( )	· 회신 요망 ( )	· 전화왔었다는 Message ( )
· 방문약속 취소 ( )	· 방문약속 변경 ( )	· 방문하고자 함 ( )
· 기타 Message :		

3. 방문 응대하기

1 용모와 복장

1) 용모

　용모는 사람의 얼굴을 의미하는 한자어 '容'을 중심으로 겉으로 드러나는 전체적인 모습을 지칭한다. 시각적 감각기관인 눈길이 처음 가는 곳이 얼굴이므로 용모 관리는 더없이 중요한 경쟁력이다. 용모는 일정 부분 타고나는 측면이 있지만 개인의 관심과 노력에 의해 좋아질 수 있다. 상대방에 대한 단정함과 호감, 청결을 바탕으로 자신의 개성을 표출하여 자신만의 용모를 형성시킬 수 있다. 이러한 용모에는 얼굴, 머리, 복장, 액세서리 등 복합적인 요인들이 작용하게 된다.

냄새도 포함될 수 있다. 식사 후, 흡연 후, 전날 음주 후의 입 냄새 또는 땀 냄새 등은 자신의 이미지에 좋지 않은 영향을 미칠 수 있다. 남자의 경우에도 은은한 향의 화장품, 향수 또는 가글 등을 통해 자신의 이미지 관리를 할 필요가 있다. 또한 충분한 수면, 적당한 휴식과 꾸준한 운동을 통한 건강관리로 업무의 집중도와 효율성을 높일 수 있을 뿐 아니라 고객에게 자신감 있고 신뢰를 줄 수 있는 용모를 갖추는 노력도 필요하다.

(1) 남자 사원

♀ 머리

- 옆머리가 귀를 가리지 않도록 한다.
- 뒷머리가 와이셔츠 깃을 덮지 않도록 한다.
- 유행에 지나치게 민감한 머리 모양은 자제할 필요가 있다.
- 자주 감아 청결한 상태를 유지한다.

♀ 얼굴

- 스킨이나 로션 등을 이용하고 항상 단정한 모습을 한다.
- 상대에게 상쾌한 느낌을 주도록 미소 띤 밝은 표정을 짓는다.
- 식사 후에는 양치를 하여 구강상태를 깨끗이 한다.

(2) 여자 사원

♀ 머리

- 윤기 있고 건강한 머릿결로 청결하게 유지한다.
- 지나치게 화려한 머리 장식이나 모양은 삼간다.
- 긴 머리는 활동하기 편하게 묶는다.

♀ 얼굴

- 화장은 밝고 청순한 느낌이 들게 한다.

- 얼굴 전체가 자연스럽게 미소 띤 밝은 표정을 유지한다.

2) 표정

표정은 마음에 품은 감정이나 정서 등의 심리상태가 겉으로 드러나는 것을 말하며 얼굴을 통해 나타나게 되는데, 이는 상대에게 심리적 영향을 미치게 된다. 즉, 상대가 어두운 표정을 짓는다면 나의 표정도 어둡게 될 가능성이 높다. 반대로 밝고 생기 넘치는 표정은 다른 사람들에게 긍정적이고 자신감 있게 비치게 된다. 대다수의 사람들이 처음 사람을 대할 때 얼굴부터 보고 상대방에 대한 이미지를 새기게 되는데, 밝은 표정은 호감을 받게 되는 효과가 있다.

좋은 표정	좋지 못한 표정
· 생기 있고 밝은 표정 · 미소를 머금은 표정 · 상대를 편하게 하는 모습	· 무표정한 얼굴 · 입을 일자로 굳게 다문 표정 · 미간에 주름을 세우는 표정 · 코웃음 치는 듯한 표정 · 눈을 부릅뜬 표정

💡 시선처리

- 자연스럽고 부드러운 시선으로 상대를 바라본다. 이는 우호적인 태도로서 호감을 형성한다.
- 상대의 눈을 보는 것이 중요하다. 눈만 빤히 쳐다보면 상대가 불편해 하므로 눈과 눈 사이인 미간과 코 사이를 번갈아 보는 것이 좋다.
- 상대와 눈높이를 맞춘다.
- 눈을 위로 치켜뜨거나 위 아래로 훑어보지 않는다.
- 곁눈질을 하지 않는다.
- 눈을 지나치게 자주 깜박거리지 않는다.

3) 복장

요즘에는 다양화된 사회적 개성으로 인하여 서비스기업에서도 종사자들의 복장에 대하여 매우 유연한 태도를 취하고 있다. 여행업에서도 자유 복장을 채택하고 있는 여행사가 많이 있으므로 본인이 입사하는 회사의 규정에 따르면 된다. 비즈니스맨의 복장은 자신의 품위와 기업의 이미지를 나타내므로 장소와 때를 구분하여 선택해서 입는 복장 매너가 필요하다.

복장은 체온의 보존과 위험으로부터 보호하는 기본 역할뿐만 아니라 대인관계에서 상대방에 대한 최소한의 예의의 표시이다. 바람직한 복장의 요건은 청결, 조화, 개성을 살리는 것이다. 사회활동에 잘 어울리면서 자기의 개성도 살리는 옷차림을 하게 되면 주위 사람들에게 좋은 인상을 줄 수 있다. 복장에 있어서도 T(Time), P(Place), O(Occasion)에 맞게 품위 있고 단정하며 세련되게 입는 것이 좋다.

(1) 남자 사원

💡 양복
- 화려한 원색은 삼가고 청결, 단정하게 입는다.
- 바지 주름은 늘 한 줄로 세우도록 한다.
- 연령, 계절, 근무환경에 맞게 입는다.

💡 와이셔츠
- 흰색 셔츠를 입는 것이 원칙이나 요즘은 다양성이 존중되는 경향이 있다.
- 와이셔츠 칼라 뒷부분이 양복 상의보다 1cm 정도 밖으로 보이도록 입는다.

💡 넥타이
- 때와 장소를 고려하여 선택한다.
- 양복과 조화되는 넥타이를 선택한다.
- 목 언저리까지 꼭 여미도록 한다.
- 자신의 개성과 센스를 돋보일 수 있는 것으로 한다.
- 때, 얼룩, 구김이 없도록 청결상태를 유지한다.

- 길이는 벨트에 살짝 닿을 정도로 한다.

ⓥ 벨트

- 검정색이나 짙은 갈색이 무난하다.
- 구두 소재나 색상과 조화될 수 있는 것으로 한다.
- 화려한 무늬나 특정 회사의 상표는 자제한다.

ⓥ 양말

- 양복바지와 조화를 이루도록 한다.
- 흰색은 삼가고 검은색 또는 짙은 색을 기본으로 한다.
- 목이 긴 것을 신도록 한다.

ⓥ 구두

- 정장차림에 캐주얼화는 피한다.
- 발에 부담을 주지 않는 편안함을 먼저 생각한다.
- 자주 닦아 광택을 유지한다.

(2) 여자 사원

ⓥ 머리

- 윤기 있고 건강한 머릿결로 청결하게 유지한다.
- 지나치게 화려한 머리 장식이나 모양은 삼간다.
- 긴 머리는 활동하기 편하게 묶는다.

ⓥ 얼굴

- 화장은 밝고 청순한 느낌이 들게 한다.
- 얼굴 전체가 자연스럽게 미소 띤 밝은 표정을 유지한다.

ⓥ 손톱

- 지나치게 화려한 색상과 디자인을 피한다.
- 깨끗한 상태를 유지한다.

💡 향수

- 한 가지 향수만 사용하는 것보다는 다양하게 사용하는 것이 좋겠다.
- 병문안이나 행사 때는 신중히 선택한다.

💡 스타킹

- 피부색과 유사한 색으로 한다.
- 훼손상태를 자주 점검한다.

💡 구두

- 검은색이나 갈색 계열을 기본색으로 한다.
- 겉옷과 어울리는 색상으로 선택한다.

2 고객 응대 태도

1) 인사

인사는 고객과의 만남에서 시작과 끝을 장식하는 행동양식이므로 자신은 물론 회사의 이미지로 형성될 수 있다. 인사는 인간관계의 기본이며 즐겁고 명랑한 사회생활과 원만한 대인관계의 기초를 이루는 행위이다. 기업에서는 서비스의 척도가 되며 인사를 제대로 못하는 기업문화 또는 개인에게 훌륭한 서비스를 기대할 수 없는 것이다. 이처럼 인사는 단순한 동작처럼 인식될 수 있지만 많은 의미를 내포한 중요한 의식인 만큼 바른 자세와 좋은 마음을 담아 밝은 미소와 함께 건네야 한다.

(1) 인사의 구분

💡 목례

- 동료 간, 아랫사람의 인사에 대한 답례, 복도에서 2번 이상 만난 윗사람, 공간이 좁아서 제대로 인사할 수 없을 때 등의 인사이다.

- 상체를 약 15도 각도로 숙이면서 가볍게 하는 인사로, 시선은 발끝 2~3미터 앞을 바라본다.

보통 인사

- 고객이나 윗사람에 대한 인사법이다.
- 상체를 약 30도 각도로 숙여 인사하며 시선은 1미터 앞쪽을 바라본다.

정중한 인사

- 가장 공손한 인사법으로 감사, 사죄 등 최고의 예를 표할 때 행한다.
- 상체를 약 45도 각도로 숙여 인사하며 시선은 자신의 발 앞을 바라본다.

(2) 인사 태도

· 표정 - 밝고 환하게	· 시선 - 상대를 존중하는 마음을 담아
· 고개 - 반듯하게 들고	· 턱 - 자연스럽게 당기고
· 어깨 - 힘을 빼고 균형을 유지하면서	· 무릎과 허리 - 힘을 주고 곧게 펴고
· 입 - 미소를 지으며	· 손 - 가볍게 주먹을 쥐고 바지 옆선에
· 발 - 발꿈치는 붙이고 발끝은 11시 5분	· 인사말 - 안녕하십니까? ('솔' 음)
· 인사말을 마친 후 머리를 숙이지 말고 허리를 일직선이 되도록 숙인다.	
· 상대방의 시선에 자연스럽게 초점을 맞춘다.	

(3) 방문고객에 대한 인사

- 방문고객을 먼저 발견한 사람이 "어서 오십시오. 어느 분을 찾으십니까?"라는 인사를 한 후 용무를 묻고 안내한다.
- "담당자에게 연락을 취하겠습니다. 잠시만 이곳에서 기다려 주시기 바랍니다."라는 인사말과 함께 고객을 상담테이블로 안내하고 음료를 제공한다.
- 자신을 찾아온 방문고객에 대해서는 자리에서 일어나서 "어서 오십시오. 기다리고 있었습니다."라고 반갑게 인사한다.
- 상담실 또는 대화를 나눌 장소로 안내하고 의자와 함께 음료를 제공한다.

2) 명함 교환

- 평상시에 자신의 명함은 명함지갑에 넣어 깨끗한 상태로 잘 관리하도록 한다.
- 명함 교환은 서로 간에 자기를 소개하는 비즈니스의 첫 순서이다.
- 명함은 정중히 다룬다.
- 상대방의 명함을 받고 자신의 명함을 주지 않는 것은 실례이므로 고객을 만날 예정인 경우에는 명함을 꼭 소지하도록 한다.
- 구겨진 명함, 메모가 된 명함 등은 사용하지 않는다.

(1) 명함을 건넬 때

- 목례를 하며 두 손으로 정중히 건넨다.
- 명함을 줄 때는 상대방의 위치에서 내용을 바로 볼 수 있도록 건넨다.
- 명함을 전하는 높이는 가슴과 허리선 사이가 적당하다.
- 자신의 소속과 이름을 밝힌다.
- 상대방이 다수일 경우에는 상황에 따라 상급자에게만 주어도 무방하며, 전체에게 건넬 경우에는 직위 순서를 고려하여 건넨다.

(2) 명함을 받을 때

- 목례를 하며 두 손으로 정중히 받는다.
- 두 손으로 받으며 상대방의 명함은 그 자리에서 주요 내용을 확인한다.
- 모르는 한자나 어려운 발음이 있을 경우에는 그 자리에서 정중하게 확인한다.
- 명함을 받자마자 보지도 않고 집어넣는 것은 상대방에 대한 실례이다.
- 명함을 받고 대화를 나눌 경우에는 자신이 보기 좋은 곳에 가지런히 놓고 참고하며 대화한다.

(3) 명함 관리

- 명함은 고객 또는 거래처 관리의 중요한 수단이므로 명함 홀더 등에 잘 관리한다. 최근에는 명함관리 어플 등도 있으므로 이를 활용하는 것도 좋은 방법이 될 수 있다.

- 명함을 받은 사람과 헤어진 후에 여백 등을 활용하여 만난 날짜, 용무, 특징 등의 관련 사항을 메모해 두면 다시 만날 경우 도움이 될 수 있다.
- 6개월 또는 1년에 한 번 정도 명함을 정리한다. 이때 상대방의 회사, 직책, 연락처 등의 변동사항이 있는 경우에는 새로운 명함으로 보관하도록 한다.

3) 악수

악수는 서로 간에 신뢰를 표현하는 사교활동의 중요한 행위이다. 악수를 사양하는 것은 실례로 간주되며 정중한 마음과 바른 자세, 밝은 표정을 연출해야 한다.

(1) 악수 순서

- 윗사람이 아랫사람에게 청한다.
- 선배가 후배에게 청한다.
- 여성이 남성에게 청한다.

(2) 악수 매너

- 악수는 오른손으로 하는 것이 원칙이다.
- 상대의 나이 또는 직책 등을 고려하여 예의를 갖춘다.
- 적당한 악력으로 손을 잡으며 너무 세게 쥐거나 지나치게 흔들지 않는다.
- 악수를 할 때 장갑은 벗는다.
- 악수할 때 상대의 눈을 보지 않고 손만 잡는 것은 실례이다.
- 손끝만 내밀어 악수를 하는 것은 실례이다.

3 고객의 요구사항 파악 및 기록

근래에는 고객과 여행사 간의 업무진행이 온라인 또는 전화상으로 이루어지는 경우가 많아서 예전에 비해 고객이 여행사를 직접 방문하는 경우는 많지 않다. 고객이 여행사를 방문하는 목적은 대체적으로 전화상담 또는 온라인상담을 통해 어느 정도 정보를 획득한 상태에서 예약을 하고자 하는 경우 또는 좀 더 구체적인 궁금증을 해결하고자 하는 경우로 구분해 볼 수 있다.

- 예약을 원하는 경우에는 표준 여행계약서 양식에 따라 계약을 체결한다.
- 구체적인 문의가 있을 경우에는 고객의 입장에서 자세하고 친절하게 설명한다.

4. 온라인 응대하기

여행사 홈페이지 등 온라인을 통한 여행정보 문의 및 상품 구매가 증가함에 따라 소비자들은 다양한 온라인 매체를 통해 풍부하게 제공되는 정보를 비교, 평가한 후에 구매하는 경향이 보편화되었다. 이와 같은 환경에서 여행사들은 홈페이지에서 여행정보와 상품정보를 제공하고 예약할 수 있는 시스템을 구축하고 있다. 따라서 상담업무 담당자들은 고객 응대에 있어서 전화상담, 방문상담과 아울러 온라인 응대에 대한 대비가 필요하다.

1 온라인 문의사항 확인

담당자는 홈페이지의 Q&A 게시판 등 고객과의 온라인 문의 매체를 수시로 확인하여 고객의 문의사항이 있는지를 파악한다. 통상적으로 고객이 온라인을 통해 문의를 할 경우에는 어느 정도의 정보를 취득한 후에 다수의 여행사에게 같은 내용으로 글을 올리는 경우가 많다. 따라서 신속하고 정확한 응대를 통해 고객에게 신뢰를 주고 자사의 고객으로 확보하려는 노력이 필요하다.

출처 : 허니문리조트 홈페이지

2 여행상품 자료정보 확인 및 답변

문의사항에 대해서는 빠른 시간 내에 정확한 정보를 고객이 이해하기 쉽도록 문서형태로 작성하여 답변하도록 한다. 문서는 객관적이고 이성적인 커뮤니케이션 수단으로 감정적인 메시지의 전달에는 한계가 있다. 담당자의 실수가 있을 경우에는 그대로 증거가 되므로 신중하고 정확한 답변이 요구된다. 또한 문서작성은 문장의 형태로 이루어지기 때문에 정확한 정보와 아울러 담당자의 글쓰기 능력도 요구된다.

출처 : 허니문리조트 홈페이지

③ 고객 정보 데이터 구축

고객 정보는 재수요 창출을 위한 주요한 자료가 될 수 있다. 고객 정보 데이터 사항은 다음과 같다.

- 고객의 성명, 전화번호, 주소 등
- 고객의 여행목적, 형태, 시기, 기간, 동반자, 예산 범위 등
- 선호하는 접촉 매체(전화, 방문, 인터넷, SNS 등)
- 고객의 상품 민감도(가격, 교통편, 숙소, 식사, 목적지의 기후 조건 등)
- 상품 구매 및 지불 형태(전화, 방문, 온라인 매체)
- 고객에 대한 마케팅활동 기록

Chapter 02

상품 추천

1. 고객 정보 파악하기

1 고객 기본정보 파악

고객과의 관계에서 원활한 업무처리를 위해서는 데이터베이스의 구축이 필요하다. 여행사에서는 이러한 고객 정보를 통해 데이터베이스 마케팅이 가능하다. 데이터베이스 마케팅은 고객에 대한 여러 가지 정보를 가지고 컴퓨터 시스템을 이용하여 데이터베이스화하고 구축된 고객 데이터베이스를 바탕으로 고객 개개인과 장기적인 관계 구축을 위한 마케팅 전략을 수립하고 집행하는 전반적인 활동을 말한다.

1) 데이터베이스의 유형

1 고객 중심 데이터베이스

어떤 고객이, 언제, 어디에서, 무엇을, 어떤 가격으로 얼마만큼 구입했느냐에 대한 기준으로 데이터베이스를 구축하는 유형을 말한다. 이러한 고객 기준 데이터베이스로부터 고객의 속성, 반응, 구입행동 등을 파악할 수 있다.

2 상품 중심 데이터베이스

상품 판매자가 판매량이나 시기, 종류 등 상품이 판매될 때 상품의 판매정보를 기준으로 데이터베이스를 기록하는 형태를 말한다.

2) 데이터베이스 구축의 주요 내용

- 고객의 성명, 전화번호, 주소
- 고객에 대한 마케팅 활동 및 응답 기록
- 고객의 여행목적, 형태, 시기, 기간, 동반자, 예산 범위 등

- 선호하는 접촉 매체(전화, 방문, 인터넷, SNS 등)

- 고객의 상품 민감도(가격, 교통편, 숙소, 식사, 목적지의 기후 조건 등)

- 상품구입 내역(상품 종류, 1회 평균 구입금액, 총 구입 금액, 지불 수단 등)

- 상품 구입수단(전화, 방문, 온라인, 모바일 등) 및 지불방법(현금, 카드 등)

② 고객 여행패턴 확인

① 성별 여행패턴 특성

남성은 스포츠 등 활동적이고 체험형태의 여행을 선호하는 경향이 있다. 이에 비해 여성 여행객은 감정적이고 온화하며 미적 탐구에 대한 관심이 높아 아름다운 관광지, 쇼핑, 미각여행 등을 선호하는 경향이 있다.

② 연령별 여행패턴 특성

청년층은 활동적이고 새로운 것에 대한 호기심이 많으며 지식충족 욕구가 강하고 자발적인 활동을 즐기려는 경향이 있다. 이에 비해 장·노년층은 활동력이 상대적으로 위축되고 새로운 것에 대한 열망보다 안정성에 관심이 많으며, 편안한 여행을 선호하는 경향이 있다.

③ 교육수준별 여행패턴 특성

고학력 여행객은 대체적으로 지적 욕구가 강한 편으로 새로운 관광지에 대한 관심이 높고 여행 과정에서 다양한 체험을 원하는 행동특성을 가지고 있다. 따라서 생태관광, 문화유산 탐방, 학술 세미나 등의 여행패턴을 보인다. 저학력 여행객들은 새로운 것에 대한 도전보다는 익숙한 것을 선호하고 의존적인 행동특성을 보이는 경향이 있다. 따라서 이들은 유명도 의존형, 패키지 여행상품 등을 선호하는 행동특성을 보인다.

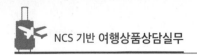

❸ 관광자원의 특성에 따른 여행패턴

관광 수요자 중심에서의 고객에 대한 파악도 중요하지만 공급자 중심에서 관광자원의 유형, 특성에 대한 이해와 사전 숙지도 필요하다. 관광자원을 정의하는데 있어서 통상 '관광객의 관광욕구를 충족시켜 줄 수 있는 생태계 내의 유·무형의 제 자원'으로 요약할 수 있다. 이는 관광객들의 기대욕구를 충족시켜줄 수만 있다면 모든 것이 관광자원이 될 수 있다는 다소 포괄적 의미의 해석이다.

최근 관광객들의 욕구가 다양화·개성화되어 가면서 이러한 논리는 더욱 설득력을 더해가고 있다. 앞으로 일반인들의 여행기회가 더욱 확대되고 기호가 세분화되면서 이러한 현상은 더욱 가속화될 것으로 예상된다. 이러한 배경을 토대로볼 때 향후에는 이전 시대에는 관광자원으로서 가치를 인식하지 못했던 다양한모습 또는 현상들이 관광자원으로 등장할 가능성이 있다. 여기에서는 전통적이고 기본적인 분류방식에 의한 관광자원과 함께 점차 다양화되어가고 있는 수요자들의 개성을 반영하게 될 관광자원 분야에 대해서도 살펴보기로 한다.

1) 전통적 관광자원의 분류체계

(1) 자연적 관광자원

관광객의 호기심 대상이 되는 자연환경의 구성요소로 아름답고 수려한 경관을의미한다. 경관이란 어느 지역 내의 지리적 현상과 생물적 생태계의 외관에서 오는 시각적 미감을 일으키는 감각요소를 말한다.

- 지리적 관광자원 : 대륙관계성, 해양관계성, 접근성, 거리 등
- 기후적 관광자원 : 기온, 강수량, 바람, 일조지수, 안개일수, 쾌청일수 등
- 지형적 관광자원 : 산악, 하천, 해안, 호수, 온천, 동굴, 지구대 등
- 생물적 관광자원 : 희귀 동식물, 천연기념물 등

(2) 문화적 관광자원

한 민족이 오랜 기간 일정지역을 기반으로 살아오는 과정에서 자연스럽게 형

성된 그 지역만이 갖게 되는 독특하고 차별적인 문화적 개념의 관광자원을 의미한다. 이는 다시 문화적 관광자원과 문화재 관광자원으로 분류할 수 있다.

문화적 관광자원은 문화적으로 타 문화와 구별되는 독특성과 차별성을 기반으로 그 지역의 대표성을 가질 만한 요인이 관광자원화되는 경우이다. 그중에서 더욱 큰 가치가 인정되어 국가 또는 지방자치단체로부터 공식적인 과정을 통해 문화재로 지정되어 있는 관광자원을 문화재 관광자원으로 칭한다.

- 문화적 관광자원 : 고고학적 유산과 유물, 사적, 사찰공원, 의식주 등
- 문화재 관광자원 : 유형문화재, 무형문화재, 민속자료, 기념물, 매장문화재 등

(3) 사회적 관광자원

관광의 형태가 다양화되면서 오늘날의 관광자원은 관광객을 유치할 수 있는 관광대상물로서 관광의 목적과 형태 등에 따라 매우 다양하게 발전되고 있다. 예전에는 관광자원으로 인정받지 못했던 대상물도 관광이 대중화됨에 따라 관광행동을 일으키게 하는 매력성을 가진 많은 상품들이 관광자원으로 각광받고 있다. 최근에 와서는 다양화된 관광행동의 지향성에 따라 소박한 인정, 풍속, 특색이 있는 국민성, 음식물, 예절과 제도, 생활 속에 전승되어 온 모든 생활자료와 행사 및 사회공공시설 등도 사회적 관광자원으로 재평가받고 있다.

- 사회형태 : 취락형태, 도시구조, 제도, 사회시설, 국민성, 민족성 등
- 생활형태 : 인정, 풍속, 생활양식, 주거형태, 예절, 제도, 음식, 의복, 전통적 스포츠, 예술, 교육, 문화, 사회, 체육시설 등

(4) 산업적 관광자원

산업적 관광자원은 산업혁명을 통해 산업화를 빠르게 진행시켜왔던 서구 유럽국가들에서 그들이 일궈놓은 산업기반과 시설, 프로그램 등을 관광과 접목시키면서 관광자원의 새로운 흐름으로 발전되어 왔다. 관광객들이 산업시설을 관광함으로써 한 나라의 산업수준, 산업발달의 정도 등을 파악하는 과정에서 흥미로

움을 제공받을 수 있다. 이러한 색다른 견학 또는 체험과정에서 관광객들이 느끼는 즐거움은 관광이 추구하는 하나의 축이 될 수 있다. 또 다른 경우는 학습목적의 관광이다. 즉, 선진 기업, 선진시설의 견학 또는 전시회, 박람회 등의 국제적인 행사에 참여하여 자신들의 제품을 전시하거나 세계의 기술흐름을 통해 학습의 개념을 접목시키는 여행의 형태이다.

- 농·임업 관련 관광자원 : 관광농장, 농원, 목장, 농산물 가공시설, 유통센터 등
- 어업 관련 관광자원 : 해산물 가공, 양식업시설, 어장시설, 해산물 판매시설 등
- 공업 관련 관광자원 : 공장시설, 기계설비, 생산공정, 연구소 등
- 상업 관련 관광자원 : 전시회, 박람회, 국제회의, 기념품 판매 등

(5) 위락적 관광자원

관광위락활동의 성격별 분류에 해당하는 각종 자원인 산악·계곡·해변·수변, 사적·유적지, 인공시설 등을 이용한 위락적 자원의 총칭이라고 할 수 있다. 위락적 관광자원에는 행하며 즐기는 활동적 대상자원, 앉아서 쉬면서 즐기는 휴식 대상자원, 보고 음미하는 등의 감상적 대상자원 등이 있다.

- 대표적 위락관광자원 : 주제공원, 카지노, 스포츠 관련 시설 및 프로그램 등

2) 다양화된 개성에 따른 관광자원

(1) 특수목적관광(SIT; Special Interest Tour)

획일적인 형태에서 탈피하여 개인적으로 특별한 목적의 욕구를 충족시키는 관광형태로 관광지에 단순히 가는 것이 아닌 경험하고 배우며 참여하는 형태로서 보다 계획적으로 개발된 총체적인 관광형태를 말한다. 일반적인 관광보다 비교적 활동적, 체험적이고 질적, 목적성을 추구하는 진지한 여가의 의미를 담고 있다.

세계관광기구(UNWTO)에서는 'Tourism 2020 Vision' 보고서를 통해 미래 성장 유망시장으로 10개의 세분시장(10 'HOT' market segments)을 선정하였는데, 기존의 자

원 중심 유형에서 탈피해 시장 중심으로 유형을 세분화하였다. 유형으로는 해안관광(sun & beach tourism), 스포츠관광(sports tourism), 모험관광(adventure tourism), 자연관광(nature-based tourism), 문화관광(cultural tourism), 도시관광(urban tourism), 농촌관광(rural tourism), 크루즈관광(cruise tourism), 테마파크(theme parks), 컨벤션(meeting & conference)으로 설정하였다.

(2) 유네스코 세계문화유산

유네스코(UNESCO; United Nations Educational Scientific and Cultural Organization) 세계유산은 인류의 탁월한 보편적 가치를 갖고 있는 부동산 유산을 대상으로 하고 있다. 따라서 세계유산에 등재되었다는 것은 해당 유산이 어느 특정 국가 또는 민족의 유산을 떠나 인류가 공동으로 보호해야 할 가치가 있는 중요한 유산임을 증명하는 것으로 관광적 가치와 홍보적 가치를 갖게 된다.

세계유산의 종류로는 문화유산, 자연유산, 복합유산이 있다. 세계유산은 전 세계 163개국이 보유하고 있는 1,031건(2016년 1월 기준)으로 문화유산 802, 자연유산 197, 복합유산 32건이 있다. 현재 우리나라는 석굴암·불국사, 해인사 장경판전, 종묘, 창덕궁, 화성, 경주 역사유적지구, 고창·화순·강화 고인돌 유적, 제주 화산섬과 용암동굴, 조선왕릉, 한국의 역사마을(하회·양동), 남한산성, 백제 역사유적지구, 산사(한국의 산지승원) 등 13개 유산이 등재되어 있다.

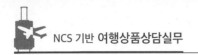

 ## 2. 고객 욕구 파악하기

"인간이 왜 여행을 하는가?"하는 문제는 관광현상을 이해하는 데 있어서 핵심 요소이다. 관광행동의 소비구조를 이해하는 것은 관광자의 행동과 심리에 영향을 주는 요인을 파악함으로써 관광자의 욕구를 충족시켜 줄 수 있는 관광사업이 가능하다는 점에서 관광자 행동연구에 대한 의의가 있다. 고객의 요구를 파악하기 위한 구체적인 내용으로는 왜 여행을 하는지에 대한 여행목적이 파악되어야 한다.

다음으로는 여행상품의 가격대, 선호하는 여행상품이 무엇인지를 파악할 필요가 있다. 또한 주중, 주말, 연휴 또는 선호하는 계절 등이 있는지와 여행을 같이 하는 동반자에 대한 파악도 필요하다. 마지막으로는 고객이 요구하는 기타 세부적인 사항이 있는지도 파악하여 가능한 범위 내에서 반영될 수 있도록 노력해야 한다.

 ## 3. 상품 추천하기

여행상품은 여행사에 의해 여행에 필요한 구성요소인 관광지, 교통, 숙박, 식사, 안내 등 제반 여행 관련 서비스를 결합시켜 여행시장에서의 유통을 목적으로 생산된 상품을 말한다. 여행사에 따라 다소 차이가 있지만 대형 여행사 기준으로 보면 패키지 여행상품, 허니문 여행상품, 배낭여행상품, 인센티브 여행상품, 골프투어 여행상품, 크루즈 여행상품, 에어텔 여행상품, 리조트 여행상품 등으로 구분된다.

① 목적별·테마별 상품추천

1) 패키지 여행상품(기획여행상품)

　여행사가 여행상품 기획의 주체가 되어 대중적이며 연속적인 상품을 개발하여 신문광고나 인터넷 또는 대리점 등을 통한 다양한 촉진전략을 통해 판매하는 여행상품을 말한다. 패키지 여행상품은 여행사에서 통상 10명 이상의 단체인원이 모객될 것을 고려하여 개발·운영하는 여행상품이다. 따라서 개별여행상품보다 가격이 저렴한 것이 가장 큰 장점이다. 판매 방식은 직접 판매의 형태와 대리점을 통한 간접 판매의 형태로 이루어진다.

출처 : 노랑풍선 홈페이지

2) 허니문 여행상품

허니문상품은 신혼여행객들을 위해 개발·운영하는 여행상품으로 2명 이상 출발이 보장되도록 설계되어 있다. 결혼식이 주로 주말에 이루어지는 특성으로 인하여 여행 출발도 토요일 저녁, 일요일 저녁 또는 일·월요일 낮 시간대 등으로 제한되는 경향이 있다. 따라서 항공요금도 다른 날짜와 시간대에 비하여 높고, 여행지에서의 숙박도 고급을 추구하기 때문에 여행상품 가격대가 고가인 편이다. 근래 신혼여행객들의 기호는 휴양지에서의 휴식을 선호하는 리조트여행의 성향을 보여주고 있다.

현재 우리나라의 여행사에서 판매되고 있는 허니문상품의 주요 대상지로는 하와이, 몰디브, 푸껫, 코사무이, 발리, 필리핀의 휴양지 섬, 남태평양, 호주, 유럽, 미주, 남미의 칸쿤 등을 꼽을 수 있다.

출처 : 참좋은여행 홈페이지

3) 배낭여행상품

배낭여행은 자유여행, 개별여행의 형태를 취하는 여행상품으로 개별 배낭여행 또는 단체 배낭여행으로 구분된다. 비용 면에서 저렴하면서도 다양한 여행경험을 선호하는 젊은 층을 중심으로 수요가 꾸준히 증가하고 있는 여행형태이다. 교통편의 이용에 있어서는 저렴한 경유 항공편을 선호하는 경향이 있으며 현지 교통편도 철도패스 등을 사용하고 숙박은 guest house를 이용하는 경우가 많다. 상품 구성 지역으로는 서유럽이 주요 지역이며, 기타 동유럽, 북유럽 등 유럽지역이 대표적인 배낭여행 대상지역이다. 그리고 근래에는 배낭여행 지역이 다양화되면서 지중해, 호주/뉴질랜드, 일본, 인도/네팔, 동남아시아 국가들, 중국, 미국, 캐나다, 남미 국가들로 확대되고 있다.

출처 : 내일투어 홈페이지

4) 인센티브(Incentive) 여행상품

인센티브 여행상품은 기업체 또는 단체에서 목표 달성을 위한 동기부여 수단으로 성과급이나 포상의 의미로 제공되는 여행상품으로 포상여행이라고도 한다. 구매자가 개별고객이 아니라 기업 또는 단체의 대표일 경우가 많으며 참여자는 조직 내 구성원들로서 보통 참여 인원이 대형으로 구성되는 특징이 있다. 프로그램의 결정과 운영에 관해서는 대표와 의논해야 하고 협의를 하는 과정을 거쳐야 한다. 여행상품의 기획과 조정 단계에서는 지역, 조건 등을 결정하는 데 까다로울 수 있으나 상품이 확정된 후 운영을 하는 과정에서는 업무가 일괄적으로 처리되기 때문에 수월한 편이다.

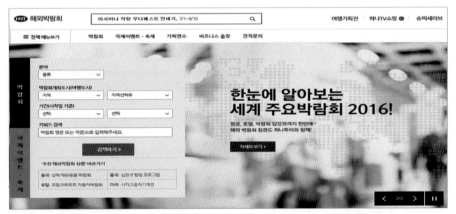

출처 : 하나투어 홈페이지

5) 골프투어 여행상품

골프를 즐기려는 아마추어들을 비롯한 골프 동호회 회원들이 늘어나게 되면서 인기를 끌고 있는 여행상품이다. 골프 여행객들은 주로 고소득층과 재방문 이용자가 많기 때문에 여행사 입장에서 볼 때, 비수기 여행상품으로 영업에 이익을 가져다 줄 수 있는 편이다. 이들은 보통 관광에는 관심이 적고 골프에만 집중하는 경향이 있다. 즉, 골프장의 위치, 규모, 골프 코스, 라운딩 횟수 등을 중요시한다. 따라서 담당자는 골프장의 특징, 라운딩 조건 등과 아울러 골프에 대한 기본 지식을 갖추고 있어야 한다.

출처 : 레드캡투어 홈페이지

6) 크루즈 여행상품

크루즈 여행상품은 최소 200~4,000명 정도의 인원이 승선할 수 있는 규모의 선박을 이용하여 선내 휴양의 목적을 갖는 유람선 여행상품을 말한다. 숙박, 식사, 스포츠, 선상 활동 및 엔터테인먼트 등이 모두 요금에 포함되어 있다. 따라서 24시간 무료 룸서비스, 1일 6회 이상의 식사 제공, 다양한 시설과 활동의 이용료

출처 : 롯데관광 홈페이지

가 가격에 모두 포함되어 있다. 현재 우리나라에서 판매되고 있는 대부분의 여행 상품은 크루즈가 운행되고 있는 현지 지역으로 여행자가 항공편을 이용해서 이동한 후 승선하는 형태로 구성되어 있다.

7) 에어텔(Airtel, Airline+Hotel) 여행상품

본래 상용 여행자를 위해 출시된 상품인데, 최근에는 가족 여행이나 편리한 자유여행을 선호하는 사람들에게 많이 이용된다. 주요 내용은 항공권과 도심 비즈니스 호텔에서의 숙박을 제공한다. 초기에는 주로 항공사가 자사의 항공권 판매 촉진 차원에서 부가적인 서비스를 제공하면서 개별 여행자에 대해 호텔과 묶음 판매를 시작한 것이 계기가 되었다. 호텔까지의 교통편을 제공하기도 하지만 현지 교통과 관련된 패스는 제공하지 않는다. 따라서 장거리나 장기간의 여행보다는 한 도시를 중심으로 단기간의 여행 프로그램에 주로 적용되는 형태이다.

출처 : 하나투어 홈페이지

8) 리조트 여행상품

여행을 통해 휴식과 재충전의 기회를 얻고자 하는 여행객들이 리조트 내의 부대시설 등을 이용하면서 즐기고 쉬고자 하는 욕구를 충족시켜 줄 수 있는 휴식 여행상품이다. 대체적으로 여행경험이 많은 여행객들은 제한된 기간 내에 많은 여행지를 돌아보는 것보다 한 곳에 머물며 충분한 휴식과 재충전을 여행의 가치로 여기는 경향이 있다.

이러한 여행객이 증가하면서 동남아 지역에서는 태국의 파타야, 푸껫, 코사무이, 치앙마이/ 필리핀의 보라카이, 세부, 보홀, 엘니도, 이사벨, 도스팔마스/ 인도네시아의 빈탄, 발리, 롬복/ 말레이시아의 코타키나발루/ 몰디브 등의 여행지가 대상으로 떠오르고 있다. 이외에도 괌, 사이판, 하와이 등을 대표적인 목적지로 꼽을 수 있다. 현재 허니문 여행들의 여행목적지 선택요인으로 휴양을 선호하는 경향이 뚜렷하여 목적지 측면에서 보면 허니문 여행상품과 리조트 여행상품은 일정 부분 중첩되는 특성이 있다.

출처 : Club Med 홈페이지

9) 특수목적 관광(SIT; Special Interest Tour)

기존의 획일적인 여행 형태에서 탈피하여 개인적으로 특별한 목적의 욕구를 충족시키고자 하는 관광형태로 관광지에 단순히 가는 것이 아닌 경험하고 배우며 참여하는 형태로서 보다 계획적이고 개발된 관광형태를 말한다. 일반적인 관광보다 비교적 활동적, 체험적이고 질적, 목적성을 추구하는 진지한 여가의 의미를 담고 있다.

특정 관심분야, 즉 문화, 교육, 건강, 스포츠, 회의 등 여행객들의 다양한 관심분야와 관련된 목적여행을 말한다. 비교적 한정된 시장을 대상으로 영업을 하는 한계를 지니고 있으나 장기적으로는 시장의 성장과 특정 시장에서의 전문성 확보로 경쟁력 제고 및 수익성 확보의 장점을 지니고 있다.

세계관광기구(UNWTO)에서는 'Tourism 2020 Vision' 보고서를 통해 미래 성장 유망시장으로 10개의 세분시장(10 'HOT' market segments)을 선정하였는데, 기존의 자원 중심 유형에서 탈피해 시장 중심으로 유형을 세분화하였다. 유형으로는 해안관광(sun & beach tourism), 스포츠관광(sports tourism), 모험관광(adventure tourism), 자연관광(nature-based tourism), 문화관광(cultural tourism), 도시관광(urban tourism), 농촌관광(rural tourism), 크루즈관광(cruises tourism), 테마파크(theme parks), 컨벤션(meeting & conference)으로 설정하였다.

🧭 SIT의 핵심개념

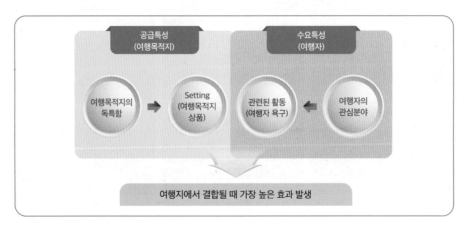

⏱ 특수목적 관광의 분류 및 유형

유형	내용
문화관광	문화유산관광, 문화예술관광, 음식/와인관광, 종족생활체험, 종교관광, 축제관광, 건축관광, 문학관광, 한류관광, 민속관광 등
건강관광	요양관광, 스포츠관광, 온천관광, 의료관광 등
환경관광	생태관광, 자연관광, 전원관광, 농촌관광, 녹색관광, 야생관광 등
교육관광	수학여행, 기업교육 & 연수, 어학연수, 고고학 관광, Working holiday & Internship 등
모험관광	모험성이 강한 야외 활동을 즐기기 위한 관광
기타	크루즈 관광

② 요금별 상품추천

여행상품은 동일한 지역을 방문하는 상품이라 하더라도 항공편, 숙박, 지상교통편, 식사의 수준과 기타 포함사항에 따라 가격의 편차가 크다. 따라서 같은 지역의 여행상품이라 하더라도 상담자는 고객이 고려하는 가격대의 수준을 파악하고 그에 맞는 상품을 추천할 수 있도록 해야 한다. 다음은 현재 여행시장에서 유통되고 있는 패키지 여행상품을 가격대별로 정리한 것이다. 위에서 설명한 바와 같이 가격 편차가 큰 것을 알 수 있다.

(1) 동북아시아

가격(만원)	여행상품명	대표 방문지	국가
20~50	청도 3일	피차이위엔, 팔대관, 5·4광장, 천막성, 찌모루 시장	중국
30~70	북경 4일	자금성, 이화원, 만리장성, 용경협	
	상해, 항주, 소주 4일	대한민국 임시정부청사, 와이탄, 황포강, 동방명주 타워, 서호 유람, 졸정원	
35~80	황산, 삼청산 4일	휘주박물관, 금사 케이블(남청원 풍경구, 서해안 풍경구), 광명정, 비래석	

가격(만원)	여행상품명	대표 방문지	국가
45~65	홍콩 4일	리펄스베이, 빅토리아피크, 오션파크, 낭만의 거리	중국
	홍콩, 마카오 4일	리펄스베이, 빅토리아피크, 오션파크, 성바울 성당, 리스보아 카지노	
50~90	장가계 5일	장사, 장가계, 백장협, 천문산 등정, 원가계 등정, 황룡동굴, 보봉호	
	서안 4일	섬서 역사박물관, 병마용 갱, 진시황릉, 화청지, 와룡사, 팔로군 기념관, 홍경공원	
	계림 5일	첩채산, 상비산, 이강유람, 관암동굴, 케이블카	
50~90	백두산 4일	연길, 도문, 백두산 천지, 장백폭포, 용정중학교, 해란강, 일송정	
	하이난 5일	삼아, 원숭이섬, 삥랑빌리지, 오지주도, 남산사, 저강남전 온천	
60~90	홍콩, 마카오, 심천 4일	리펄스베이, 빅토리아피크, 오션파크, 성바울 성당, 리스보아 카지노, 소인국	
60~100	대만 4일	고궁박물관, 충렬사, 민주기념관, 용산사, 화시지야 시장, 화련(태로각 협곡), 야류해상공원, 노천온천욕	대만
40~80	벳부, 후쿠오카 4일	우레시노 온천마을, 다케오 신사, 기후네성, 하카타 포트타워, 다지이후 텐만궁, 유후인, 가마토지옥 온천	일본
55~80	동경, 하코네 4일	하코네 국립공원, 오다이바, 신도청 전망대, 하코네 신사, 아시호수	
65~150	오키나와 4일	코우리지마 대교, 만좌모, 오키나와 월드, 추라우미 수족관, 아메리칸 빌리지, 슈리성, 평화기념 공원	
70~95	오사카, 나라, 교토 4일	도톤보리, 신사이바시, 동대사, 나라공원, 청수사, 산넨자카, 닌넨자카, 헤이안신궁	

(2) 동남아시아

가격(만원)	여행상품명	대표 방문지	국가
40~80	방콕, 파타야 5일	왕궁, 차오프라야강 수상시장, 새벽사원, 타이거 주, 농눅빌리지, 악어농장, 알카자쇼, 산호섬, 플로팅 마켓	태국

가격(만원)	여행상품명	대표 방문지	국가
45 ~90	푸껫 5일	팡아만 해양국립공원, 제임스본드 섬, 피피섬, 왓찰롱 사원	태국
55~130	치앙마이 5일	매땡 코끼리 캠프, 사이남풍 난공원, 왓 체디루앙 사원, 백색사원, 미얀마 국경시장, 골든트라이앵글	
60~150	싱가포르, 조호바루 5일	보타닉 가든, 주롱새 공원, 오차드 로드, 머라이언 공원, 마리나베이 샌즈호텔, 가든스 바이더 베이, 클락키, 회교사원	싱가포르
75~120	싱가포르 5일	보타닉 가든, 주롱새 공원, 오차드 로드, 머라이언 공원, 마리나베이 샌즈호텔, 가든스 바이더 베이, 클락키	
75~180	싱가포르, 빈탄 5일	보타닉 가든, 주롱새 공원, 오차드 로드, 머라이언 공원, 마리나베이 샌즈호텔, 가든스 바이더 베이, 클락키, 빈탄섬 휴양	
60~150	발리 5일	거북이 섬, 울루와뚜 절벽사원, 빠당빠당 비치	인도네시아
95~135	자카르타, 롬복 5일	길리섬, 바뚜볼롱 바위 사원, 니빠 뷰 & 원숭이 숲, 전통 재래시장, 나르마다 사원, 전통 가옥마을, 딴중안 비치	
40~90	코타키나발루 5일	툰구압둘라만 해양공원, 사바주 청사, 이슬람 사원, 제셜턴 포인트	말레이시아
35~80	하노이 5일	하롱베이, 엔뜨 국립공원, 호안끼엠 호수	베트남
45~80	다낭 5일	호이안, 다낭비치, 티엔무사원, 후에	
	호치민 5일	전쟁박물관, 미토, 판티엣, 중앙우체국, 통일궁	
45~70	씨엠립 5일	앙코르와트, 앙코르톰, 바이욘사원, 톤레사프 호수	캄보디아
35~80	비엔티엔, 루앙프라방 5일	탓루앙사원, 빠뚜사이, 오사 씨사켓, 왓 호파깨우, 소금마을	라오스
75~100	양곤, 바고 5일	민속촌, 거바예파고다, 마하빠다나, 깐도지 호수, 쉐라곤 파고다	미얀마
30~55	마닐라 4일	팍상한 폭포, 따가이따이 화산, 리잘공원, 산티아고 요새	필리핀
35~70	세부 4일	세부 해변, 마젤란 십자가, 산페드로 요새	
40~65	보라카이 4일	보라카이 해변, 디몰	
45~80	보홀 5일	로복강, 초콜릿 힐, 맴메이드 포레스트, 나비농장	

(3) 오세아니아(대양주)

가격(만원)	여행상품명	대표 방문지	국가
115~220	시드니 6일	시드니타워, 본다이비치, 오페라하우스, 하버브리지, 블루마운틴	호주
	시드니, 골드코스트 6일	시드니타워, 본다이비치, 오페라하우스, 하버브리지, 골드코스트해변	
220~250	시드니, 케언즈 6일	시드니타워, 본다이비치, 오페라하우스, 쿠란다 빌리지, 쿠란다 시닉 레일웨이, 레인포레스테이션	
230~300	뉴질랜드 8일	북섬(와이토모 동굴, 폴리네시안 온천욕, 아그로돔 농장), 남섬(캔터베리 대평원, 마운트쿡 만년설, 푸카키 호수, 피요르드 국립공원, 밀포드 사운드)	뉴질랜드
190~230	피지 5일	난디 지역관광, 티부아 아일랜드 데이 투어	피지

(4) 서유럽

가격(만원)	여행상품명	대표 방문지	국가
230~360	서유럽 5국 10일	로마(바티칸 박물관, 성베드로 성당, 베네치아 광장, 트래비 분수, 콜로세움), 폼페이, 소렌토, 나폴리, 피사(피사의 사탑, 두오모 성당), 피렌체, 베네치아, 베로나, 밀라노, 인터라켄(융프라우), 파리(루브르 박물관, 베르사유 궁전, 개선문), 런던(빅벤, 웨스트민스터 사원), 하이델베르크(고성)	이탈리아, 스위스, 프랑스, 영국, 독일

(5) 동유럽

가격(만원)	여행상품명	대표 방문지	국가
210~300	동유럽 5국 10일	프라하(카를교, 천문시계, 틴교회, 바츨라프 광장), 브르노, 아우슈비츠, 크라코프, 비엘리츠카(소금광산), 타트라, 부다페스트(영웅광장, 어부의 요새, 마차시 교회, 부다페스트 왕궁), 비엔나(성 슈테판 대성당, 쉔브룬 궁전), 잘츠카머구트 호수, 잘츠부르크(미라벨 궁전, 모차르트 생가)	체코, 폴란드, 슬로바키아, 헝가리, 오스트리아

(6) 북유럽, 러시아

가격(만원)	여행상품명	대표 방문지	국가
220~235	러시아 6일	블라디보스토크(잠수함 박물관, 러시아 정교회, 독수리 전망대, 지상요새), 하바로프스크(아무르 강, 꼼소몰 광장, 향토박물관), 우스찌아르다(시베리아 대평원), 알혼섬, 리스트비안카(바이칼 호수 생태 박물관, 체르스키 전망대, 성 니콜라이 교회)	러시아
280~350	북유럽 4국 8일	오슬로(왕궁, 카를요한 거리, 국립미술관), 릴레함메르, 롬, 게이랑에르, 뵈이아(푸른 빙하, 빙하 박물관), 송네피오르, 라드달, 베르겐, 골, 오슬로, 코펜하겐(안데르센 거리, 인어공주 동상), 칼스타드, 스톡홀름(시청사, 바사호 박물관), 헬싱키(광장시장, 시벨리우스 공원)	노르웨이, 덴마크, 스웨덴, 핀란드

(7) 북아메리카

가격(만원)	여행상품명	대표 방문지	국가
70~180	사이판 5일	일본군 최후사령부, 한국인 위령탑, 만세절벽, 새 섬	미국
85~180	괌 5일	스페인 광장, 사랑의 절벽, 라테스톤 공원	
120~230	하와이 6일	오하우(와이키키 해변, 다이아몬드 헤드, 진주만, 주청사)	
160~300	미서부 9일	LA, 라스베이거스, 샌프란시스코	
180~400	미동부 8일	뉴욕, 워싱턴, 나이아가라	
250~500	알래스카 7일	앵커리지, 발데즈	
450~500	미중남부 12일	마이애미, 올랜도, 애틀란타, 휴스턴, 뉴올리언스	
300~350	캐나다 일주 8일	밴쿠버, 캘거리, 토론토, 밴프공립공원	캐나다

(8) 남아메리카

가격(만원)	여행상품명	대표 방문지	국가
750~800	남미 5국 12일	상파울로, 리우데자네이루, 이과수폭포, 부에노스아이레스, 산티아고, 리마, 마추픽추	브라질, 파라과이, 아르헨티나, 칠레, 페루

(9) 아프리카

가격(만원)	여행상품명	대표 방문지	국가
350~400	아프리카 4국 8일	요하네스버그, 케이프타운, 잠베지강, 빅토리아 폭포, 초베 국립공원	남아프리카공화국, 보츠와나, 잠비아, 짐바브웨
660~700	아프리카 5국 15일	요하네스버그, 나이로비, 나이바샤, 마사이마라, 빅토리아 폭포, 초베 국립공원, 케이프타운	남아프리카공화국, 케냐, 보츠와나, 잠비아, 짐바브웨

❸ 지역별 상품추천

동북아시아

1) 중국

❶ 국가 개요

- 수도 : 북경(베이징)
- 면적 : 9,596,960km² / 세계 4위(CIA 기준)
- 언어 : 중국어
- 기후 : 습윤, 아열대, 건조기후
- 1인당 GDP : $10,261 / 세계 59위
  (2019년 / IMF 기준)
- 통화 및 환율 : 위안(CNY), 1위안=179원
  (2021년 08월 기준)
- 비행시간 : 인천 → 북경(약 2시간 5분),
  인천 → 광저우(약 3시간 30분)

② 관광지 정보

🧭 북경 4일 일정

날짜	지역	교통편	세부 일정
제1일	인천	항공	인천(김포) 출발 북경 도착
	북경	전용버스	자금성, 천안문광장, 왕부정 거리 등 관광
제2일	북경	전용버스	명13릉, 만리장성, 이화원 등 관광
제3일	북경	전용버스	789예술거리, 천단공원, 더플레이스 등 관광
제4일	북경 인천	항공	북경 출발 인천(김포) 도착

🇨🇳 **북경**(北京, 베이징)

'북쪽의 수도'라는 뜻을 가지고 있는 중화인민공화국의 수도

- 자금성(紫禁城) : 명나라와 청나라 시대의 황궁
- 천안문(天安門) : 자금성의 내성 남문
- 천단(天壇) : 명·청 시대 황제들이 해마다 풍년을 기원하는 제사를 지내던 곳
- 이화원(頤和園) : 베이징에서 북서쪽으로 약 10km 떨어진 교외에 위치한 중국 최대 규모의 황실 정원
- 만리장성(萬里長城) : 진시황이 중국을 통일한 후 북방민족의 침입을 막기 위해 축조하기 시작하여 역대 왕조들에 의해 세워진 거대한 방어용 성벽
- 명13릉(明十三陵) : 베이징에서 북서쪽으로 약 40km 지점에 있는 조성된 명나라 때 13명의 황제와 23명의 황후 능묘군

▲ 자금성

아래 QR코드 인식을 통해 관광지의 동영상을 볼 수 있음

자금성

▲ 만리장성

이화원

🧭 상해, 항주, 소주 4일 일정

날짜	지역	교통편	세부 일정
제1일	인천 상해	항공 전용버스	인천(김포) 출발 상해 도착 대한민국 임시정부, 윤봉길의사 기념당, 와이탄, 황포강, 동방명주 타워, 예원 등 관광
제2일	상해 항주	전용버스	항주로 이동 서호 유람, 영은사, 육화탑, 청하방 옛거리 등 관광
제3일	항주 소주	전용버스	소주로 이동 졸정원, 한산사, 호구탑 등 관광
제4일	소주 상해 인천	전용버스 항 공	상해로 이동 상해 출발 인천(김포) 도착

🇨🇳 **상해**(上海, 상하이)

중국 동부 해안의 양쯔강 하구에 위치한 직할시이며 중국 최대의 상업도시

- 대한민국 임시정부청사 : 일제 강점기의 3·1 운동 직후 일제의 탄압을 피해 조직적 항거를 목적으로 상하이로 건너간 독립투사들이 활동했던 정부청사
- 윤봉길의사 기념당 : 1932년, 일본군 기념 행사장에 도시락 폭탄을 투척했던 윤봉길 의사의 항거 현장으로 뜻깊은 곳
- 외탄(外灘) : 황포강을 끼고 강 서쪽에 자리잡고 있는 지역
- 동방명주(東方明珠) 타워 : 상하이를 상징하는 랜드마크로서 황포강변의 푸동지구에 위치한 높이 468m의 방송관제탑
- 예원(豫園) : 40여 개 정자와 연못, 누각 등을 둘러볼 수 있는 명·청 시대 양식의 중국식 정원

와이탄

▲ 동방명주 타워

항주(杭州, 항저우)

상하이로부터 남서쪽으로 60km 지점에 위치해 있으며 저장성(浙江省)의 성도

- 서호(西湖) : 항저우(杭州) 시의 서쪽에 위치하고 있다 하여 붙여진 이름으로 중국의 명승구와 세계적인 명성을 가진 담수호
- 영은사(靈隱寺) : 항저우시의 서호 북서쪽 영은산 기슭에 위치한 중국 초기 불교사찰

소주(蘇州, 쑤저우)

장쑤성(江蘇省) 남동쪽 타이후호 동쪽에 위치한 '동양의 베니스'라는 별칭을 갖고 있는 운하의 도시

소주

- 졸정원(拙政園) : 쑤저우(蘇州)에서 가장 큰 중국식 정원
- 한산사(寒山寺) : 쑤저우(蘇州) 외곽에 위치한 불교사찰

백두산 4일 일정

날짜	지역	교통편	세부 일정
제1일	인천 연길 도문 연길	항공 전용버스	인천 출발 연길 도착 북한의 접경지역인 '도문'으로 이동 후 중국과 북한 국경지대 관광 연길로 이동 후 간단한 연길 시내관광(진달래 광장)
제2일	연길 백두산 이도백하	전용버스 셔틀버스	백두산으로 이동 백두산, 천지, 장백폭포 등 관광 이도백하로 이동
제3일	이도백하 용정 연길	전용버스	용정으로 이동 용정 중학교(구 대성 중학교), 해란강, 일송정 등 관광 연길로 이동
제4일	연길 인천	항공	연길 출발 인천 도착

🇨🇳 **연길**(延吉, 옌지)

중국 동북지역 지린성(吉林省)에 있는 옌볜 조선족 자치주의 주도(州都)

- 도문(圖們)시의 중국과 북한 국경지대 : 지린성 동부의 주요 철도교통 요충지로 서 중국과 북한의 최대 국경도시
- 백두산(白頭山) : 북한의 양강도 삼지연군과 중국 지린성 옌볜 조선족 자치주 경계에 위치한 산

⏱️ **계림 4일 일정**

날짜	지역	교통편	세부 일정
제1일	인천 계림	항공	인천 출발 계림 도착
제2일	계림	전용버스	첩채산, 상비산 등 관광
제3일	계림	전용버스	이강유람 등 관광
제4일	계림 인천	전용버스 항공	관암동굴, 요산 케이블카 등 관광 계림 출발 인천 도착

🇨🇳 **계림**(桂林, 구이린)

중국 남부의 광서성(廣西省) 동북부에 위치해 있으며, 연평균 기온이 약 19℃로 온화한 아열대 기후에 속하는 지역

- 이강(璃江) 유람 : 이강에서 배를 타고 유람을 하다 보면 카르스트 지형으로 생성된 수많은 봉우리들이 마치 병풍을 펼쳐 놓은 듯한 멋진 경관을 연출
- 관암동굴(官岩洞窟) : 모노레일을 타고 내부로 들어가며 유람선을 타고 종유석 등을 관람한 후에 엘리베이터를 타고 산 정상의 출구로 나오도록 설계

🧭 서안 4일 일정

날짜	지역	교통편	세부 일정
제1일	인천 서안	항공	인천 출발 서안 도착
		전용버스	섬서 역사박물관 등 관광 후 호텔 투숙
제2일	서안	전용버스	병마용 갱, 진시황릉, 화청지 등 관광
제3일	서안	전용버스	와룡사, 팔로군 기념관, 홍경공원 등 관광
제4일	서안 인천	항공	서안 출발 인천 도착

🇨🇳 서안(西安, 시안)

중국의 내륙지역 산시성(山西省)의 성도이자 중국 역사에서 가장 많은 왕조의 수도이기도 했던 곳

- 아방궁(阿房宮) : 춘추전국시대의 혼란했던 중국을 통일한 진(秦)나라의 시황제(始皇帝)가 세운 궁전
- 진시황 병마용 갱(兵馬俑坑)과 박물관 : 불멸의 생을 꿈꿨던 진시황제가 사후에 자신의 무덤을 지키게 하려는 목적으로 병사와 말의 모형을 흙으로 빚어 실물 크기로 제작한 것
- 진시황릉(秦始皇陵) : 중국 최초의 황제인 진시황제의 무덤

⏱ 장가계 5일 일정

날짜	지역	교통편	세부 일정
제1일	인천 장사	항공	인천 출발 장사 도착
제2일	장사 장가계	전용버스 셔틀버스	장가계로 이동 백장협, 천문산 등정(케이블카, 에스컬레이터), 천문동 등 관광
제3일	장가계	셔틀버스	원가계 등정(백룡 엘리베이터), 금편 계곡, 십리화랑 등 관광
제4일	장가계 장사	전용버스	황룡 동굴, 대협곡, 보봉호 등 관광 장사로 이동
제5일	장사 인천	항공	장사 출발 인천 도착

🇨🇳 **장가계**(張家界, 장자제)

중국 후난성(湖南省) 서북부에 위치하고 있는 중국 제일의 국가삼림공원

2) 일본

❶ 국가 개요

- 수도 : 동경(도쿄)
- 면적 : 377,195km² / 세계 62위(CIA 기준)
- 언어 : 일본어
- 기후 : 해양성 온화한 기후
- 1인당 GDP : $40,246 / 세계 25위
  (2020년 / IMF 기준)
- 통화 및 환율 : 엔(JPY), 100엔=1,049원
  (2021년 08월 기준)
- 비행시간 : 인천 → 도쿄(약 2시간 20분),
  인천 → 후쿠오카(약 1시간 20분)

❷ 관광지 정보

🧭 도쿄 4일 일정

날짜	지역	교통편	세부 일정
제1일	인천 도쿄	항공	인천(김포) 출발 도쿄 도착
		전용버스	도쿄 시내관광(아사쿠사 관음사, 나카미세 거리, 도쿄 도청)
제2일	도쿄 하코네 도쿄	전용버스	하코네 국립공원으로 이동 하코네 국립공원 관광(아시 호수, 오와쿠다니 계곡) 도쿄로 이동
제3일	도쿄 닛코 도쿄	전용버스	닛코 국립공원으로 이동 닛코 국립공원 관광 도쿄로 이동
제4일	도쿄 인천	전용버스 항공	신승사 관광 도쿄 출발 인천(김포) 도착

◉ 도쿄

메이지 시대부터 일본의 수도

- 아사쿠사 관음사 : 도쿄에서 가장 크고 가장 오래된 사찰
- 오다이바 : 도쿄 미나토 구에 위치한 상업, 레저 및 주거 복합지구로 도쿄 만에 건설된 대규모 인공 섬
- 나카미세 거리 : 가미나리 몬에서 아사쿠사 관음사의 호조 몬에 이르는 일직선의 거리
- 디즈니랜드 : 1983년 4월 15일 미국 이외의 지역에서 건설된 첫 디즈니 테마파크
- 디즈니 씨(sea) : 세계 최초로 바다를 주제로 물 위에 만들어진 테마파크

◉ 하코네

후지 산의 동쪽 기슭에 위치한 관광·휴양 도시

- 하코네 국립공원 : 아시 호수, 오와쿠다니, 온천과 스파, 헬스 리조트로 유명한 국립공원
- 아시 호수 : 하코네 국립공원의 중앙으로 후지 산을 가장 잘 조망할 수 있는 곳

◉ 닛코 국립공원

일본 혼슈 섬의 남동부 간토 지방에 있는 산악 국립공원

🧭 오사카, 나라, 교토, 고베 4일 일정

날짜	지역	교통편	세부 일정
제1일	인천 오사카	항공 셔틀버스	인천 출발 오사카 도착 셔틀버스를 이용하여 호텔로 이동
제2일	오사카 나라 교토 고베	전용버스	나라로 이동 나라 시내관광(동대사, 나라 공원) 교토로 이동 교토 시내관광(청수사, 후시미 이나리 신사, 닌넨자카와 산넨자카) 고베로 이동
제3일	고베 오사카	전용버스	고베 시내관광(메리켄 파크, 하버랜드) 오사카로 이동 오사카 시내관광(오사카 성, 신사이바시, 도톤보리)
제4일	오사카 인천	셔틀버스 항공	셔틀버스를 이용하여 공항으로 이동 오사카 출발 인천 도착

🔳 **오사카**

서 일본 최대의 도시로 도쿄에 이어 경제, 문화의 중심지

- 유니버설 스튜디오 재팬 : 동양에서는 최초이자 세계에서 세 번째로 할리우드 영화를 테마로 개관한 테마파크
- 도톤보리 : 오사카 시의 번화가를 동서로 가로질러 흐르고 있는 도톤보리 강을 의미
- 신사이바시 : 오사카 시의 최대 쇼핑가
- 오사카 성 : 도요토미 히데요시가 일본 통일을 달성한 후 권력을 과시하기 위해 1586년에 건축

도톤보리

▲ 오사카 성

● 나라

겐메이 일왕이 나라(奈良)로 수도를 옮긴 710년부터 74년 동안 국도(國都)로 번영을 누렸던 고도(古都)

- 나라 공원 : 공원에 사슴이 많이 뛰어놀고 있어서 사슴 공원이라고도 함
- 동대사 : 743년에 쇼무 일왕이 부처의 힘을 빌려 국가를 재앙으로부터 보호하기 위해 건설한 사원

● 교토

오사카와 나라의 북쪽에 있는 도시로 교토 부(府)의 부청 소재

- 닌넨자카와 산넨자카 : 청수사로 가는 2개의 쇼핑거리
- 청수사(기요미즈데라) : 물 맑은 산 정상 부분에 139개의 기둥을 받쳐서 세운 사찰

동남아시아

1) 태국

① 국가 개요

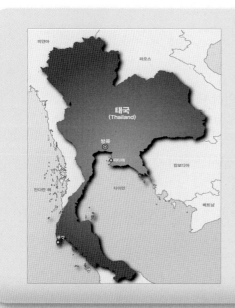

- 수도 : 방콕
- 면적 : 513,120km² / 세계 51위(CIA 기준)
- 언어 : 태국어, 영어(일부 관광지역)
- 기후 : 열대성 기후(고온다습)
- 1인당 GDP : $7,808 / 세계 25위
  (2019년 / IMF 기준)
- 통화 및 환율 : 바트(THB), 1바트=35원
  (2021년 08월 기준)
- 비행시간 : 인천 → 방콕(약 5시간 30분),
  인천 → 푸껫(약 6시간 15분)

② 관광지 정보

🧭 방콕, 파타야 5일 일정

날짜	지역	교통편	세부 일정
제1일	인천 방콕	항공	인천 출발 방콕 도착
제2일	방콕 파타야	전용버스	방콕 관광(왕궁, 새벽 사원, 수상 시장, 에메랄드사원) 파타야로 이동

날짜	지역	교통편	세부 일정
제3일	파타야	전용버스	농눅 빌리지 관광 산호섬에서 자유시간
제4일	파타야 방콕	전용버스 항공	타이거 주, 파인애플 농장 관광 방콕으로 이동 방콕 출발
제5일	인천		인천 도착

방콕

차오프라야 강을 끼고 있는 태국 최대의 도시이자 태국의 수도

왕궁 & 에메랄드사원

수상시장

- 왕궁 : 라마 1세부터 역대 국왕들이 살았던 궁전
- 에메랄드 사원 : 왕궁에 속해 왕실의 제사를 모시는 왕실 수호 사원
- 새벽 사원 : 차오프라야 강 변에 위치한 사원
- 수상 시장 : 차오프라야 강과 운하에 식료품과 잡화 및 과일, 기념품 등을 실은 거룻배가 모여들어 수상 시장이 형성

▲ 에메랄드 사원

▲ 새벽 사원

파타야

방콕에서 남동쪽으로 145km 정도 떨어져 있는 태국 남부지역 촌부리 주의 관광도시

산호섬

▲ 산호섬

- 산호섬 : 모래가 곱고 깨끗한 바닷물의 수심이 깊지 않아 해양스포츠의 천국
- 농눅 빌리지 : 200만평에 달하는 대규모의 열대 정원
- 타이거 주 : 세계 최대 규모를 자랑하는 호랑이 공원

푸껫 5일 일정

날짜	지역	교통편	세부 일정
제1일	인천 푸껫	항공	인천 출발 푸껫 도착
제2일	푸껫	선박	팡아만 관광(맹글로브 정글, 제임스본드 섬)
제3일	푸껫	선박	피피섬 관광 및 자유시간
제4일	푸껫	전용버스 항공	오전 자유시간 후 왓찰롱 사원, 빠통 야시장 관광 푸껫 출발
제5일	인천		인천 도착

푸껫

인도양의 안다만 해역에 있는 태국 남부의 주로 태국에서 가장 큰 섬

피피섬

- 팡아만 : 130여 개의 섬들이 모여 환상적인 경관을 연출하는 해상 국립공원
- 피피섬 : 푸껫에서 동쪽으로 50km 떨어진 6개의 섬으로 이루어진 군도
- 빠통 야시장 : 4km의 해변을 따라 호텔과 레스토랑, 나이트클럽, 상가들이 자리 잡아 푸껫 최고의 번화가
- 왓찰롱 사원 : 푸껫에서 가장 크고 화려한 사원

2) 캄보디아

❶ 국가 개요

- 수도 : 프놈펜(Phnom penh)
- 면적 : 181,035km^2 / 세계 90위(CIA 기준)
- 언어 : 크메르어
- 기후 : 열대몬순 기후(고온다습)
- 1인당 GDP : $1,643 / 세계 122위
  (2019년 / 한국은행 기준)
- 통화 및 환율 : 리엘(KHR), 500리엘=135원
  (2017년 10월 기준)
- 비행시간 : 인천 → 씨엠립(약 6시간)

❷ 관광지 정보

🧭 씨엠립, 앙코르와트 5일 일정

날짜	지역	교통편	세부 일정
제1일	인천 씨엠립	항공	인천 출발 씨엠립 도착
제2일	씨엠립	전용버스	초기 유적지 롤로오스 유적군, 현지 민가, 반데스레이 사원 등 관광
제3일	씨엠립	전용버스	앙코르톰(앙코르톰 남문, 바이온 사원, 레퍼왕단상, 코끼리 테라스 등), 타프롬 사원, 앙코르와트 등 관광 압살라 민속 디너쇼 관람
제4일	씨엠립	전용버스 항공	톤레사프 호수, 바라이 호수 등 관광 씨엠립 출발
제5일	인천		인천 도착

씨엠립(Siem Reap)

앙코르 유적군과 약 5km 가량 떨어져 있는 교통의 요충지로서 이 지역 관광의 거점도시

- 앙코르톰(Angkor Thom) : 12세기 후반 자야바르만 7세에 의해 건립된 크메르 제국의 마지막 수도이며 캄보디아를 대표하는 유물군
- 바이욘(Bayon) 사원 : 앙코르톰의 중심부에 자리 잡고 있는 거대한 바위산 모양의 핵심 사원
- 타프롬(Ta Prohm) 사원 : 자야바르만 7세가 앙코르톰을 만들기 전에 어머니의 극락왕생을 비는 마음에서 건립한 불교사원
- 앙코르와트(Angkor Wat) : 앙코르 유적지 중 대표적인 사원으로서 앙코르는 '왕도(王都)', 와트는 '사원'을 뜻함
- 프놈바켕(Phnom Bakheng) 사원 : 앙코르와트와 앙코르톰 사이의 높이 67m의 바켕산에 위치한 힌두사원
- 톤레사프(Tonle Sap) 호수 : 동남아시아 최대의 호수이며 수상마을이 형성되어 있음

앙코르와트

톤레삽호수

▲ 앙코르와트

▲ 톤레사프 호수

3) 싱가포르

❶ 국가 개요

- 수도 : 싱가포르
- 면적 : 697km² / 세계 192위(CIA 기준)
- 언어 : 영어, 중국어, 말레이어, 타밀어
- 기후 : 열대성 기후(고온다습)
- 1인당 GDP : $65,233 / 세계 7위
  (2019년 / 한국은행 기준)
- 통화 및 환율 : 싱가포르달러(SGD), 1SGD=850원
  2021년 08월 기준)
- 비행시간 : 인천 → 싱가포르
  (약 6시간 30분)

❷ 관광지 정보

⏱ 싱가포르, 빈탄 5일 일정

날짜	지역	교통편	세부 일정
제1일	인천 싱가포르	항공	인천 출발 싱가포르 도착
제2일	싱가포르 빈탄	전용버스 선박	싱가포르 시내관광(보타닉 가든, 주롱 새 공원, 오차드 로드, 차이나타운, 머라이언 공원) 빈탄으로 이동
제3일	빈탄		자유시간
제4일	빈탄 싱가포르	선박 전용버스 항공	싱가포르로 이동 센토사 섬 관광 마리나 베이 샌즈 호텔, 가든스 바이 더 베이, 싱가포르 플라이어, 클락키와 보트키 싱가포르 출발
제5일	인천		인천 도착

싱가포르

　동남아시아 말레이반도 최남단에 있는 공화국이자 서울시의 1.18배 정도의 섬으로 이루어진 도시국가

- 보타닉 가든 : 도심 속에 위치한 국립식물원
- 주롱 새 공원 : 주롱 언덕 중앙에 위치한 세계 최대의 야생 조류 공원
- 오차드 로드 : 싱가포르의 쇼핑 중심가로 대형 쇼핑몰이 몰려 있는 곳
- 차이나타운 : 19세기경에 싱가포르로 이주한 중국계 사람들이 터를 잡기 시작하면서 형성된 지역
- 머라이언 공원 : 머라이언 상을 볼 수 있는 도심 속의 공원
- 센토사 섬 : 대규모 관광, 리조트 단지로 조성된 휴양섬
- 마리나 베이 샌즈 호텔 : 57층 규모의 건물 3개가 범선 모양의 하늘정원을 떠받치고 있는 외관의 복합 리조트
- 가든스 바이 더 베이 : 대형 인공정원으로 거대한 돔형 온실 형태로 건축된 정원 형태의 테마파크
- 싱가포르 플라이어 : 세계 최대 규모의 관람차로 영국의 런던 아이보다 30m가 더 높음
- 클락키와 보트키 : 싱가포르 강 주변으로 형성된 레스토랑에서 야경과 더불어 식사를 즐길 수 있는 선착장 지역

주룽새공원

클락키 & 보트키

▲ 머라이언 공원

▲ 마리나 베이 샌즈 호텔

4) 필리핀

1 국가 개요

- 수도 : 마닐라
- 면적 : 300,000km² / 세계 73위
  (CIA 기준)
- 언어 : 필리핀어, 영어
- 기후 : 아열대성 기후(고온다습)
- 1인당 GDP : $3,485 / 세계 103위
  (2019년 / 한국은행 기준)
- 통화 및 환율 : 페소(PHP), 1페소=23원
  (2021년 08월 기준)
- 비행시간 : 인천 → 마닐라 (약 4시간 30분)

2 관광지 정보

🧭 마닐라 4일 일정

날짜	지역	교통편	세부 일정
제1일	인천 마닐라	항공 전용버스	인천 출발 마닐라 도착 마닐라 시내관광(인트라무로스, 성 어거스틴 성당, 리잘 공원, 산티아고 요새)
제2일	마닐라	전용버스	팍상한 폭포 관광
제3일	마닐라	전용버스	따가이따이 화산 관광
제4일	마닐라 인천	항공	마닐라 출발 인천 도착

▶ 마닐라

루손 섬 남서부에 있는 필리핀의 수도로 특별시이며 마닐라 만에 접한 항구
도시

- 팍상한 폭포 : 높이 91m의 폭포와 열대우림이 어우러져 있는 폭포
- 따가이따이 화산 : 세계에서 가장 작은 화산
- 인트라무로스 : 스페인이 필리핀 통치를 위해 1573년 마닐라 중심부에 세운 성
  벽도시
- 성 어거스틴 성당 : 필리핀에서 가장 오래된 성당
- 리잘 공원 : 필리핀의 독립 운동가였던 호세 리잘이 처형되었던 곳으로 현재
  공원으로 조성
- 산티아고 요새 : 16세기 스페인 통치시기에 스페인 군대의 주둔지

🧭 세부 4일 일정

날짜	지역	교통편	세부 일정
제1일	인천 세부	항공	인천 출발 세부 도착
제2일	세부		해변 자유시간
제3일	세부		해변 자유시간
제4일	세부 인천	전용버스 항공	세부 시내관광(마젤란 십자가, 산페드로 요새, 산토니뇨 성당) 세부 출발 인천 도착

▶ 세부

필리핀 중부에 있는 세부 주의 주도

- 마젤란 십자가 : 1521년 마젤란 일행이 세계 일주를 하던 도중 세부 섬에 도착
  하여 만든 십자가

- 산페드로 요새 : 스페인 통치 시절에 이슬람 해적의 침입을 막기 위해 스페인 풍으로 세워진 요새
- 산토니뇨 성당 : 1565년에 스페인에서 파견된 초대 필리핀 총독 레가스피가 세운 성당

보라카이 5일 일정

날짜	지역	교통편	세부 일정
제1일	인천 칼리보 보라카이	항공 전용버스 방카	인천 출발 칼리보 국제공항 도착 전용버스로 카티클란 항구로 이동 방카를 타고 보라카이로 이동
제2일	보라카이		해변 자유시간
제3일	보라카이		해변 자유시간
제4일	보라카이 칼리보	항공	오전 자유 시간 후 디몰 관광 칼리보 국제공항 출발
제5일	인천		인천 도착

보라카이

필리핀의 중서부 파나이 섬 북서쪽에 위치한 조그마한 휴양섬

- 디몰 : 보라카이의 제2선착장 바로 뒤쪽에 있는 최대의 번화가
- 화이트 샌드 비치 : 보라카이를 대표하는 바닷가로 부드럽고 고운 새하얀 모래가 4km 정도 펼쳐져 있음

서유럽

🧭 서유럽 5개국 10일 일정

날짜	지역	교통편	세부 일정
제1일	인천 런던	항공	인천 출발 런던 도착
제2일	런던 파리	전용버스 유로스타	런던 시내관광(버킹엄 궁전, 국회의사당, 빅 벤, 웨스트민스터 사원, 대영 박물관, 타워브리지) 유로스타(항공)를 타고 파리로 이동
제3일	파리	전용버스	파리 시내관광(루브르 박물관, 에펠탑, 개선문, 샹젤리제 거리, 콩코르드 광장, 노트르담 대성당)
제4일	파리 로잔 인터라켄	TGV	베르사유 궁전 관광 로잔 역으로 이동 후 TGV를 타고 인터라켄으로 이동

날짜	지역	교통편	세부 일정
제5일	인터라켄 밀라노	전용버스	융프라우 관광 밀라노로 이동 밀라노 시내관광(두오모 성당, 스칼라 극장)
제6일	밀라노 피사 로마	전용버스	피사로 이동 피사 시내관광(피사의 사탑, 두오모 성당) 로마로 이동
제7일	로마	전용버스	로마 시내관광(바티칸 시국 및 바티칸 박물관, 성 베드로 대성당, 콜로세움, 포로 로마노, 트레비 분수)
제8일	로마 피렌체 베네치아	전용버스	피렌체로 이동 피렌체 시내관광(두오모 성당, 미켈란젤로 광장) 베네치아로 이동 베네치아 시내관광(탄식의 다리, 산마르코 광장, 산마르코 성당, 두칼레 궁전, 대운하, 리알토 다리)
제9일	베네치아 하이델 베르크 프랑크 푸르트	전용버스 항공	하이델베르크로 이동 하이델베르크 시내관광(하이델베르크 고성, 대학가) 프랑크푸르트로 이동 프랑크푸르트 시내관광(뢰머 광장, 성 바르톨로메오 성당) 프랑크푸르트 출발
제10일	인천		인천 도착

1) 영국

① 국가 개요

- 면적 : 243,610km² / 세계 80위(CIA 기준)
- 수도 : 런던(London)
- 언어 : 영어
- 기후 : 온대해양성 기후
- 1인당 GDP : $42,300 / 세계 20위
  (2019년 / 한국은행 기준)
- 통화 및 환율 : 파운드(GBP), 1파운드=1,602원
  (2021년 08월 기준)
- 비행시간 : 인천 → 런던(약 12시간 05분)

② 관광지 정보

런던

영국의 남동부에 위치한 영국의 수도이자 정치·경제·문화·교통의 중심지

런던

- 국회의사당 : 런던 템스 강변의 뾰족한 지붕이 인상적인 건물로 영국의 상원과
  하원이 열리는 곳
- 빅 벤 : 국회의사당 북쪽 끝에 만든 대형
  시계탑에 딸린 큰 종(鐘)에 대한 별칭
- 대영 박물관 : 세계 최대의 인류 문화유산
  을 전시하고 있는 박물관

▲ 국회의사당

- 버킹엄 궁전 : 영국 군주의 공식적인 사무실 및 주거지
- 웨스트민스터 사원 : West의 '서쪽'과 Minster의 '대사원'이라는 의미로 국회
  의사당과 마주 보며 위치
- 타워브리지 : 템스 강의 가장 하류에 빅토리아 양식으로 완성된 다리

2) 에든버러

스코틀랜드의 수도이며 스코틀랜드 행정·문화의 중심지

3) 프랑스

❶ 국가 개요

- 수도 : 파리
- 면적 : 643,801km² / 세계 43위
  (CIA 기준)
- 언어 : 프랑스어
- 기후 : 서안해양성 기후, 동부 : 대륙성 기후, 남부 :
  지중해성 기후
- 1인당 GDP : $40,493 / 세계 22위
  (2019년 / 한국은행 기준)
- 통화 및 환율 : 유로(EUR), 1유로=1,367원
  (2021년 08월 기준)
- 비행시간 : 인천 → 파리(약 12시간)

② 관광지 정보

▮▮ 파리

세느 강 중류에 있는 프랑스의 수도이자 프랑스 최대의 도시로 정치·경제·문화·교통의 중심지

- 노트르담 대성당 : 1163~1345년 루이 7세 때 고딕 양식으로 지어진 성당
- 루브르 박물관 : 박물관의 대표적인 작품은 레오나르도 다빈치의 모나리자, 밀로의 비너스 등이 있음
- 베르사유 궁전 : 호화로운 건물과 아름다운 정원과 분수, 벽과 천장이 온통 거울로 된 거울의 방으로 유명함
- 개선문 : 아우스터리츠 전투에서 승리한 나폴레옹의 지시로 세워진 문
- 샹젤리제 거리 : 콩코르드 광장과 개선문의 사이 2km 정도의 거리
- 콩코르드 광장 : 샹젤리제 거리의 동쪽에 위치한 유럽에서 가장 큰 규모의 광장
- 에펠탑 : 1889년 프랑스 혁명 100주년을 기념하기 위해 개최한 만국 박람회의 입구로서 마르스 광장에 건축된 파리의 상징물

베르사유 궁전

개선문 & 샹젤리제

▲ 노트르담 대성당

▲ 루브르 박물관

▲ 개선문

▲ 에펠탑

4) 스위스

❶ 국가 개요

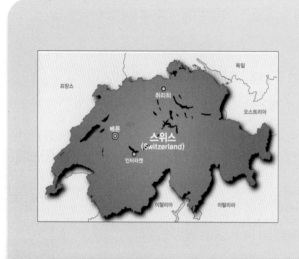

- 수도 : 베른(Bern)
- 면적 : 41,277km² / 세계 136위
  (CIA 기준)
- 언어 : 프랑스어, 독일어, 이탈리아어,
  로망슈어
- 기후 : 사계절이 있고, 계절별 기온차가
  적어 비교적 온난함
- 1인당 GDP : $81,993 / 세계 2위
  (2019년 / 한국은행 기준)
- 통화 및 환율 : 프랑(CHF), 1프랑=1,281원
  (2021년 8월 기준)
- 비행시간 : 인천 → 취리히
  (약 11시간 20분)

❷ 관광지 정보

인터라켄 융프라우

🇨🇭 인터라켄

    스위스 베른 주의 해발 568m의 고지대에 위치한 알프스의 융프라우 산 등산의 거점도시

- 융프라우 : 해발 4,166m의 알프스 최고의 명산으로 꼽히며 '처녀'라는 의미를 갖고 있음

▲ 융프라우

5) 이탈리아

1 국가 개요

- 수도 : 로마
- 면적 : 301,340km² / 세계 72위
  (CIA 기준)
- 언어 : 이탈리아어
- 기후 : 지중해성 기후
- 1인당 GDP : $33,189 / 세계 24위
  (2019년 / 한국은행 기준)
- 통화 및 환율 : 유로(EUR), 1유로=1,367원
  (2021년 08월 기준)
- 비행시간 : 인천 → 로마(약 12시간 35분)

2 관광지 정보

🇮🇹 로마

고대 로마 제국의 수도였고, 로마 가톨릭 교회의 중심지로 고대 서양사의 발원지

- 바티칸 박물관 : 로마 교황청 바티칸 궁내의 박물관, 미술관 등을 총칭
- 성 베드로 대성당 : 미켈란젤로가 거대한 반구형 돔으로 설계한 성당으로, 르네상스 건축의 백미로 손꼽힘

바티칸 박물관

▲ 콜로세움

- 콜로세움 : 로마시대 검투사들의 격투 시합, 맹수들과의 격투 등이 이루어졌던 타원형의 원형 경기장
- 트레비 분수 : 바로크 양식의 아름다운 분수
- 포로 로마노 : 포룸은 열린 공간이란 뜻으로 도시의 주요 시설이 모여 있는 일종의 광장

트레비 분수

밀라노

이탈리아 북부의 최대 도시

- 두오모 성당 : 바티칸의 성 베드로 대성당과 스페인의 세비야 대성당 다음으로 세계에서 세 번째로 큰 가톨릭 성당
- 스칼라 극장 : 1776년 화재로 인해 소실된 밀라노의 두칼레 극장을 대신하여 세워진 오페라 극장

피사

이탈리아 토스카나 주에 위치한 피사 현의 현청 소재지

- 피사의 두오모 성당 : 이탈리아에서 가장 오래된 로마네스크 양식의 성당
- 피사의 사탑 : 기울어져 있는 모양 때문에 주 건물인 두오모 성당보다 피사의 대표적 건축물

▲ 피사의 사탑

🇮🇹 베네치아

베네치아

베네치아 만 안쪽의 석호 위에 흩어져 있는 118개의 작은 섬과 177개의 운하가 400여 개의 다리로 이어져 있는 물의 도시

- 리알토 다리 : 베네치아 도시를 관통하고 있는 대운하의 폭이 가장 좁은 곳에 놓인 다리
- 산마르코 광장 : 길이 175m, 폭 80m의 거대한 광장
- 산마르코 성당 : 성 마르코의 유골을 안치하기 위해 납골당 형식으로 세워진 성당
- 탄식의 다리 : 유죄판결을 받은 죄인이 이 다리를 건너 감옥으로 가면서 한숨을 지은 것에서 유래한 이름
- 두칼레 궁전 : 베네치아 공화국의 역대 총독 관저로 정치, 사법의 중추였던 건물

동유럽

🧭 동유럽 5개국 9일 일정

날짜	지역	교통편	세부 일정
제1일	인천 프라하 브르노	항공 전용버스	인천 출발 프라하 도착 체코 제2의 도시인 브르노로 이동
제2일	브르노 크라카우	전용버스	크라카우로 이동 크라카우 시내관광(바벨성, 중앙광장) 아우슈비츠 수용소
제3일	크라카우 비엘리치카 타트라	전용버스	비엘리치카로 이동 소금광산 관광 폴란드 최남단의 자코파네를 경유하여 슬로바키아 타트라 국립공원으로 이동
제4일	타트라 부다페스트	전용버스	부다페스트로 이동 부다페스트 시내관광(어부의 요새, 마차시 성당, 부다 왕궁, 겔레르트 언덕, 영웅광장)

날짜	지역	교통편	세부 일정
제4일	타트라 부다페스트	전용버스	부다페스트로 이동 부다페스트 시내관광(어부의 요새, 마차시 성당, 부다 왕궁, 겔레르트 언덕, 영웅광장)
제5일	부다페스트 빈	전용버스	빈으로 이동 빈 시내관광(쉔브룬 궁전, 게른트너 거리, 슈테판 성당, 국립 오페라극장, 시립공원)
제6일	빈 멜크 잘츠카머구트 할슈타트 잘츠부르크	전용버스	멜크로 이동 멜크 수도원 관광 잘츠카머구트로 이동 장크트볼프강 호수 관광 할슈타트로 이동 호수 마을 관광 잘츠부르크로 이동
제7일	잘츠부르크 체스키크 룸로프 프라하	전용버스	잘츠부르크 시내관광(호엔 잘츠부르크 성, 미라벨 정원, 헬브룬 궁전, 모차르트 생가, 잘츠부르크 대성당) 체스키크룸로프로 이동 체스키크룸로프 시내관광(체스키크룸로프 성, 망토다리) 프라하로 이동 프라하 야경 관광
제8일	프라하	전용버스 항공	프라하 시내관광(틴 성당, 천문시계, 카를교, 프라하 성, 바츨라프 광장) 프라하 출발
제9일	인천		인천 도착

1) 체코

① 국가 개요

- 수도 : 프라하
- 면적 : 78,867km² / 세계 116위
  (CIA 기준)
- 언어 : 체코어
- 기후 : 해양성 기후와 대륙성 기후의 중간
- 1인당 GDP : $23,101 / 세계 38위
  (2019년 / 한국은행 기준)
- 통화 및 환율 : 코루나(CZK), 1코루나=53원
  (2021년 08월 기준)
- 비행시간 : 인천 → 프라하(약 11시간 5분)

② 관광지 정보

📇 프라하

체코의 수도이자 체코 최대의 정치·경제·문화의 중심도시

- 프라하 야경 : 세계적으로 유명한 아름다운 프라하 야경의 백미
- 바츨라프 광장 : 체코 프라하 신시가지에 있는 광장으로 프라하 최대의 번화가
- 천문시계 : 프라하 구시가 광장의 구 시청사 남쪽 벽에 설치
- 카를교 : 프라하의 중심을 관통하여 흐르고 있는 블타바 강 위에 놓인 다리

▲ 카를교

- 틴 성당 : 외관은 웅장하고 화려한 고딕 양식을 보여주지만 내부는 어두운 바로크 양식

- 프라하 성 : 블타바 강의 서쪽 언덕에 자리 잡고 있는 세계에서 가장 큰 옛 성

▲ 틴 성당

2) 폴란드

❶ 국가 개요

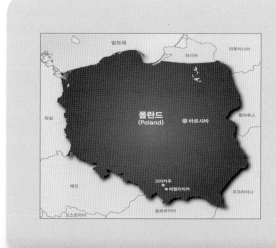

- 수도 : 바르샤바
- 면적 : 312,685km² / 세계 70위(CIA 기준)
- 언어 : 폴란드어
- 기후 : 해양성 기후와 대륙성 기후의 중간
- 1인당 GDP : $15,595 / 세계 48위
  (2019년 / 한국은행 기준)
- 통화 및 환율 : 즐로티(PLN), 1즐로티=299원
  (2021년 08월 기준)
- 비행시간 : 인천 → 바르샤바(약 14시간 25분)_
  경유 1회

❷ 관광지 정보

▬ 크라카우

바르샤바로 수도를 옮기기 전인 1320~1611년까지 폴란드의 옛 수도

- 아우슈비츠 수용소 : 제2차 세계대전 당시 독일의 히틀러가 유태인을 학살하기 위하여 만들었던 강제 수용소

크라카우

- 중앙광장 : 구시가지의 중앙에 위치하고 있는 광장으로 중세 유럽 광장 중에서 가장 큰 규모를 자랑
- 바벨성 : 9세기 초에 크라카우 도시의 남쪽 비스와 강 상류에 건축된 폴란드 왕이 거처했던 궁전

📭 비엘리치카

폴란드의 남부 지역에 위치한 크라카우 도시권에 속하는 도시

- 소금광산 : 유럽에서 암염이 생성된 가장 오래된 소금광산

3) 헝가리

1 국가 개요

- 수도 : 부다페스트
- 면적 : 93,028km² / 세계 11위(CIA 기준)
- 언어 : 헝가리어
- 기후 : 대륙성 기후
- 1인당 GDP : $16,475 / 세계 45위
  (2019년 / 한국은행 기준)
- 통화 및 환율 : 포린트(HUF), 1포린트=3.82원
  (2021년 08월 기준)
- 비행시간 : 인천 → 부다페스트(약 13시간 5분) _
  경유 1회

2 관광지 정보

부다페스트

📭 부다페스트

헝가리의 수도이자 정치·경제·교통·문화의 중심지

- 겔레르트 언덕 : 도나우 강의 아름다운 야경을 비롯하여 부다페스트 시가지를 한눈에 내려다 볼 수 있는 곳에 위치
- 마차시 성당 : 1255년 부다 성 내에 고딕 양식으로 지어져 역대 헝가리 왕들의 대관식이 열렸던 곳

▲ 마차시 성당

- 부다 왕궁(부다 성) : 부다 언덕 남쪽 꼭대기에 네오바로크 양식으로 지어져 헝가리 왕들이 거처하였던 곳
- 어부의 요새 : 마차시 교회 옆에 있는 네오 고딕과 네오 로마네스크 양식이 절묘하게 혼재된 건축물
- 영웅광장 : 헝가리 건국 1,000년을 기념하여 1896년에 만들어진 광장

4) 오스트리아

❶ 국가 개요

- 수도: 빈
- 면적 : 83,871km² / 세계 114위(CIA 기준)
- 언어 : 독일어
- 기후 : 대륙성 기후, 해양성 기후
- 1인당 GDP : $50,277 / 세계 12위
  (2019년 / 한국은행 기준)
- 통화 및 환율 : 유로(EUR), 1유로=1,367원
  (2021년 08월 기준)
- 비행시간 : 인천 → 빈(약 11시간 20분)

2 관광지 정보

빈

도나우 강변에 위치한 오스트리아의 수도

- 슈테판 성당 : 슈테판 광장에 있는 로마 가톨릭 교회의 성당으로 빈 대교구의 주교좌 성당
- 게른트너 거리 : 빈의 오페라 극장에서 슈테판 성당 사이의 보행자 전용거리
- 국립 오페라극장 : 음악의 도시 빈을 대표하는 오페라 극장
- 쉔브룬 궁전 : 신성 로마제국 합스부르크 왕족들이 이곳에서 여름휴가를 보냈던 여름 별궁
- 시립공원 : 꽃과 수목이 우거져 있으며 빈 시민들의 즐겨 찾는 안식처

잘츠부르크

오스트리아의 서부, 독일의 국경 근처 잘차흐 강 양쪽 기슭에 자리 잡은 도시로 잘츠부르크 주의 주도

- 헬브룬 궁전 : 1612년부터 1615년까지 마르쿠스 지티쿠스 대주교가 세운 자신의 여름 별궁
- 모차르트 생가 : 모차르트가 유년시절을 보냈던 생가
- 미라벨 정원 : 분수와 연못, 대리석 조각물과 꽃 등으로 장식된 아름다운 정원으로 영화 '사운드 오브 뮤직'의 한 배경이 됨
- 잘츠부르크 대성당 : 17세기에 지어진 바로크 양식의 건축물로 잘츠부르크 대교구의 주교좌 성당
- 호엔잘츠부르크 성 : 1077년 게브하르트 폰 할펜스타인 대주교가 건축한 요새 같은 성으로 유럽에서 가장 큰 중세시대 성

▬▬ 잘츠카머구트

빈과 잘츠부르크 사이에 위치한 오스트리아의 대표적인 관광 및 휴양지

잘츠카머구트

- 장크트볼프강 호수 : 울창한 산과 아름다운 호수가 어우러져 있으며, 수상 스
포츠와 하이킹, 골프 등 다양한 레저를 즐길 수 있음
- 할슈타트 : '잘츠카머구트의 진주'라고 불릴 정도로 동화 속의 호수마을과 같
은 아름다운 경치를 자랑함

북아메리카

1) 미국

① 국가 개요

- 수도 : 워싱턴 D.C
- 면적 : 9,826,680km² / 세계 3위
  (CIA 기준)
- 언어 : 영어
- 기후 : 대륙성 기후, 온대 및 아열대 기후,
  지중해성 기후, 사막 기후
- 1인당 GDP : $65,280 / 세계 6위
  (2019년 / 한국은행 기준)
- 통화 및 환율 : 달러(USD), 1달러=1,152원
  (2021년 08월 기준)
- 비행시간 : 인천 → LA(약 11시간),
  인천 → 뉴욕(약 14시간)

② 관광지 정보

⏱ 미 서부 8일 일정

날짜	지역	교통편	세부 일정
제1일	인천 샌프란시스코	항공 전용버스	인천 출발 샌프란시스코 도착 금문교, 차이나타운, 피셔맨스워프 등 관광
제2일	샌프란시스코 요세미티 프레즈노	전용버스	요세미티 국립공원으로 이동 요세미티 국립공원 관광 프레즈노로 이동
제3일	프레즈노 라플린	전용버스	프레즈노 출발 캘리코 은광촌 관광 라플린으로 이동
제4일	라플린 그랜드 캐니언 캐납	전용버스	그랜드 캐니언으로 이동 그랜드 캐니언 관광 캐납으로 이동
제5일	캐납 브라이스캐니언 자이언캐니언 라스베이거스	전용버스	브라이스 캐니언으로 이동 후 브라이스 캐니언 국립공원 관광 자이언 캐니언으로 이동 후 자이언 캐니언 국립공원 관광 라스베이거스로 이동
제6일	라스베이거스 로스앤젤레스	전용버스	로스앤젤레스로 이동 코리아타운, 유니버설 스튜디오, 맨스차이니스 극장, 할리우드 거리 등 관광
제7일	로스앤젤레스	항공	로스앤젤레스 출발
제8일	인천		인천 도착

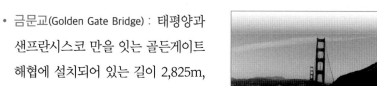 샌프란시스코(San Francisco)

로스앤젤레스에 이어 서부 지역의 대표적 도시로 교육과 문화의 중심도시

- 금문교(Golden Gate Bridge) : 태평양과 샌프란시스코 만을 잇는 골든게이트 해협에 설치되어 있는 길이 2,825m, 너비 27m의 현수교

▲ 금문교

- 차이나타운(China Town) : 미국 내에서 뉴욕 다음으로 큰 차이나타운

- 피셔맨스워프(Fisherman's Wharf) : 해안가를 따라 해산물 레스토랑과 쇼핑센터, 위락시설 등이 밀집되어 있는 거리

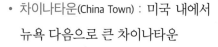 요세미티 국립공원(Yosemite National Park)

옐로우스톤 파크, 그랜드 캐니언과 함께 미국의 3대 국립공원

🇺🇸 캘리코 은광촌(Calico Ghost Town)

서부 개척시대인 1881년을 기점으로 많은 은의 발굴과 함께 급속도로 발전했던 도시이다. 현재에는 서부 개척시대 미국의 모습을 느낄 수 있는 관광명소로 발전

🇺🇸 라스베이거스(Las Vegas)

네바다 주의 동남부 사막에 자리 잡고 있는 미국 최대의 카지노와 관광도시

🇺🇸 브라이스 캐니언과 자이언 캐니언

- 브라이스 캐니언 국립공원(Bryce Canyon National Park) : 유타 주에 있는 국립공원

으로 수만 개의 바위기둥이 섬세한 첨탑모양을 하고 있는 거대한 계단식 원형 부지

- 자이언 캐니언(Zion Canyon) : 유타 주 남서부에 위치해 있으며 '신의 정원'이라는 의미를 갖고 있는 국립공원 지대

🇺🇸 그랜드 캐니언(Grand Canyon)

애리조나 주의 북서부 지역에 자리 잡고 있는 미국의 국립공원으로 미 대륙의 광활함을 보여주는 세계적 명성의 관광지

🇺🇸 로스앤젤레스(Los Angeles)

캘리포니아 주 남서부에 위치한 상공업 도시

- 한인 타운(Korea Town) : 미국 내 최대의 한인 밀집지
- 유니버설 스튜디오(Universal Studios Hollywood) : 할리우드 북쪽에 위치한 세계 최대 영화와 TV 촬영 스튜디오 및 테마파크

▲ 유니버설 스튜디오

- 맨스 차이니스 극장(Man's Chinese Theatre)과 스타들의 거리 : 중국의 사원 건축을 닮은 극장이다. 앞마당 콘크리트 바닥에 유명 스타들의 손과 발자국이 사인과 함께 새겨져 있음
- 디즈니랜드(Disney Land Park) : 만화영화 제작자로 유명한 월트 디즈니가 1955년 로스앤젤레스의 남동쪽으로 43km 떨어진 애너하임 시에 건설한 세계 최대, 최고의 테마파크

▲ 디즈니랜드

• 비버리 힐즈(Beverly Hills) : 캘리포니아 주 서남부, 로스앤젤레스 서쪽에 위치한 미국에서 손꼽히는 고급 주택가

미 동부 7일 일정

날짜	지역	교통편	세부 일정
제1일	인천 뉴욕	항공 전용버스	인천 출발 뉴욕 JFK 공항 도착 센트럴파크, 메트로폴리탄 박물관 등 관광
제2일	뉴욕 워싱턴	전용버스	워싱턴으로 이동 국회의사당, 백악관, 스미소니언 박물관, 제퍼슨 기념관, 한국전 참전용사 기념비 등 관광
제3일	워싱턴 나이아가라	전용버스	나이아가라로 이동 나이아가라 폭포 관광
제4일	나이아가라 뉴욕	전용버스	나이아가라 폭포, 주변 관광 HORNBLOWER 탑승 체험 뉴욕으로 이동
제5일	뉴욕	전용버스	자유의 여신상, 유람선 승선, 엠파이어스테이트 빌딩 전망대 관람 등 관광
제6일	뉴욕	항공	뉴욕 JFK 공항 출발
제7일	인천		인천 도착

뉴욕(New York)

미국 북동부, 뉴욕 주의 남쪽 끝에 위치한 세계 최대, 최고의 항구도시

• 센트럴 파크(Central Park) : 뉴욕 시의 맨해튼에 위치한 세계에서 손꼽히는 도시 공원

센트럴 파크

- 메트로폴리탄 뮤지엄(Metropolitan Museum of Art) : 맨해튼에 위치한 미국 최대의 미술관으로 프랑스의 루브르 박물관, 영국의 대영 박물관과 함께 세계 3대 박물관으로 꼽힘

- 자유의 여신상(The Statue of Liberty) : 미국과 자유를 동시에 상징하는 조형물로 뉴욕항으로 들어오는 허드슨 강 입구의 리버티 섬(Liberty Island)에 세워진 조각상

▲ 자유의 여신상

- 엠파이어스테이트 빌딩(Empire State Building) : 맨해튼에 자리 잡고 있는 뉴욕의 상징적 고층빌딩

- 월스트리트(Wall Street) : 맨해튼 남쪽 끝에 위치한 세계 금융과 경제의 중심지

- 미국 자연사 박물관(American Museum of Natural History) : 센트럴파크 서쪽으로 위치해 있는 세계적인 박물관

▲ 엠파이어스테이트 빌딩

- 타임 스퀘어(Times Square)와 브로드웨이(Broadway) : 공연장, 극장, 상점, 레스토랑 등이 집중되어 있는 미국에서 가장 번화하고 분주한 유흥지역으로서 무대예술의 본산지

- 소호(Soho) : 소호라는 명칭은 'South of Houston'의 약어로 뉴욕 맨해튼의 남쪽에 위치한 화랑 밀집지대

나이아가라

- 나이아가라 폭포(Niagara Falls) : 미국의 뉴욕과 캐나다의 온타리오 주 경계를 흐르는 나이아가라 강에 위치한 세계에서 가장 유명한 폭포 관광지

▲ 타임 스퀘어와 브로드웨이

🇺🇸 워싱턴 D.C.(Washington, D.C.)

미국의 수도이며, 국제정치와 외교의 중심지

국회의사당 & 백악관

- 국회의사당(United States Capitol) : 미국 의회가 있는 건물

- 백악관(White House) : 미국 대통령의 관저

- 스미소니언 박물관(Smithsonian Institution) : 19개의 박물관·미술관·도서관 등 다양한 분야의 자료를 소장한 세계 최대 규모를 자랑하는 종합 박물관

- 제퍼슨 기념관(Jefferson Memorial) : 미국의 제3대 대통령이었던 토머스 제퍼슨을 기리기 위해 건립된 기념물

- 한국전 참전 기념비와 동상(Korean War Veterans Memorial) : 한국전쟁에 참전했던 미군들의 뜻을 기리고자 조성된 조형물 공원

- 링컨 기념관(Lincoln Memorial) : 미국 제16대 대통령인 에이브러햄 링컨의 공적을 기리기 위해 세워진 기념관

- 워싱턴 기념탑(Washington Monument) : 미국의 초대 대통령인 조지 워싱턴을 기리기 위하여 만든 크고 높은 흰색의 뾰족한 기념탑

▲ 국회의사당

▲ 링컨 기념관

🧭 하와이 6일 일정

날짜	지역	교통편	세부 일정
제1일	인천 오아후섬	항공 전용버스	인천 출발 호놀룰루 국제공항 도착 시내관광(펀치볼 전망대, 주정부 청사, 카메하메하 동상, 이올라니 궁전, 와이키키 해변)
제2일	오아후섬	전용버스	폴리네시안 문화센터 동부 해안 관광(다이아몬드 헤드, 하나우마 베이)
제3일	오아후섬	전용버스	다이아몬드 헤드 트래킹, 진주만 등 관광
제4일	오아후섬		자유시간
제5일	오아후섬	항공	호놀룰루 국제공항 출발
제6일	인천		인천 도착

🇺🇸 오아후 섬(Oahu Island)

하와이 제도의 북부에 위치한 세 번째로 큰 섬으로 하와이 주의 주도인 호놀룰루가 섬의 남동쪽 해안에 위치

- 펀치볼 전망대(National Memorial Cemetery of the Pacific) : 높이 150m의 원뿔 모양 사화산의 분화구를 '펀치볼'이라고 하며, 그곳에 조성된 국립 태평양 기념 묘지를 일컫는 별칭을 의미

- 카메하메하 동상(King Kamehameha's Statue) : 하와이 제도 섬들을 최초로 통일시킨 초대 대왕을 기리는 동상

- 이올라니 궁전(Iolani Palace) : 하와이 왕조의 칼라카우아 왕이 빅토리아 피렌체 건축 양식을 이용하여 건축한 궁전

- 다이아몬드 헤드(Diamond Head) : 와이키키 해변 북동쪽에 화산활동으로 솟아난 해발 고도 232m의 분화구

- 와이키키 해변(Waikiki Beach) : 호놀룰루 남동쪽 약 3.2km의 긴 해안을 따라 해변이 형성됨

와이키키해변

- 폴리네시안 문화센터(Polynesian Cultural Center) : 하와이의 유일한 민속촌

- 하나우마 베이(Hanawma Bay) : 산호초와 어우러진 푸르고 투명한 바다에 형형색색의 열대어가 어우러지는 만(Bay)

- 진주만(Pearl Harbor) : 2차 세계대전 당시 일본군이 이곳에 정박해 있던 미군 함대를 선전포고 없이 기습공격함으로써 2,403명의 사망자와 수백 명의 부상자가 발생했던 아픈 역사의 현장

2) 캐나다

① 국가 개요

- 수도 : 오타와
- 면적 : 9,984,670km² / 세계 2위
  (CIA 기준)
- 언어 : 영어, 프랑스어
- 기후 : 대륙성 기후
- 1인당 GDP : $46,194 / 세계 6위
  (2019년 / 한국은행 기준)
- 통화 및 환율 : 캐나다 달러(CAD), 1CAD=923원
  (2021년 08월 기준)
- 비행시간 : 인천 → 밴쿠버(약 10시간),
  인천 → 토론토(약 13시간 20분)

2 관광지 정보

🕐 캐나다 완전일주 8일 일정

날짜	지역	교통편	세부 일정
제1일	인천 밴쿠버 빅토리아	항공 전용차량 선박	인천 출발 밴쿠버 도착 밴쿠버 시내관광(캐나다 플레이스, 개스타운, 스탠리 공원, 차이나타운) 후 빅토리아로 이동
제2일	빅토리아 밴쿠버 캘거리 밴프	전용차량 선박 항공 전용차량	빅토리아 관광(BC 주의사당, 부차드 가든) 밴쿠버로 이동 밴쿠버 출발 캘거리 도착 후 밴프로 이동
제3일	밴프	전용차량	요호 국립공원 관광, 아사바스카 빙하 관광, 레이크 루이스 등 관광
제4일	밴프 캘거리	전용차량	보우폭포 관광, 설퍼 산 곤돌라 탑승 후 로키 산맥 관광 후 캘거리 이동
제5일	캘거리 토론토 나이아가라	항공 전용차량	캘거리 출발 토론토 도착 토론토 시내관광(시청사, 토론토 대학교, 온타리오 주의사당, CN타워) 나이아가라로 이동
제6일	나이아가라 토론토	전용차량	나이아가라 폭포 및 주변 관광(나이아가라 크루즈, 헬기투어, 월풀) 토론토로 이동
제7일	토론토 밴쿠버	항공 항공	토론토 출발 밴쿠버 도착 밴쿠버 출발
제8일	인천		인천 도착

🇨🇦 밴쿠버(Vancouver)

캐나다의 서쪽 브리티시컬럼비아 주에 속한 도시로 토론토, 몬트리올에 이어 3번째로 큰 도시

- 개스타운(Gastown) : 붉은색의 보도블록이 깔려 있는 쇼핑거리

- 스탠리 공원(Stanley Park) : 밴쿠버 도심으로로부터 서쪽에 위치한 공원

- 캐나다 플레이스(Canada Place) : 건물 내부에는 컨벤션 센터 및 영화관 등이 있으며 옆에는 알래스카로 떠나는 크루즈 터미널이 위치

▲ 캐나다 플레이스

🇨🇦 빅토리아(Victoria Island)

밴쿠버 섬 남쪽에 위치한 섬

- 부차드 가든(Butchart Garden) : 부차드 부부가 넓은 채석장이 있던 곳에 꽃과 나무를 심어서 만든 아름다운 공원

- BC주 의사당(Parliament of Victoria) : 빅토리아 양식의 건축물로서 브리티시컬럼비아 주의 정치·행정의 중심지

🇨🇦 밴프 국립공원(Banff National Park)

북아메리카 대륙에서 가장 큰 빙원인 컬럼비아 대빙원 등 빙하와 온천, 다양한 야생동물이 서식하고 있는 국립공원

- 레이크 루이스(Lake Louise) : 밴프 국립공원 안에 있는 호수로서 세계 10대 절경 중의 하나

- 아사바스카 빙하(Athabasca Glacier) : 컬럼비아 대빙원에서 발원하는 빙하 중에 하나

▲ 레이크 루이스

페이토호수&설퍼산

- 페이토 호수(Peyto Lake) : 울창한 침엽수로 둘러싸인 오리발 모양의 에메랄드빛의 호수

- 설퍼산(Sulphur Mt.) : 유황온천이 나오는 해발고도 2,281m 산

🇨🇦 토론토(Toronto)

온타리오 주의 주도이며 캐나다 제1의 도시

- 온타리오 주 의사당(Ontario Provincial Legislature) : 토론토 퀸즈 공원에 위치한 의사당

- 토론토 시청사(Toronto City Hall) : 현대적인 디자인으로 토론토를 대표하는 건물

- CN타워(CN Tower) : TV와 라디오 방송을 송출하기 위해서 지어진 송출 탑

나이아가라폭포

- 나이아가라 폭포(Niagara Falls) : 고트 섬에 의해 폭포는 두 부분으로 나뉘는데 한쪽은 아메리카 폭포이며 한쪽은 캐나다의 호스뉴 폭포임

- 나이아가라 크루즈(Niagara Cruise) : 나이아가라를 가장 가까이에서 볼 수 있으며, 그 기운을 느끼게 해주는 크루즈

- 월 풀(Niagara Whirlpool) : 나이아가라 폭포 상류에서 흘러내려온 물줄기가 일시적으로 멈춰 강한 소용돌이가 형성되는 지점

▲ 토론토 시청사

오세아니아

🧭 호주, 뉴질랜드 남북섬 10일 일정

날짜	지역	교통편	세부 일정
제1일	인천	항공	인천 출발
제2일	오클랜드 로토루아	전용버스	오클랜드 도착 오클랜드 시내관광(미션베이, 에덴동산) 로토루아로 이동
제3일	로토루아	전용버스	로토루아 관광(아그로돔, 레인보우 스프링스, 스카이라인 곤돌라, 마오리 민속쇼, 폴리네시안 스파)
제4일	로토루아 오클랜드 퀸스타운	전용버스 항공 전용버스	오클랜드 공항으로 이동 오클랜드에서 퀸스타운으로 이동 퀸스타운 시내관광(애로우 타운, 번지점프 브리지, 와카티푸 호수)
제5일	퀸스타운 밀포드 사운드 퀸스타운	전용버스	테아나우를 경유하여 밀포드 사운드로 이동 밀포드 사운드 관광(호머 터널, 거울 호수, 밀포드 사운드 크루즈) 퀸스타운으로 이동
제6일	퀸스타운 마운트 쿡	전용버스	마운트 쿡으로 이동 마운트 쿡 관광
제7일	마운트 쿡 크라이스트처치 시드니	전용버스 항공	마운트 쿡에서 크라이스트처치로 이동 도중 푸카키 호수, 데카포 호수 관광 크라이스트처치에서 시드니로 이동
제8일	시드니 블루마운틴 시드니	전용버스	블루마운틴으로 이동 블루마운틴 관광(에코포인트, 레일웨이, 스카이웨이) 시드니로 이동 도중 야생 동물원 시드니 항만 선셋 크루즈
제9일	시드니	전용버스	시드니 동부 해안 관광(본다이 비치, 갭 파크, 더들리 페이지) 시드니 시내관광(시드니 타워, 하버 브리지, Mrs 맥콰리 체어, 오페라 하우스)
제10일	시드니 인천	항공	시드니 출발 인천 도착

1) 호주

❶ 국가 개요

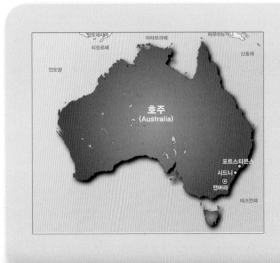

- 수도 : 캔버라
- 면적 : 7,741,220km² / 세계 6위
  (CIA 기준)
- 언어 : 영어
- 기후 : 대륙성 기후
- 1인당 GDP : $54,907 / 세계 9위
  (2019년 / 한국은행 기준)
- 통화 및 환율 : 호주달러(AUD),
  1AUD=846원
  (2021년 08월 기준)
- 비행시간 : 인천 → 시드니(약 10시간 10분)

❷ 관광지 정보

🏳️ 시드니

호주 뉴사우스웨일스 주의 주도이자 호주에서 가장 역사가 오래된 도시로 지리적으로 남쪽은 수도인 캔버라, 북쪽은 포트스티븐스와 연결

오페라하우스&하버브릿

- 오페라 하우스 : 하버 브리지의 남동쪽에 위치하며, 공연 예술의 중심지
- 하버 브리지 : 시드니 도심지역과 북쪽 해안지역을 연결하기 위해 시드니 항을 가로질러 놓인 다리

▲ 하버 브리지

- Mrs 맥콰리 체어 : 호주의 총독이었던 라클란 맥콰리가 본국인 영국에 갔다가 배를 타고 돌아올 때 부인 엘리자베스 맥콰리가 앉아서 기다리던 곳

- 시드니 타워 : 960여 명을 수용할 수 있는 250m 높이의 원형 전망대
- 더들리 페이지 : 오페라 하우스를 중심으로 시드니 시내가 가장 아름답게 보이는 장소
- 본다이 비치 : 시드니 시내에서 가장 가까운 해변 해수욕장
- 갭 파크 : 남태평양의 파도와 오랜 세월 침식작용으로 형성된 절벽
- 블루마운틴 : 시드니에서 서북쪽으로 약 100km 정도 떨어진 곳에 위치한 산악 국립공원

블루마운틴

포트스티븐스

뉴사우스웨일스 주의 항구도시로 시드니에서 북동쪽으로 약 200km 정도 떨어진 곳에 위치

2) 뉴질랜드

① 국가 개요

- 수도 : 웰링턴
- 면적 : 267,710km2/세계 76위(CIA 기준)
- 언어 : 영어
- 기후 : 해양성 기후
- 1인당 GDP : $42,084 / 세계 21위
  (2019년 / 한국은행 기준)
- 통화 및 환율 : 뉴질랜드달러(NZD),
  1NZD=803원
  (2021년 08월 기준)
- 비행시간 : 인천 → 오클랜드(약 11시간 10분)

② 관광지 정보

🇳🇿 오클랜드

뉴질랜드 북섬의 관문으로, 1840년부터 뉴질랜드의 수도였다가 1865년 웰링턴으로 수도가 옮겨진 후에는 뉴질랜드 경제와 문화의 중심지 역할을 하고 있음

- 미션베이 : 남태평양의 바다를 만끽할 수 있는 곳으로 많은 사람들이 해양 스포츠를 즐기기 위해 모여드는 곳
- 에덴동산 : 시내의 산 정상에서 오클랜드 시내를 조망할 수 있는 곳

🇳🇿 로토루아

오클랜드로부터 남동쪽으로 약 230km 떨어진 온천 도시로 원주민인 마오리족의 문화가 잘 보존되어 있음

- 아그로돔 : 넓게 펼쳐진 초원과 양떼들을 모는 양몰이 개들이 펼치는 양몰이 쇼와 양털 깎기 쇼 등 재미난 팜 쇼(farm show)
- 레인보우 스프링스 : 울창한 숲과 함께 무지개 송어들을 볼 수 있는 공원

▲ 아그로돔

- 스카이라인 곤돌라 : 스카이라인 곤돌라를 탑승하고 해발 900m의 산 정상 전망대에 올라가 로토루아의 경치를 감상할 수 있음
- 폴리네시안 스파 : 26개의 뜨거운 광천수 풀과 함께 로토루아 호수를 감상하며 스파를 즐길 수 있음

🇳🇿 퀸스타운

뉴질랜드 남섬의 남쪽 끝부분에 위치한 오타고 주의 아름다운 소도시

- 애로우 타운 : 19세기 골드러시 당시의 옛 금
  광촌의 정취를 고스란히 느낄 수 있는 마을

- 번지점프 브리지 : 세계 최초로 번지점프가
  상업화되었던 곳인 43m 높이의 '카와라우
  (Kawarau) 다리'

- 와카티푸 호수 : 1912년부터 현재까지 100여
  년이 넘은 클래식한 모습의 증기선 'TSS 언
  슬로우호'를 볼 수 있음

- 스카이라인 곤돌라 : 울창한 산과 와카티푸
  호수, 드넓은 평원에서 양떼들이 한가로이
  풀을 뜯는 광경, 아기자기해 보이는 마을 등
  퀸스타운 전체를 한눈에 조망할 수 있음

▲ 번지점프 브리지

▲ 스카이라인 곤돌라

밀포드 사운드

퀸스타운에서 밀포드 사운드로 가는 길은 2차선의 구불구불하고 길 양쪽에 늘
어선 가로수와 수많은 양떼 등 경이로운 풍경에 지루하지 않게 느껴짐

- 호머 터널 : 밀포드 사운드를 가기 위해서는 반드시 거쳐야 되는 터널로 총 길
  이는 1,270m

- 거울 호수 : 밀포드 사운드 길목에 있는 빙하가 만들어 낸 작은 호수로 호수
  면에 비친 만년설이 쌓인 산의 모습이 경이로움

- 밀포드 사운드 크루즈 : 피오르드 지형과 절벽마다 빙하가 녹아 흘러내려 만들
  어낸 수백 개의 폭포 등을 감상할 수 있음

마운트 쿡

뉴질랜드 남섬의 알프스라고 불리며, 크라이스트처치와 퀸스타운의 사이에 위치

- 푸카키 호수 : 빙하와 빙하에 섞여 있는 극도로 미세한 석회암 입자가 유입되어 특유의 푸른색을 띠고 있음
- 데카포 호수 : 멀리 보이는 만년설과 푸른빛의 호수로 경치가 매우 아름다운 곳

크라이스트처치

남섬의 관문으로 남섬의 북동 연안에 있는 캔터베리 대평원의 중앙에 위치한 뉴질랜드 3대 도시이자 남섬 최대 도시

- 크라이스트처치 대성당 : 크라이스트처치 시내에 위치한 영국 성공회의 교회로 도시의 상징적인 건물
- 헤글리 공원 : 크라이스트처치의 상징인 대성당 인근의 에이번 강가에 조성된 공원

4 계절별 상품추천

우리나라를 비롯한 동북아 국가들과 북미 대륙, 서유럽 국가들은 봄, 여름, 가을, 겨울의 4계절로 구분된다. 그에 비해 동남아 국가들은 우기, 건기로 구분되나 1년 내내 따뜻한 기후 조건을 가지고 있어서 이들 지역을 여행하는 데 있어서는 계절적 영향을 거의 받지 않는다. 호주와 뉴질랜드 등 오세아니아 지역은 우리나라와 정 반대의 계절로 우리나라가 여름일 때 겨울, 겨울일 때 여름의 계절이다. 담당자는 고객에게 해당 여행상품을 안내하고 추천하는 데 있어서 고객의 여행기간에 현지의 기후 특성이 어떠한지를 함께 전달할 필요가 있다. 다음은 계절적 특성을 고려하여 몇 개의 대표적인 상품을 소개하기로 한다.

🧭 계절별 상품 추천

계절	추천 상품	국가 및 지역	특성
봄	• 오사카, 나라, 교토 4일	- 일본(오사카, 나라, 교토)	- 벚꽃
여름	• 백두산 4일 • 치앙마이 5일 • 북해도 4일 • 북유럽 4국 8일	- 중국(연길, 도문, 백두산) - 태국(치앙마이) - 일본(삿포로, 도야, 오타루) - 덴마크, 스웨덴, 노르웨이, 핀란드	- 한시적 등반 가능 - 선선한 기후 - 선선한 기후 - 빙하 및 백야
가을	• 캐나다 일주 10일	- 캐나다(몬트리올, 퀘벡)	- 단풍
겨울	• 호주/뉴질랜드 10일 • 큐슈 4일	- 호주(시드니, 블루마운틴) - 뉴질랜드(오클랜드, 로토루아, 크라이스트처치, 퀸스타운) - 일본(후쿠오카, 벳부)	- 우리나라와 반대 계절 - 온천

Chapter 03

상담교육

1. 여행정보 파악하기

1 여행정보의 이해

1) 여행정보의 개념

여행정보란 여행주체인 여행객에게 여행대상인 관광자원, 관광시설 및 서비스의 매력을 소개하고 여행을 할 때 필요한 교통수단, 관광편의시설에 대한 정보를 의미한다. 이러한 여행정보를 고객에게 제공함으로써 여행자의 여행의욕을 높이고 여행경험을 향상시키는 데 도움을 주며 여행 목적지나 여행활동에 대한 의사결정을 하는 데 큰 역할을 한다.

인터넷의 대중화, 정보통신기술 및 교통수단과 대중매체의 발달로 사람들은 여행정보를 쉽게 접하게 되었고 사람들의 여행 동기를 자극하는 요인이 되었다.

2) 여행정보의 중요성

여행객의 여행에 필요한 정보처리과정은 구매와 동시에 소비되는 일반상품 소비자의 정보처리과정과 차이가 있다. 여행객이 여행상품을 소비할 때는 일상의 거주지에서 관광목적지로 이동하여 상품과 서비스를 소비하게 되는데, 이때 여행상품을 구매하고자 결정하는 시점과 실제 소비하는 시점이 달라 여행상품을 경험한 후에야 상품에 대한 평가를 할 수 있다. 따라서 여행객들은 여행 전, 중, 후 여행의 모든 단계에서 다양하고 서로 다른 정보들을 끊임없이 필요로 한다.

여행 전 여행정보는 여행계획에 영향을 미칠 수 있으며, 여행 중 여행정보는 효율적이고 최대의 만족을 위한 참고자료가 되고, 여행 후 여행정보는 선택에 대한 판단기준이 되어 다음 여행을 위한 준비자료가 되기도 한다.

여행업의 여행상담 업무는 여행객에게 여행상품과 여행지역에 대한 정보를 제공해 주는 것뿐 아니라 전반적인 여행준비에 대한 안내를 하는 매우 중요한 여행사 기능 중 하나이다. 여행상품 안내를 위해 필요한 지식은 여행정보에서 나온다. 따라서 여행상담 직원들은 축적된 방대한 양의 정보들을 여행객이 여행에 만족할 수 있도록 신속하게 탐색하고 정확하게 분석하여 빠르게 제공하는 것이 가장 중요한 일이다.

3) 여행정보의 기능

여행정보는 환경이 복잡해지고 관광욕구가 다양해짐에 따라 여행객의 의사결정을 지원하는 기능에서 점점 확대되고 있다. 여행정보의 기능은 여행객의 의사결정 측면에서 볼 때 중대한 영향을 미치는 직접적 기능과 의사결정 외의 다른 분야에도 영향을 미치는 간접적 기능으로 분류할 수 있다.

❶ 직접적 기능

- 여행정보는 의사결정에 따른 불확실성을 감소시켜 주고 합리적인 선택을 할 수 있도록 도와준다.
- 여행객들에게 여행의 욕구와 동기를 자극하여 잠재관광 수요를 창출한다.

❷ 간접적 기능

- 여행정보는 잠재관광객들의 수요를 자극하여 관광을 창출함으로써 관광산업 및 지역 경제의 활성화를 도모할 수 있다.
- 정확한 여행정보는 여행객의 현지사정에 대한 이해를 도와 관광자원의 훼손을 방지하며 지역 주민들과의 갈등을 감소시킬 수 있다.
- 여행정보를 통해 구매의사를 결정하므로 여행사 측면에서는 마케팅 커뮤니케이션 기능이 있다.

4) 여행정보의 특성

다양한 정보원천과 대중매체 및 인터넷의 발달로 여행정보의 양이 나날이 많아지고 있기 때문에 의사결정을 해야 하는 여행객은 물론 여행정보 공급자들도 여행정보의 특성에 대한 이해가 더욱 필요하다.

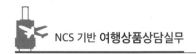

❶ 무형성

여행정보는 관광지의 상황이나 정세에 대한 자세한 소식이나 자료로서 손에 잡힐 수 있는 일정한 형태를 취하고 있지 않다.

❷ 가치 특정성

여행정보는 여행정보를 필요로 하는 사람에게만 가치를 갖는 지식으로 많은 사람이 접할 수는 있으나 관계없는 사람에게는 단순한 일반지식에 불과하고 큰 변화를 초래하지 않는다.

❸ 비체계성

정보의 가치는 주어진 정보를 어떻게 분석하고 해석하며, 이해하느냐에 따라 달라진다. 따라서 여행정보를 효과적으로 이해하기 위해서는 해당 여행정보의 배경 또는 상황에 대한 이해가 필요하다.

❹ 가치 체감성

여행정보는 사회·경제적 변화에 매우 민감하며 여행객의 욕구가 수시로 변화하기 때문에 적재적시에 알맞은 여행정보를 제공하지 못하면 그 가치는 당연히 감소하게 될 것이다. 따라서 이러한 모든 상황에 부응하는 효율적인 여행정보의 체계적인 관리가 필요하다.

❺ 매체 의존성

여행정보는 각종 여행 관련 서적이나 TV 광고 및 선전 등과 더불어 여행안내소, 여행안내판, 여행안내원, 여행안내자료, 컴퓨터 통신망(PC 통신, 인터넷) 등을 통하여 전달·제공되고 있어 매체에 대한 의존성이 높다.

❻ 변화성

사회·경제·정치적 상황변화에 민감한 여행정보는 수시로 변하기 때문에 시기적절한 정보 탐색과 정확한 분석이 중요하다.

❼ IT기기 의존성

현대의 다양한 업종들이 컴퓨터를 비롯한 각종 IT기기를 정보 도구로 사용하고 있지만 여행업에서는 방대하며 실시간으로 변화하는 전 세계의 여행정보를 저장하고 체계화시키며 전 세계인에게 다양한 정보를 제공하기 위해서는 무엇보다 중요한 요소가 되었다.

5) 여행정보가 갖추어야 할 원칙

- 이용자 지향성 : 정보이용자에 의한 정보의 효과적인 이용에 목적이 있기 때문에 이용자 지향적이어야 한다.
- 명확성 : 정보의 혼선방지를 위해 정확해야 하고 가장 최근의 정보이어야 하며 명칭이 명확해야 한다.
- 신속성 : 정보이용자가 쉽고 빠르게 접근할 수 있어야 그 효용가치가 높다.
- 접근성 : 여행정보는 필요한 사람은 누구나 쉽게 접근하고 사용 가능해야 한다.

6) 여행정보 매체의 유형

다양한 여행정보를 효율적으로 제공하기 위해서는 정보를 탐색하기 위해 여행객들이 자주 이용하는 여행정보 매체에 대한 관심을 가져야 한다.

- 인쇄매체 : 신문, 잡지, 브로슈어, 여행지도, 여행관련 서적, 관광청 소개책자
- 방송매체 : TV, 라디오 광고, 홈쇼핑, 인터넷 방송(유튜브)
- 시설매체 : 여행안내센터, 여행 카페
- 전자매체 : 오디오, 비디오, 캠코더
- 인터넷매체 : 웹사이트, 모바일, SNS(페이스북, 인스타그램, 카카오스토리), 애플리케이션
- 인적 매체 : 여행안내원, 자원해설가, 여행상담원, 쇼호스트, 여행작가, 파워블로거

7) 여행정보 내용

여행객은 자신의 관광목적과 동기에 맞는 정보와 상품을 선택하기 위하여 여행업체와의 상담을 우선으로 한다. 비록 구매 전의 대부분 정보탐색이 다른 정보원천을 통하여 이루어졌다 하더라고 구매를 결정하고 이에 대한 정보를 재확인하기 위해 최종적으로 여행사와의 접촉이 일어난다.

🧭 여행정보 내용 분류

관광지역 정보	날씨, 사회적 환경, 경제적 환경, 문화적 환경, 지역의 여행상품, 지역의 문화재, 환율정보, 응급시설(대사관, 병원, 경찰서 등), 축제
숙박 정보	호텔 객실 종류와 가격, 호텔 부대시설, 가격, 위치, 마일리지 적립, 객실 비품(세면도구 및 기타 비품) 브랜드, 이벤트, 이용객 리뷰
교통 정보	항공, 열차, 자동차, 버스 등 지역 내의 대중교통, 관광지 간 교통운행 현황
식음료 정보	여행지의 향토 음식점, 유명 음식점에 대한 정보 제공
요금 정보	총 여행경비, 지역 내의 교통경비, 숙박경비, 관광지 관람비
예약 및 취소	예약절차나 예약확인 취소 시점별 취소 수수료 안내
위락시설 정보	테마파크, 워터파크, 쇼핑몰, 대형마트, 미술관, 박물관, 체육관, 공연장
쇼핑 정보	여행지 대표상품, 쇼핑센터, 유명한 시장
여행준비 정보	여행지에서 필요한 물건, 개인 소지품, 여행지에서의 주의사항
보험·외환	여행자보험 가입절차 및 보상내용 환전방법 및 신용카드 사용 여부
여권·비자	여권의 신청방법, 신청절차, 신청장소, 소요기간 각 국가별 비자신청 구비서류 및 비용, 신청장소 및 소요기간

② 인터넷과 여행정보서비스

1) 인터넷과 여행정보의 이해

정보기술의 발달로 인터넷이나 모바일과 같은 통신 네트워크가 여행과 관련된 다양한 정보를 편리하고 신속하게 제공하는 전달매체의 중심에 위치하고 있다. 현재 여행사 및 호텔, 항공사 등 여행 관련 기업들은 모바일 홈페이지 및 모바일용 앱을 기본적으로 갖추고 있으며 CRS(Computerized Reservation System)와 GDS(Global Distribution System)의 사용 확대로 인터넷 예약은 물론 보다 많은 여행 관련 정보를 여행객들에게 신속하고 편리하게 정보를 제공할 수 있게 되었다.

최근에는 모바일 앱 사용이 급증하여, 스마트폰을 통해 여행지, 숙박시설, 교통수단 등에 대한 자세한 정보를 제공하고 있으며 관광객들이 관광대상에 대한 정보를 손쉽게 얻게 하기 위해 각 지자체 및 관광청들도 모바일 홈페이지, 앱버전 및 SNS 등 각종 IT 시스템을 통한 서비스를 구축하고 있다.

2) 온라인 여행정보의 특징

인터넷의 사용이 용이해지고 누구나 손쉽게 이용할 수 있게 됨에 따라 인터넷이란 매체를 이용한 정보 전달이 활성화되고 있다. 인터넷은 지속적으로 새로운 기술이 가미되어져 사용자나 소비자로 하여금 보다 감각적이고 호소력이 강한 새로운 정보 전달 매체로 자리 잡았다. 인터넷은 정보 전달이라는 단순한 매개체의 개념에서 벗어나 여행자와 여행업자 사이의 정보 전달 통로의 역할을 담당하게 되었다. 인터넷 매체의 특징은 다음과 같다.

💡 인터넷 매체의 특징

- 여행자와 여행업자와의 직접 의사소통을 통한 추가정보 요청가능
- 지리적 제한 문제 해결
- TV 및 일간지 광고 대비 비용절감
- 사이버 마케팅을 통한 시간단축

- 실시간 최신정보 제공
- 편집이 용이하고 대량으로 전달 가능
- 여행자 입장에서 시간과 장소에 구애받지 않고 정보획득 가능
- 쌍방향 커뮤니케이션이 가능(이용자 리뷰를 통한 정보획득 가능)
- 광고효과에 대한 측정이 가능

3) 모바일 여행정보의 특징

모바일 여행정보는 온라인 여행정보의 장점에 모바일이라는 시스템적 특성이 결합되어 새로운 형태의 매체를 바탕으로 여행정보가 여행객에게 제공되고 있는 것이다. 모바일을 활용하여 얻게 되는 여행정보의 강점은 언제 어디서나 정확한 정보를 손쉽게 얻을 수 있다는 데 있다.

여행정보가 모바일이라는 시스템적 특성과 여행정보 제공의 중요성이 결합되어 모바일을 통한 정확하고 다양한 정보가 여행객들에게 매우 유용한 정보원천으로 자리하고 있으며, 이용의 폭이 확대되고 있다. 이동전화 이용자가 어디에 위치해 있는지를 실시간으로 파악하여 사용자에게 시의적절한 정보제공이 가능(편재성)해짐에 따라 여행객은 모바일로부터 제공되는 정보에 많이 의존하고 있다.

💡 모바일 여행정보의 특징
- 시공간의 제약이 없음
- 언제 어디서나 원하는 정보에 접근 가능
- 멀티미디어에 의한 풍부함
- 검색을 통한 사용의 편리성
- 쌍방향 커뮤니케이션이 가능

③ 해외여행상품 필수정보의 내용

'국외여행상품 정보제공 표준안'제도는 소비자에게 여행상품 정보를 보다 명확하고 알기 쉽게 제공함으로써 여행사와 소비자 간의 불필요한 분쟁을 예방하고 여행사에 대한 소비자의 신뢰 구축을 통해 즐거운 해외여행 문화를 만들어감과 동시에 여행산업 발전을 도모하기 위하여 2014년 정해진 제도이다. 이에 대하여 정확하게 알아야 하고 이에 준하여 여행정보서비스를 제공해야 한다.

1) 상품판매자 및 여행업자 정보와 책임

❶ 판매업자와 여행업자가 다른 경우 책임소재 구분

여행상품 판매채널이 다양해지면서 여행상품 판매자와 여행업자(여행실행 주관사)가 상이한 상품들이 증가하고 있다. 따라서 실제 판매자(쿠팡, 티몬, 위메프 및 홈

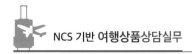

쇼핑 등)와 여행업자가 다를 경우 상품 정보 제공에 대한 책임, 여행주관에 대한 책임이 분리될 수 있다.

 예시

- 상품판매자 및 여행업자 정보 고지(상품판매자와 여행업자가 다를 경우에만 기재합니다)
  ex 본 여행상품은 ○○여행(소셜 커머스, 홈쇼핑)이 판매하고 실제 여행주관은 ××여행사가 담당합니다.

 예시

- 여행상품 정보 제공과 여행주관 책임 정보 고지(상품판매자와 여행업자가 다를 경우에만 기재합니다)
  ex 본 여행상품의 정보제공에 대한 책임은 ○○여행(소셜 커머스, 홈쇼핑 등)에 있으며, 실제 여행주관에 대한 책임은 ××여행사에게 있습니다.

② 여행상품 정보에 대한 소비자의 충분한 이해 제고

여행객들이 본인이 구매하는 여행상품의 정보제공 측면과 여행주관 측면에서의 책임자를 정확히 인지하고 단독 또는 연합상품에 대한 이해를 바탕으로 상품을 구매하여 향후 불편/피해 발생 시 피해보상 주체가 누구인지 명확하게 규정할 필요가 있다.

 예시

단독상품 또는 연합상품 여부 고지(상품판매자와 여행업자가 다를 경우에만 기재합니다)

- 본 여행상품은 타 여행사와 공동으로 진행하는 연합상품입니다.
- 본 여행상품은 ○○여행사에서 단독으로 진행하는 상품입니다.

2) 최소 출발 인원 미충족 시 계약해제사항

공정거래위원회의 '국외여행표준약관' 제9조에 따르면 여행업자는 최소 출발 인원 기준이 충족되지 않았을 경우, 여행 출발 일주일 전까지 여행계약을 해제하고 소비자에게 해당 사실을 통보할 수 있다. 그러나 여행 출발 일주일전, 여행업자의 일방적인 여행계약 취소 통보 시, 소비자 여행일정에 큰 차질이 발생될 수 있으므로 소비자가 해당 규정을 사전에 인지하고 대비할 수 있도록 여행상품 광고, 표시 시 적극적인 고지가 필요하다.

그러나 여행 출발 7일 전 여행업자의 일방적 여행계약취소 통보 시 소비자여행일정에 큰 차질이 발생될 수 있으므로 여행객들이 해당 규정을 사전에 인지하고 대비할 수 있도록 여행상품 광고, 표시 시 적극적인 고지가 필요하다.

 최저 행사인원 미충족 시 계약해제규정 고지

본 여행상품의 최소 출발인원 기준은 ○○명이며, 미충족 시 여행표준약관 제9조에 따라 여행사는 여행 출발 7일 전까지 여행계약을 일방적으로 해제하고 소비자에게 통보할 수 있습니다.

 배상규정 고지

- 여행개시 7일 전까지 통지 시 : 계약금만 환급
- 여행개시 1일 전까지 통지 시 : 여행요금의 30% 배상
- 여행개시 당일 통지 시　　　 : 여행요금의 50% 배상

3) 취소수수료의 발생과 부과기준

- 법적으로는 여행객이 계약서를 작성한 이후부터 여행계약체결이 된 것으로 보지만, 실제 여행업자들이 전화 등으로 영업을 하기 때문에 계약서 작성에 어려움이 있다. 따라서 통상적으로는 고객이 가예약을 한 후 일정의 계약금액

을 지불한 시점부터를 계약시점으로 보고 있다. 따라서 여행업자와 고객 간 취소수수료 분쟁방지를 사전에 예방하기 위하여 여행계약체결 이후 여행객 또는 여행업자의 여행계약해제 요청 시 귀책사유에 따라 취소수수료가 발생한다.

- '국외여행표준약관' 제15조 소비자분쟁해결기준(공정거래위원회 고시)에서는 취소수수료 부과기준을 명시하고 있지만 여행사의 일부 풀빌라 상품이나 항공권 등 선납상품에 대한 특정상품에 대해서는 별도의 취소료가 부과되는 특별약관을 적용하고 있다. 따라서 30일 이전에 취소를 하더라도 계약금을 환급받지 못하거나 전날 취소했음에도 여행요금을 전액 배상해야 하는 경우가 있다. 이는 취소수수료에 대한 별도의 특별약관 설정 시 특별약관기준이 우선 적용되기 때문이다.

이와 같이, 취소수수료에 대한 특별약관이 설정된 여행상품은 비교적 높은 부과기준을 설정하고 있어 이를 미처 인지하지 못한 소비자들의 불만 사례가 지속적으로 발생하고 있다. 따라서 소비자가 취소수수료 규정을 정확하게 인지하고 상품을 구매하도록 유도함으로써 소비자와 여행사 간 분쟁 발생을 미연에 방지할 수 있도록 한다.

 여행사 – 소비자 간 취소수수료 분쟁 방지

본 여행상품은 계약금 지불 시점부터 계약이 체결되며, 계약해제 요청 시 귀책사유에 따라 취소수수료가 부과됩니다. 취소수수료 부과 기준은 국외여행표준약관/특별약관에 따릅니다.

※ 특별약관 적용의 경우, 표준약관보다 높은 취소수수료가 부과될 수 있으니 취소수수료 부과 세부 기준을 반드시 확인하세요.

제5조 (특약)
여행업자와 여행자는 관계 법규에 위반되지 않는 범위 내에서 서면으로 특약을 맺을 수 있습니다. 이 경우 표준약관과 다름을 여행자에게 설명해야 합니다.

4) 선택관광 미참여 시 대체일정

정규 여행일정 이외의 선택관광에 있어 현지에서 선택관광 미참가자에 대한 편의제공에 대한 내용이다. 여행객들이 선택관광에 참가하지 않을 경우 어디에서 무엇을 할 수 있는지에 대한 사전정보는 여행객들이 상품선택을 하거나 현지대응을 할 때 중요한 포인트가 되므로 이에 대한 정확한 고지가 필요하다.

 예시

정규일정 내 선택관광의 경우, 미참가자의 대기장소, 소요시간, 가이드 또는 인솔자 동행 여부 등 대체일정 고지

· 야시장 관광을 선택하지 않을 경우에는 약 2~3시간 동안 야시장 내 자유행동 시간이며, 가이드나 인솔자가 동행하지 않습니다.

5) 주요 사항의 확정/미정 정보

 예시

주요 항목의 확정/미정 정보 고지

· 본 여행상품을 구성하는 주요 항목 중, 현 시점에서 확정되지 않은 사항이 있을 수 있습니다. 세부 정보는 아래를 참고하시기 바랍니다.

주요 항목	구분	
여행일정	확정	미정
상품가격	확정	미정
항공	확정	미정
숙박	확정	미정
인솔자	동반	미동반
가이드	있음	없음

➔ 핵심정보 일괄표시제의 필수기재 항목이므로 상품 상세페이지에 기재하지 않아도 표준안을 충족한 것으로 간주한다.

여행상품의 구성요소 중 항공, 숙박, 여행일정 등 주요 항목들은 판매시점까지 확정되지 않은 미확정된 여행상품으로 여행객들에게 광고, 판매되고 있다. 따라서 여행사는 소비자에게 미확정된 여행의 구성요소에 대하여 정확한 정보를 제공함으로써 여행객들은 여행상품 광고를 확인하는 시점에서 확정되지 않은 주요 사항을 인지하고 상품 구매결정에 참고할 수 있어야 한다.

6) 쇼핑 세부 정보

과도한 쇼핑일정은 소비자들의 상품의 만족도를 저하시키고 불만을 야기한다. 따라서 여행객들이 여행상품 구매단계에서 해당 상품의 쇼핑횟수 및 쇼핑품목, 장소 등 세부 일정을 명확하게 인지할 수 있도록 자세한 정보를 제공하도록 한다.

🔍 쇼핑 품목에 대한 환불 정보 고지

- 환불에 관한 유의사항, 현지 환불 정보, 귀국 후 환불 절차를 기재하세요.

쇼핑 횟수, 품목, 장소 및 소요시간, 환불 여부에 대한 세부 정보 고지
- 본 여행상품은 총 3회의 쇼핑 일정이 포함되어 있습니다. 단, 5곳 중 3곳을 선택하여 진행합니다. 쇼핑 세부 정보는 아래와 같습니다.

구분	쇼핑품목	쇼핑장소	소요시간	환불 여부
1				
2				
3				
4				

7) 여행지의 안전정보

• 여행사는 '관광진흥법' 등에 의거하여 소비자에게 여행지의 안전정보를 제공할 의무가 있다. 그러나 실제 여행지의 여행경보단계(외교부 시행)를 직접 기재하

실제 여행지의 여행경보단계 등 안전정보의 구체적 고지

🔍 금지국가 지정현황

외교부는 우리 국민을 보호하기 위해 여권법 등 관련 규정에 따라 우리 국민들의 방문 및 체류가 금지되는 국가 및 지역을 정하고 있습니다. 여행금지 국가 지역은 흑색경보단계인 '여행금지'로 지정된 국가 지역으로서, 방문이 금지되며 이미 체류하고 있는 경우 즉시 대피 철수가 요구됩니다.

· (2007년 8월 7일 ~ 2019년 1월 31일까지)
· 소말리아·아프가니스탄(2007년 8월 7일 ~ 2019년 1월 31일까지)
· 예멘(2011년 6월 28일 ~ 2019년 1월 31일까지)
· 시리아(2011년 8월 20일 ~ 2019년 1월 31일까지)
· 리비아(2014년 8월 4일 ~ 2019년 1월 31일까지)
· 필리핀 일부지역(잠보앙가, 술루 군도, 바실란, 타위타위 군도)
　　　　(2015년 12월 1일 ~ 2019년 1월 31일까지)

여권법 제26조에 의하면, 방문 및 체류가 금지된 국가나 지역으로 고시된 사정을 알면서도 같은 조 제1항 단서에 따른 허가를 받지 아니하고 해당 국가나 지역에서 여권 등을 사용하거나 해당 국가나 지역을 방문하거나 체류한 사람은 1년 이하의 징역 또는 1,000만 원 이하의 벌금에 처해집니다.

지 않고 외교부로의 단순 링크 등으로만 표기하고 있다. 이는 해당 법 취지에 충분하지 않을 뿐만 아니라 여행객들의 안전을 위해서도 여행지의 안전정보 는 보다 명확하고 구체적으로 제공되어야 한다.

- 여행경보단계는 여행유의/자제/철수권고/금지 등 4단계로 구분되며 외교부 '해외안전여행' 사이트(www.0404.go.kr)에서 상세 정보를 확인할 수 있다. 또한, 출국 전 동 사이트의 해외여행등록제 '동행'에 가입하면 안전정보를 수시로 제공받을 수 있다.

④ 여행상품의 핵심정보 일괄표시

정보 제공 기준에 따라 표기하더라도 표기된 정보가 분산되면 소비자가 이를 종합적으로 인지하고 판단하기까지는 다수의 확인절차가 필요하기 때문에 이미 고지된 사항에 대하여 이해하기 힘들게 된다. 따라서 이러한 모든 여행상품 핵심 정보에 대하여 일괄적으로 표기하여 제시함으로써 여행객들이 쉽게 알아볼 수 있도록 핵심정보를 일목요연하게 제공하여야 한다.

여행상품의 모객 효과 등 마케팅적 요소를 고려한 상품일정 및 방문지와 관련 된 정보는 이미지, 글자체, 색상, 명도 등을 활용하여 부각시키고 있으나, 여행요 금 결제, 여행 취소 및 확정되지 않은 상품정보 등에 관한 내용은 상대적으로 그 내용을 이해하기 어렵다는 문제점이 제기되어 왔다.

1) 일괄표시 기재사항

- 상품 일반정보 : 상품명, 여행기간, 단독 또는 연합 상품 여부, 영업보증보험, 기 획여행보증보험
- 여행경비 총액 : 상품가격(기본 상품가격, 유류할증료), 현지 필수경비(가이드/기사 경비)
- 최소 출발인원 및 취소수수료 정보 : 최소 출발인원 기준, 취소수수료 부과기준 (표준 또는 특별 약관 여부)
  - 세부 항목 확인 고지 추가 : 취소수수료는 부과기준 시점, 세부 기준 확인 고지

- 주요 확정/미정 정보 : 출발, 여행일정, 상품가격, 항공, 숙박, 인솔자/가이드 동행 여부
- 쇼핑정보 : 일정에 포함된 쇼핑 횟수
- 여행지 안전정보 : 실제 여행지의 여행경보단계

 예시

핵심정보 일괄표시

상품명	방콕/파타야 5일		
여행기간	2022. 00. 00 ~ 2022. 00. 00	상품종류	∨ 단독상품 ▫ 연합상품
영업보증보험	가입	기획여행보증보험	가입

<여행경비 총액>		성인	아동	유아
상품가격	▫ 기본상품가격	499,000 원	399,000 원	199,000 원
	▫ 유류할증료	150,000 원	150,000 원	150,000 원
	▫ 제세공과금	25,000 원	25,000 원	25,000 원
	소 계	674,000 원	574,000 원	374,000 원
현지필수경비	▫ 가이드/기사경비	50$	50$	
	소 계	50$	50$	

→ 유류할증료 및 제세공과금은 유가와 환율에 따라 변동될 수 있습니다.

최소 출발인원 및 취소수수료 정보

최소 출발 인원 기준	4명	취소수수료 부과기준	▫ 표준약관 적용 ∨ 특별약관 적용

- 최소 출발인원 미충족 시 여행약관 제9조에 따라 여행 출발 7일 전까지 여행사는 여행계약을 일방적으로 해제하고 여행자에게 통보할 수 있습니다.
- 취소수수료는 계약금 입금일부터 적용됩니다. 취소수수료 부과 세부 기준을 반드시 확인하세요.
- 특별약관 적용의 경우, 표준약관보다 높은 취소수수료가 부과될 수 있습니다.

주요 확정/미정 정보

출 발	V확정	□ 미정	여행일정	□ 확정	V미정
상품가격	V확정	□ 미정	항 공	V확정	□미정
숙 박	□ 확정	V 미정	가 이 드	V있음	□없음
인 솔 자	□ 동반	V 미동반			

쇼핑정보

일정에 포함된 쇼핑 횟수	2회

→ 쇼핑품목, 장소, 소요시간, 환불 여부 등 세부 사항은 상세페이지에서 반드시 확인하세요.

여행지 안전정보

여행국가 : 필리핀
· 황색경보/여행자제 : 민다나오를 제외한 필리핀 전 지역
· 흑색경보/여행금지 : 민다나오 지역

※ 여행경보단계는 여행유의/자제/철수권고/금지 4단계로 구분되며, 외교부의 '해외안전여행'
  사이트에서 상세 ㅈ정보를 확인할 수 있습니다.

5 가격정보의 분명한 표시

1) 여행상품가격은 항목별로 기재해야 하며 소비자가 인지할 수 없는 의무/필수
   적으로 지불되는 추가 비용이 없어야 한다.

2) 여행상품 가격에는 항공운임 등 총액을 포함시켜야 하며 유가 및 환율 등에
   변동 가능 여부를 표시하여야 한다. 항공운임 등 총액은 기본운임, 유류할증
   료, 제세공과금 등으로 구성된다. (국토교통부의 '항공법' 개정에 따른 '항공법 시행령 및 시행
   규칙' 개정안 반영)

3) 현지 필수경비 별도표시

단체비자 발급비, 현지비자수수료 등 비공통사항은 기존 불포함 내역에 표시 공동경비(유럽, 미주 여행상품 등)는 가이드/기사 경비로 대체하여 표시하고 기존 불포함 내역에는 기재 금지

4) 상기 항목별 개별 비용은 비용 및 가격정보 외의 다른 정보와의 혼합기재를 지양하고 일괄 기재하여 소비자의 판단이 용이하도록 하여야 한다.

2. 상품상담 매뉴얼 작성하기

① 상담 매뉴얼의 목표

상담 매뉴얼은 직원의 합리적인 업무수행능력을 개발하고 서비스품질수준을 향상시킬 수 있도록 하기 위해 제작된 것으로, 직원이 상담 시 알아야 할 상품에 관련된 전반적인 내용 및 특이사항, 업무처리 절차 및 고객만족관리 등에 관한 제반사항을 체계화한 것이다.

상담 매뉴얼의 개발목표는 다음과 같다.

1) 고객과의 서비스 접점에서 보다 친절하고 정확한 상품안내와 편안한 서비스를 제공함으로써 고객의 만족수준을 제고한다.

2) 상품상담 및 서비스의 체계적 품질관리를 통해 실질적인 상담 및 서비스의 개선을 유도한다.

3) 직원들이 상담 업무에 대한 내용과 절차를 쉽게 이해할 수 있도록 함으로써 서비스품질의 일관성을 유도하고 서비스 수행능력을 제고한다.

4) 직원에 대한 체계적인 교육부문을 강화하고 상담서비스 수행결과를 평가할 수 있도록 함으로써 회사의 서비스 경쟁력을 강화시킨다.

② 좋은 매뉴얼의 특징

상담 매뉴얼은 누가 사용하더라도 동일한 내용 해석과 전달이 가능하도록 작성되어야 한다. 이를 위해서는 작성자 및 사용자 관점에서 충분히 고려하여 만들어져야 하며 작성 후 사용자 검증작업을 통해 보안 수정한 후 최종 매뉴얼을 완성하고 지속적으로 업그레이드해 나가야 한다.

🧭 좋은 매뉴얼의 특징

항목	내용
적합성	• 사용자의 관점에서 사용목적에 맞는 정보에 초점을 맞추어 정리한다. • 실무자용 : 아주 상세하고 구체적으로 설명한다. • 관리자용 : 핵심 위주로 요약 설명한다.
평이성	• 기초지식이나 경험이 없는 제3자가 읽거나 보더라도 이해하기 쉽도록 정확한 단어와 문장을 사용한다. • 간결한 문장을 사용한다.
정확성	• 사용자의 관점에서 사용목적에 맞는 정보에 초점을 맞추어 전달한다. • 단순한 사실 중심이 아니라 사실에 대한 분석을 토대로 일반화할 요소들을 추출하여 제시한다.
일관성	• 내용적으로나 형식적으로 일관된 흐름에 따라 기술해야 한다. • 내용적 흐름 : 업무 추진절차나 과정별로 정리한다. • 형식적 흐름 : 글씨 크기, 모양, 도표 등을 일정하게 사용한다.
검색성	• 목차, 개요 등을 활용하여 사용자가 쉽게 필요한 것을 찾을 수 있도록 배려한다.
해결법	• 실제 여행상품 기획 시 추진과정에서 겪었던 장애요인 및 극복방법을 솔직한 내용으로 정리한다. • 매뉴얼은 벤치마킹을 위한 좋은 자료이다. • 공통적으로 겪을 수 있는 문제에 대해 앞선 자의 노하우를 제공한다.

3 상품상담 매뉴얼의 활용방안

1) 회사의 목표를 설정하고 달성하기 위한 여러 가지 업무를 배분하기 전에 업무 방향 및 수행전략을 수립하는 데 활용할 수 있다.

2) 직원의 자기개발 및 합리적 업무수행능력을 개발하는 데 필요한 직원교육교 재로 활용할 수 있다.

3) 담당부서별 서비스 및 업무에 대한 지속적 관리와 개선에 대한 평가 및 종사 원 교육 후 교육에 대한 효과의 지속성을 점검할 수 있다.

4) 회사 내 부서 또는 종사원 간 업무의 신속·정확한 처리를 위한 의사소통의 지침서로 활용할 수 있다.

3. 여행상담 매뉴얼

여행상품은 주관적이고 무형적인 특징으로 인하여 여행자의 선 경험과 예측적 인지력에 의존하며 여행자의 여행 경험 후 상품에 대한 평가와 이해가 이루어진 다. 따라서 여행상품상담은 상담 시 세심한 주의와 무형적 특성을 가시화시켜 줄 수 있는 보조적 자료를 활용하는 것이 필수적이다.

따라서 상품상담 매뉴얼은 여행사의 입장에서는 여행상품에 대한 사용설명서 로서의 판매 극대화를 위한 역할을 해야 하며 마케팅 및 여행객과 연계되는 도구 로서의 모든 역할도 해야 한다.

1 여행상담 매뉴얼의 정의 및 작성목적

여행상담 매뉴얼은 최소 2인 이상이 동일 목표를 달성하기 위해 공통의 상담 방법이나 순서에 의하여 업무를 수행할 수 있도록 표준화한 업무수행 지침서로서 일반적으로 지침서, 가이드북의 명칭으로도 사용된다. 이러한 매뉴얼은 상담 업무 처리방식과 절차의 표준화를 통한 상품판매 향상을 도모하고자 한다. 즉, 상담업무 속도 향상과 상담업무 품질 향상을 통해 여행상품 판매의 생산성을 향 상하고자 하는 것이다.

② 여행상담 매뉴얼의 구성요소

여행상담 매뉴얼의 구성요소는 각 상품마다 가지고 있는 기획의 성격이나 특 징에 따라 바뀔 수 있다.

🧭 매뉴얼의 구성요소

구성요소	세부 내용
서론	매뉴얼의 필요성, 목적, 구성 등
업무 개요	매뉴얼에서 다루고 있는 업무의 개요
단계별/기능별 점검사항	업무의 성격에 따라 단계, 시기 또는 기능별 처리요령이나 점검사항 제시
성공 및 실패요인 분석	주요 성공요인, 장애요인과 극복방법을 분석하여 실제 사례와 함께 제시
서식/템플릿	필요한 서식이나 템플릿의 예시
기타 참고자료	관련된 과제나 업무에 유용하게 활용될 수 있는 각종 참고서적
Q&A	예상되는 질문이나 그에 대한 알기 쉬운 답변

출처 : NCS 학습 모듈

③ 매뉴얼 작성 시 검토사항

1) 해당 여행상품 상담업무의 중요성 및 핵심사항 등 개요 기재
2) 중요 설명 포인트, 사전준비 및 숙지사항, 여행상품 상담업무 전반에 관한 주 의사항 등을 포함하여 담당직원의 입장에서 작성

3) 여행상품 상담 시 발생하는 고객의 요청이나 문의에 따른 판단 및 처리 형태
의 특성에 맞게 작성

4) 매뉴얼 작성 시 그림, 사진이나 영상자료 등을 활용하여 시각적으로 호소

5) 중요한 핵심사항이나 차별화된 비교 우위의 요소가 포함되도록 작성

6) 여행상품의 변동발생이나 상담업무 매뉴얼의 수정 및 개정이 필요한 경우 수
정을 용이하게 작성

7) 여행상품상담업무 진행 시 발생할 수 있는 고객의 질의에 대한 적절한 응대
및 답변에 관한 내용을 포함하여 작성

4 여행상품 매뉴얼 예시

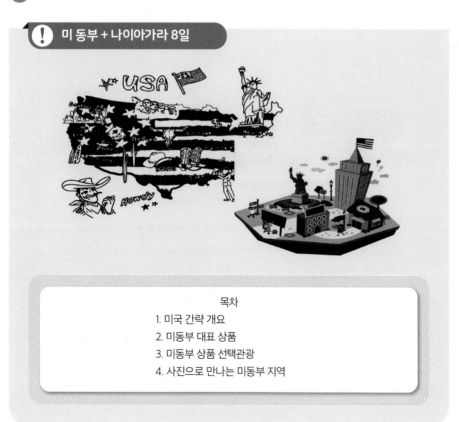

! 미 동부 + 나이아가라 8일

목차
1. 미국 간략 개요
2. 미동부 대표 상품
3. 미동부 상품 선택관광
4. 사진으로 만나는 미동부 지역

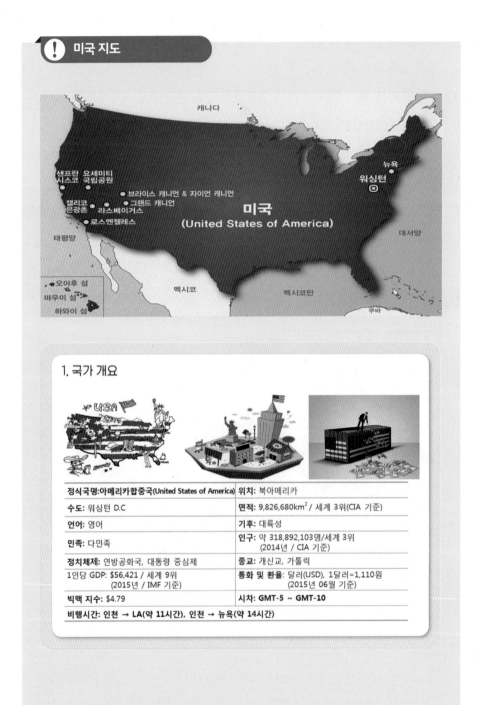

! 미국 지도

1. 국가 개요

정식국명:아메리카합중국(United States of America)	**위치:** 북아메리카
수도: 워싱턴 D.C	**면적:** 9,826,680km² / 세계 3위(CIA 기준)
언어: 영어	**기후:** 대륙성
민족: 다민족	**인구:** 약 318,892,103명/세계 3위 (2014년 / CIA 기준)
정치체제: 연방공화국, 대통령 중심제	**종교:** 개신교, 가톨릭
1인당 GDP: $56,421 / 세계 9위 (2015년 / IMF 기준)	**통화 및 환율:** 달러(USD), 1달러=1,110원 (2015년 06월 기준)
빅맥 지수: $4.79	**시차: GMT-5 ~ GMT-10**
비행시간: 인천 → LA(약 11시간), 인천 → 뉴욕(약 14시간)	

2. 미 동부 8일

날짜	지역	교통편	세부 일정
제1일	인천 뉴욕	항공 전용버스	인천 출발 뉴욕 JFK공항 도착 센트럴파크, 메트로폴리탄 박물관 관광
제2일	뉴욕 워싱턴	전용버스	워싱턴으로 이동 국회의사당, 백악관, 스미소니언 박물관, 제퍼슨 기념관, 한국전 참전용사 기념비 등 관광
제3일	워싱턴 나이아가라	전용버스	나이아가라로 이동 나이아가라 폭포 관광
제4일	나이아가라 뉴욕	전용버스	나이아가라 폭포, 주변 관광 HORNBLOWER 탑승 체험 뉴욕으로 이동
제5일	뉴욕	전용버스	자유의 여신상 유람선 승선, 엠파이어 스테이트 빌딩 전망대 관람 등 관광
제6일	뉴욕	전용버스	뉴욕 JFK공항 출발
제7일	뉴욕	항공	
제8일	인천		인천 도착

3. 미국에서의 선택관광

바람의 동굴(Cave of Winds)

- 30여m 지하로 엘리베이터를 타고 지하터널을 통해 캐나다 폭포를 바라보는 프로그램
- 떨어지는 폭포의 물줄기를 시원하게 느낄 수 있는 곳

젯트 보트(Jet Boat)

- 나이아가라 젯트보트는 세계적으로 알려진 보트 관광코스 중 가장 유명한 곳이다.
- 온타리오 호수가 시작되는 지역에서 출발하여 세계 유명 연예인들의 아름다운 별장지대와 월풀 협곡사이에서 고속으로 느끼는 스릴과 서스펜스로 잊지 못할 추억의 래프팅을 즐길 수 있으며, 12,000년의 역사가 만들어낸 나이아가라의 협곡을 온몸으로 느낄 수 있는 환상적인 관광코스이다.

나이아가라 헬리콥터 투어

- 하늘에서 펼쳐보는 그림같은 나이아가라 폭포의 웅장한 파노라마는 나이아가라 관광의 하이라이트로서 미국 버팔로, 이리호수, 웰란도 운하, 수력발전소, 나이아가라 온더레이크의 과수농장지대 등을 한 눈으로 감상할 수 있으며, 세계 최신 헬기기종과 더불어 한국어 안내방송의 설명과 함께 폭포 위에서 360도 회전하며 내려다보는 폭포의 모습은 평생 기억에 남을 소중하고 멋진 추억의 관광이 될 것이다.

4. 관광지 정보

5. Q & A

1. 미국 입국 시 비자가 필요한가요?

비자면제 프로그램을 이용하여 미국비자 없이 미국에 입국하실 수 있습니다. 단, 사전에 반드시 전자여권을 발급받으셔야 하며, 출발 72시간 전에 미국입국허가시스템(ESTA)에 접속하여 사전입국승인을 받으셔야 합니다.

2. 미국에서 캐나다 국경통과 시 비자가 필요한가요?

관광비자 이외의 비자를 소지하신 분들은 다음과 같이 서류를 구비해주셔야 합니다.

* 시민권자 : 여권 또는 시민권 증서
* 영주권자 : 여권 및 영주권
* 여행자 : 여권, 관광목적에 맞는 비자 (B1/B2)
* 유학생 : 여권, 만료되지 않은 I-20 원본/ 학교담당자 서명 필수/F1 비자

3. 호텔에서 트리플 룸 사용 가능한가요?

미주지역은 소방안전법에 따라 비치되어 있는 침대 외에 엑스트라 침대 추가가 불가합니다.

4. 사전에 항공좌석을 지정할 수 있나요?

그룹의 경우 사전좌석지정은 불가합니다.

5. 미동부 일정에서 추천하는 옵션은 어떤 것이 있나요?

미국 측 나이아가라에서 즐길 수 있는 선택관광은 '바람의 동굴'입니다. 여건상 안 될 경우 캐나다 측에서 즐길 수 있는 '시닉터널'이 있습니다.

또한 월풀에서 즐기는 제트보트와 나이아가라 헬기관광을 통해 나이아가라 폭포의 전체를 조망하실 수 있습니다.

뮤지컬의 본고장 미국의 브로드웨이에서 '시카고', '오페라의 유령' 등을 선택할 수 있습니다.

6. 랜드 조인은 가능한가요?

전 일정 랜드 조인 가능합니다. 미팅포인트와 헤어지는 포인트를 확인해주셔야 합니다.

NCS 기반
여행상품상담실무

Chapter 04

상담자료 작성

1. 설명자료 수집하기

① 설명자료의 중요성

여행업의 주요 업무는 양질의 여행정보를 수집하여 이를 토대로 여행정보를 제공하는 것이 가장 중요한 업무라고 할 수 있다. 특히 여행 상품의 설명자료는 여행정보에서 나오고 신속하고 정확한 정보의 분석과 전달이 여행상담을 위해서 필요하다. 여행업을 경영하는 입장에서는 여행상담 기능은 대단히 중요하다. 일반적인 유형재의 경우에는 소비자가 구입한 물건에 대해 외형적인 정보를 보유하고 있기 때문에 정형화되어 있지만 여행상품의 경우에는 개별적인 소비자의 욕구에 따라 재생산을 해야 하기 때문에 여행상품 소비자의 요구에 즉시 반응할 수 있는 상담의 기능은 매우 중요하다.

② 안내정보 유형

1) 오프라인(off-line) 여행정보

여행사 영업장에서 상담 및 예약할 때, 여행사 영업장에 비치된 카탈로그, 브로슈어, 신문, 일반 및 여행 전문잡지 등에서 여행 관련 기사, 주변인들의 경험에 의한 구전, 관광청 홍보 및 현지정보 자료 등을 통해 제공되어지는 정보들이다.

- 구전
- 인쇄매체 여행정보
  신문, 잡지(전문, 일반), 여행사 카탈로그 및 브로슈어 등 관광청 자료나 홍보지, 여행현지 정보지 등
- 시청각매체 여행정보
  TV, 케이블 방송여행 채널, 라디오, 홈쇼핑, 여행 관련 프로그램 등

- 이벤트 여행정보

  설명회, 박람회 및 전시회, 홍보 및 판촉 이벤트 등

2) 온라인(on-line) 여행정보

온라인(on-line) 여행정보는 인터넷으로 제공하는 정보로서 여행사 홈페이지 내에서 제공되어지는 서비스라고 할 수 있다. 현재 많은 여행사들이 온라인으로 정보를 제공하고 있는데 대부분 하나투어, 모두투어 등에서 제공하고 있는 정보들을 공유하고 있다.

- 여행사나 관광청 홈페이지
- 메일발송 내용
- 포털 사이트(다음, 네이버, 등, SNS_페이스북, 인스타그램, 카카오 톡 등)
- 블로그나 카페 등

3 Off-line(오프라인) 관광정보 형태

1) 구전

여행지 선택에 가장 영향력 있는 정보가 주위 사람들의 경험에 의한 구전이라 할 수 있다. 이 형태는 쌍방향적 의사소통에 의해 이루어지며 가족과 친지, 친구들과 같이 신뢰성이 높은 정보원천을 바탕으로 활용하기 때문에 현실에서 구매위험을 감소시켜 줄 수 있는 장점을 지니고 있다.

2017년 한국관광공사에서 조사한 국민여행실태조사에 따르면 실제 여행을 떠난 사람들이 여행 전 주로 참고하는 정보원으로 가족/친지 및 친구/동료라고 응답한 비율이 월등히 높았다. 그중 관광가구여행은 가족/친지에 의존도가 높았고 관광개인여행은 친구/동료에게 정보를 얻는 비율이 높게 나타났다.

◎ 여행 선택 시 정보원

구분	관광가구여행	관광개인여행
여행사	1.1 %	1.3 %
가족/친지	41.4 %	13.5 %
친구/동료	18.4 %	57.8 %
인터넷	8.1 %	3.9 %
관광안내서적	0.9 %	0.3 %
기사 및 방송프로그램	4.9 %	2.2 %
광고	0.8 %	0.3 %
과거방문경험	22.6 %	16.5 %
스마트폰 등 모바일 앱	1.5 %	1.2 %
기타	0.7 %	2.7 %

출처 : 2017 국민여행실태조사 보고서-한국관광공사

여행자는 가족이나 친구들에 대해 신뢰감을 가지고 있을 뿐만 아니라 서로 간의 격의가 없어 그들 간의 대화는 매우 우호적이며 자신의 구매행동에 대해 그들의 충고를 자연스럽게 받아들이게 된다. 여행자들은 상업적 정보보다 친구나 이웃들이 더욱 신뢰할 만하다고 생각하기 때문에 구전정보의 영향력은 매우 강력하다. 여행사와 같이 여행에 대한 최신의 정보가 많고 전문적인 정보의 활용을 업무로 하는 곳에서 제공되는 정보는 시기적절하고 활용도가 높은 정보를 최종적으로 활용할 때 유용하게 쓰여질 수 있는 방법이기는 하지만 최근 들어 관광의 기회가 늘어감에 따라 정보의 대량화 그리고 여행객의 적극적인 정보탐색 태도 변화 등으로 점점 약화되어 가고 있다.

고객은 여행상품을 평가하는 데 있어 훌륭한 정보원으로서, 여행사에게 최근 경험한 여행에 관해 정보를 제공한다. 구전 정보는 지인이나 경험자에 의한 정보로서 정보의 분석능력이나 선택의 능력이 부족한 수준의 여행자들이 여행정보를 획득하는 수단으로 정보의 적시성이나 취득의 편리성은 장점이지만, 정보의 편협성이나 비전문성이 내재할 단점이 있다.

2) 인쇄매체 여행정보

여행객은 관광지에 대한 정보를 필요로 할 때 일반적으로 신문과 잡지 등의 인쇄매체 정보를 활용한다. 이는 비교적 장기간 활용이 가능하고 휴대가 편리한 장점이 있으나 출판하는 시점에 따라 정보의 적시성이 떨어지고 오보되는 정보의 해석을 가져올 수 있는 단점이 있다.

❶ 신문

신문은 여행업계에서 많이 활용하는 매체로서 짧은 시간에 가장 광범위한 도달률을 자랑하는 매체이다. 신문에는 수많은 광고가 게재되므로 동종의 여행사광고는 물론, 다른 업종의 광고와도 경쟁을 해야 한다.

최근 전문분야 종사자를 위해 배포되는 특정 분야의 신문발간이 월간, 격월간, 주간 또는 격주간의 형태로 발간되는 경우가 증가하고 있다. 산업전시회 참가여행이나 기업의 연수여행 등 특수목적 여행상품이나 배낭여행, 어학연수 등의 상품들은 이러한 전문지를 통한 광고들이 목표시장에 쉽게 접근할 수 있으므로 광고비용을 절감할 수 있다.

여행 관련 전문신문으로 세계여행신문, 여행신문, 여행정보신문, 한국여행신문, 한국관광신문, 한국의료여행신문 등이 있는데, 이들 역시 국내외 항공, 호텔, 여행지와 교통정보를 제공하고 있다.

🔍 신문매체의 장점

- 상세한 설명이 가능하므로 정보로서의 설득력과 신뢰성이 있다.
- 넓은 지역을 커버할 수 있다.
- 대중소구가 가능하다.
- 신문에 대한 신뢰감이 신문광고의 신뢰로 연결된다.

- 다시 읽어 볼 수 있는 반복성이 있다.
- 업체 간의 공동(협력)광고가 가능하다.

💡 신문매체의 단점

- 신문광고는 대체로 하루 동안 지속되므로 수명이 짧다.
- 경쟁사로부터 광고 사이즈의 대형화로 자극받는다.
- 신문을 읽는 시간이 짧으므로 신속하게 메시지를 심어주어야 한다.
- 잡지에 비해 인쇄효과가 떨어진다.
- 발매부수가 많은 신문을 이용할 경우 비용이 높다.
- 제한된 지면에 무수한 광고가 게재되므로 산만한 느낌의 문제 등을 야기 시킨다.

❷ 잡지

잡지는 관광산업에서 가장 흥미 있는 광고잠재력을 가지고 있으며 대부분의 잡지는 주간, 계간 및 월간으로 출판된다.

- 트래비(Travie), 더 트래블러(The Traveller), 뚜르드몽드(Tour de Monde), 론리플 래닛 매거진(Lonely planet), AB-ROAD 등

③ **브로슈어**(Brochure)

여행사의 마케팅 수단으로 브로슈어의 역할은 매우 중요하기 때문에 여행사는 브로슈어의 제작에 많은 노력을 기울이고 있다. 여행 브로슈어는 원칙적인 약속에 의해 제작되어지기 때문에 정확한 내용과 조건을 기재하여 향후 발생될 수 있는 여행객들의 불평사항을 사전에 막을 수 있는 기능을 수행한다.

브로슈어는 중요한 정보원이기는 하지만 주의해서 사용해야 한다. 브로슈어는 상품이 지닌 장점만을 제시하고자 하는 투어 오퍼레이터와 여행상품 공급업자에 의해서 만들어졌기 때문이다. 여행사는 브로슈어에 자신의 상품이 잘못 기재되지 않도록 주의를 기울여야 한다.

최근 IT기술의 발달에 따른 온라인 여행정보 활성화로 전통적인 브로슈어 사용이 감소하고 있는 실정이나 여전히 여행사의 중요한 마케팅으로 자리 잡고 있다.

④ 여행안내서

여행객에게 여행 관련 정보를 제공하는 출판물들은 구전정보 다음으로 쉽고 용이하게 선택할 수 있는 여행정보의 획득수단이며 활용방법에 따라서 휴대가 간편한 여행정보의 획득수단이 될 수가 있다. 비교적 장기간 활용이 가능하고 휴대가 편리한 장점은 있으나 출판시점에 따라 정보의 적시성이 떨어지고 오도된 정보의 해석을 가져 올 단점이 있다.

영국의 인쇄업자 브레드쇼(Bradshow)는 1839년 처음으로 철도 시각표를 출판하였는데 이것이 최초의 상업적 출판물이라 할 수 있다. 일본의 '지구를 걷는 법' 시리즈는 일본 여행객들에게 선풍적 인기를 끌고 있고, 'Let's Go' 시리즈는 호주, 미국, 캐나다 등 영어권에서 유럽 중심의 여행안내서로 정평이 나 있다. 'Lonely Planet' 시리즈는 배낭여행을 선호하는 젊은 여행객들에게 유용한 정보를 싣고 있어 경제적 여행을 선호하는 여행객들에게 인기를 끌고 있다.

- Just go 시리즈, 세계를 간다, 론리 플래닛, 디스 이즈 하와이 등

⑤ 관광관련 기관 발행 여행안내서와 간행물

여행산업에 있어 ASTA, PATA와 같은 전문집단 및 각국의 관광청 역시 전문
책자와 가이드북 등을 발간한다. 관광관련기관에서 발행되는 여행안내서와
간행물은 여행객들에게 공신력을 제공하며 또한 공적인 기관이나 비영리기관
에서 발행되는 정보는 여행객들에게 최신의 전문적인 여행정보를 제공한다.
이러한 정보에는 여행상품에 대한 정보와 목적지에 대한 설명이 포함되어 있
고 여행산업의 발전과 변화 상황을 이해할 수 있다. 주요 간행물은 다음과
같다.

- ASTA Agency Management, Travel Weekly, Travel Agent, Travel
  Trade, Travel Age, Travel and Travel World

3) 시청각 정보매체

시청각에 관한 매체는 가장 일시적이고 침투적인 매체로 잠재 여행객들의 마음속에 기억될 수 있는 이미지를 심어주는 능력이 있다. 이러한 매체를 효과적으로 하기 위해서는 저장과 보관을 할 수 없는 방송의 특성 때문에 메시지를 반복적으로 전달할 필요가 있다.

최근 시청각 매체에 협찬이나 기타 여행프로그램의 제작을 함께 참여하는 방식으로 여행업체에 대한 간접적인 광고가 많이 생겨나고 있다. 여행사 및 관광청 협찬으로 방영된 다수의 드라마와 예능에서 해외촬영편이 제작되면서 크로아티아, 그리스, 두바이, 라오스, 중국 등 해외 여행지가 등장하였고 재방송을 통해 지속적으로 노출되어 여행관련업체들의 수익으로 이어지고 있다. 이로 인해 여행사와 여행지에 대한 메인 광고뿐 아니라 여행 관련 PPL을 통해 노출시키는 홍보 방법도 다양해지고 있다.

최근에는 여행 관련 방송이 대세로 '뭉쳐야 뜬다', '배틀트립', '짠내투어', '어서와 한국은 처음이지', '꽃보다 할배 리턴즈' 등을 통해 세계 각국의 유명 관광지를 재미있게 시청할 수 있다.

① TV

여행사의 TV 광고는 90년대 중반 처음 시작되었으나 본격적인 광고는 2013년 참좋은 여행에서 불필요한 대리점 수수료를 없앤 합리적인 여행을 강조하면서 활성화되었다. 이후 노랑풍선은 '꽃보다 할배'의 국민짐꾼으로 인기를 얻은 배우를 광고모델로 섭외하였고 KRT는 '여행의 차이를 만드는 사람들, 여행바보'를 광고카피로 활용하였다.

♀ TV 광고의 장점

- 높은 신뢰성·즉시성·동시성, 메시지의 전달효과가 강하기 때문에 대부분의 사람들로 하여금 상품구매를 촉진시킬 수 있다.
- 화면, 소리, 동작 및 칼라 등을 이용한 드라마틱한 표현으로 현실감을 전할 수 있다.
- 감정이입이 가능(화면 속에 몰입시킴)하다.
- 개인단위보다 가족단위로 시청되는 경우가 많기 때문에 동시에 여러 사람에게 소구할 수 있다.
- 탤런트의 개성을 부각시키거나 탤런트와 시청자 사이에 친밀한 관계를 만들 수 있다. 따라서 탤런트와 동일화되려는 사람들에게 강한 소구력이 있다.

♀ TV 광고의 단점

- 시간적 한계성을 지니고 있다.
- 기록성과 기억성이 결여되어 있다.
- 기업광고(상업광고)의 혼란을 야기한다.
- 다른 매체에 비해 광고료가 높다.

② 라디오

같은 방송매체 중 하나인 텔레비전이 시청자의 전적인 주의를 끌 수 있는 데비해 라디오는 청각을 통해서 여행상품을 전달하게 된다. 그 결과 청취자는 광고 메시지를 잘 인지하지 못하거나 잘 잊어버리는 경우가 많다.

라디오 광고는 TV 광고보다 적은 예산으로 보다 자주 노출이 가능하여 고정 청취자에게 지속적으로 브랜드를 각인시키면서도 매체 특성상 불특정 다수를 공략할 수 있다는 이점 때문에 많은 여행사들이 상품이나 프로모션을 홍보하기보다 여행사의 장점과 이미지를 알리는 데 집중하고 있다.

💡 라디오 광고의 장점

- 제작시간이 적게 들기 때문에 가능한 빨리 메시지를 전달하고자 할 때 이상적(즉시성)이다.
- 지역조정이 용이하다.

- 비용이 저렴하다.

- 다른 일을 하면서 들을 수 있다.

- 개인성이 강하기 때문에 특수 시장에 광고 메시지를 집중 공략할 수 있다.

💡 라디오 광고의 단점

- 시각적인 호소력이 없어 광고의 도달범위(coverage)를 낭비할 수 있다.

- 광고의 시간적, 시각적 한계성이 있다.

- 기록성이 결여되어 있다.

- 세분되고 특수화된 청중을 갖고 있기 때문에 광고 목표대상으로의 효과적 전달이 어렵다.

- 한진관광 : '비용이 자꾸 추가되고, 일정이 처음과 다른 '여행이 아닌 원칙과 기본으로 걸어온 한진관광', '마음이 기억하는 여행, 한진관광'
- 참좋은 여행 : '중간 과정 없이 직거래하면 돼', '불필요한 중간 대리점 수수료가 없는 참좋은 여행'

4) 여행 전시·박람회

여행 전시·박람회나 컨벤션 개최를 통해 여행업자들은 부스를 설치하고 각종 여행 관련 정보들을 직접 잠재 여행객들에게 제공하게 된다. 여행 전시회 및 박람회는 대부분 전문 연합회나 여행상품 공급자 컨소시엄이 후원하고 있으며 여행산업의 특정 부분을 강조하지만 일반적으로 다양한 공급자와 중개인이 참가한다.

전시·박람회에 참가하는 여행사는 공급자나 중개인의 대표자들과 직접 커뮤니케이션을 통해 여행상품에 대한 새로운 정보를 접할 수 있으며 잠재 여행객들 역시 여행 관련 정보 및 다양한 현장체험과 할인 등의 혜택을 얻을 수 있다.

- 초기 여행전문 전시회는 허니무너들을 위한 특정 상품 등에 국한되어 경쟁적으로 개최가 되었으나 최근에는 하나투어에서 하나투어 여행박람회를 2007년부터 매년 개최를 하고 있다. 모두투어는 모두투어 여행박람회를 2014년부터 개최하여 자체 여행사 상품에 대한 정보들을 직접 잠재 여행객들에게 제공하고 있다. 여기에 참가하는 고객들은 예비 여행객으로 실수요로 연결되는 경우가 높다.

- 한국국제관광전은 국제여행정보를 제공하는 전시회로서 1986년 국제관광전 1회를 시작으로 KOTFA(한국국제관광진흥전)와 OTF(해외여행박람회)를 통합하여 한국국제관광전으로 개최되고 있다. 세계 60여개국 500여 업체에서 참가하는 이 관광전은 각 국가의 관광, 여행, 문화를 다양한 콘텐츠로 홍보하는 국내 최대 종합관광박람회로 다양한 국내외 여행정보 제공을 통해 우리 국민의 건전한 해외여행 활성화에 힘쓰고 있다.

- 내나라 여행박람회는 매년 코엑스에서 개최되는 박람회로 국민들에 의해 일어나는 해외여행의 수요를 국내여행으로 전환시키고 우리 문화와 관광에 대한 새로운 인식을 심어주며, 지방 관광의 활성화 목적으로 개최되었다. 문화체육관광부가 주최하고 한국관광협회중앙회와 코엑스가 주관하며 국내 지방자치단체, 여행사, 휴양지 운영업체, 그 밖의 여행 관련 업체들이 참가한다.

④ On-line 관광정보

① On-line 관광정보의 특성

인터넷은 사용법이 비교적 쉽고 구축비용이 저렴하며 전 세계의 정보를 검색하고 발신할 수 있는 양방향적인 개발형 네트워크라는 장점을 갖고 있다. 그래서 선진국에서는 인터넷이 매우 효과적인 정보제공 수단으로 자리 잡고 있다.

온라인 관광정보는 브로슈어나 홍보자료와 같은 기존의 정보전달 매체보다 실질적 커뮤니케이션 능력을 제공한다는 점에서 전통적 의미에서의 관광정보와 차별성을 지니고 있다.

온라인 관광정보의 특성은 다음과 같다.

- 최신 정보로의 신속한 업데이트와 전달의 용이성
- 양방향의 커뮤니케이션이 가능한 상호작용성

- 문자를 포함한 이미지, 영상 등의 풍부한 멀티미디어 제공
- 검색을 통한 사용의 편리성
- 시·공간의 제약이 없는 접근성

② On-line 관광정보의 유형과 내용

- 예약정보 : 숙박, 항공권, 렌트카, 기차표, 예약, 취소 등에 대한 정보
- 여행정보 : 이벤트, 자연경관, 주변관광지, 지리, 문화재, 유적 등에 관한 정보
- 경험정보 : 추천관광지, 여행계획, 여행경험 등에 관한 정보
- 가격정보 : 여행상품 가격, 가격할인, 숙박, 먹거리 할인 등에 관한 정보
- 교통정보 : 교통, 기차시각표, 교통요금 등에 관한 정보자료

③ 소셜 미디어 관광정보

- 소셜 미디어는 온라인을 기반으로 사용자의 참여와 정보를 축적하여 온라인 상에서 문서 및 멀티미디어 자료전달과 공유를 지원하는 온라인 미디어라고 정의할 수 있다. 누구나 쉽게 콘텐츠를 생산해낼 수 있고 정보를 공유할 수 있는 사용자 참여형의 1인 미디어로서 인식되고 있다.

- 소셜 미디어는 커뮤니티적 특성을 가지고 있어서 온라인 커뮤니티와 비슷한 개념을 갖기도 하지만 온라인 커뮤니티가 주로 공통 관심사를 가진 사람들이 온라인 공간에 모여 활동하는 그룹 성격의 커뮤니티라 한다면 소셜 미디어는 개인이 중심이 되어 관계를 형성하고 정보를 공유하는 1인 미디어의 성격이 강하다고 할 수 있다.

- 소셜 미디어는 사용자의 경험을 기반으로 재생산되는 정보를 제공하고 있기 때문에 서비스상품을 판매하는 관광산업에 있어 정보와 의견을 교류하게 해 주는 등 큰 영향을 미치는 정보미디어로 성장하고 있다. 사람들은 관광 목적지나 호텔숙박을 경험하고 자신이 경험하고 느낀 점을 블로그, 페이스북, 인스타그램 등을 통하여 포스팅(posting)한다. 인터넷 이용자의 경우 서비스 정보를 추구할 때 일반 포털사이트에서 제공하는 정보보다 블로그의 정보검색을 우

선시하는 경향이 나타난다. 또한 스마트 기기의 보급 확대로 시공간의 제약 없이 소셜 미디어를 사용할 수 있게 되었고, 사람들은 기존의 의사결정 전 정보를 탐색하던 시대를 벗어나 여행 중에도 스마트폰 어플을 이용하여 소셜 미디어에 접속하여 새로운 정보를 구하고 자신의 여행 경험은 실시간으로 친구들에게 공유할 수 있는 환경이 되었다.

트립어드바이저(www.tripadvisor.com)는 대표적인 소셜 트래블 서비스로 세계 최대 여행리뷰(Review) 사이트이다. 관광객들이 자신의 경험을 온라인을 통하여 공유하는 대표적인 온라인 여행 커뮤니티이다. 트립어드바이저의 경우 관광객이 직접 관광지, 숙박, 음식점에 대한 정보를 사이트를 통하여 게재하고 리뷰 및 평가 서비스를 제공하여 전 세계의 여행객이 정보의 유용성을 인정하고 신뢰하는 사이트로 성장하고 있다.

이와 같은 소셜 미디어를 활용한 서비스들은 스마트 기기의 발달과 함께 모바일 앱을 통하여 서비스되어 누구나 쉽게 접근할 수 있게 되었다. 여행을 계획하는 단계뿐만 아니라 관광목적지에서 여행을 경험하는 순간에도 실시간으로 여행 정보를 탐색하고 활용할 수 있으며 이는 새로운 관광수익을 형성하는 데 기여하는 촉진제로 작용하게 될 것이다.

2. 설명자료 작성하기

❶ 여행일정표 작성하기

1) 여행일정표의 의의

여행일정표란 여행사에서 숙박, 교통, 관광지, 여행의 순서 등을 조화롭게 구성하여 한눈에 볼 수 있도록 작성한 표로서 무형의 여행상품을 유형의 상품으로 구체화시켜 고객에게 제시한다. 여행일정표는 여행사의 이미지와 연결되며, 여행상품 구매 시 가격과 함께 제일 먼저 비교하는 대상이므로 여행상품 선택의 중요자료가 된다. 따라서 여행일정표는 여행객에게 여행에 대한 기대를 불러일으키고 여행의 가치와 의미를 부여할 수 있어야 한다.

여행일정은 여행의 조건과 여행상품의 주체, 여행목적 등에 따라 작성내용에 큰 차이가 있을 수 있다. 여행일정표는 고객의 요구사항을 감안하여 만족감이 극대화되도록 조건과 일정을 작성해야 하며 만일 고객과 마찰이 생겼을 때에는 책임을 판단하는 근거자료가 되므로 여행상품의 조건과 내용을 정확하고 세밀하게 작성해야 하며 책임질 수 없는 내용에 대해서는 변동이 가능함을 밝힌다.

2) 여행일정표 작성을 위한 기본사항

❶ 고객에 대한 기본적 문의사항

💡 여행상품 종류
- 고객이 원하는 상품이 기획여행상품(패키지)인지 주문여행상품(희망여행)인지에 따라 여행일정 및 조건 등이 달라질 수 있으므로 상품 종류에 대한 정보를 파악해야 한다.

➡ 패키지여행상품(기획여행상품)
패키지여행상품은 사전에 여행지, 여행일정, 여행조건, 여행일자, 여행요금을 결정하여 여행객을 모집하게 된다.

⊙ 희망여행상품(주문여행상품)

고객의 의뢰에 받아 희망하는 여행상품을 기획하게 된다. 주문내용에 따라 여행목적, 여행기간, 여행경비 등이 달라질 수 있기 때문에 고객과 충분히 논의하여 요구사항을 최대한 반영할 수 있도록 고려해야 한다.

💡 여행목적

- 여행목적은 여행지 선정에 중요한 요소로 작용하게 되는데 순수관광이 목적인지 관광과 친지방문 또는 업무상 일정이 함께 엮어진 겸목적 일정인지 등에 따라 여행지 및 일정 등이 달라질 수 있다. 여행목적에 맞는 여행일정을 작성하기 위해 여행목적을 충족시켜 줄 수 있는 관광자원이 충분히 있는지 이에 따른 여행조건이 무엇인지를 상담하여 정확히 파악한다.

💡 여행기간과 시기

- 여행기간과 시기는 여행경비의 산출과 여행일정을 결정하는 데 중요한 요소가 된다. 성수기와 비수기에 따른 항공요금과 숙박요금의 차이가 크며 체류기간에 따라 체류비가 달라지게 된다. 때문에 여행기간과 시기를 명확히 해야 한다.

💡 여행경비

- 여행경비는 여행목적지, 여행기간과 시기, 여행조건 등에 따라 다양하게 산출되기 때문에 여행객의 예산규모를 파악해야 한다. 그리고 지출경비에 일정한 한도를 두고 여행을 할 것인지에 대한 의도를 확인하는 것도 매우 중요하다.

💡 여행경험

- 여행경험에 따라 여행목적지 선정, 여행내용, 여행형태 등에 대한 선호도

가 달라지므로 여행일정을 작성할 때는 여행객의 여행경험을 염두에 두어야 한다.

② 여행일정표 작성 시 고려사항

- 기본적으로 여행객의 입장에서 여행일정과 서비스가 만족을 얻을 수 있도록 작성한다.
- 가능한 새벽출발이나 심야도착을 피하며 관광지에서 여유를 가지고 즐길 수 있는 일정으로 작성한다.
- 여행의 유형에 맞는 일정을 작성한다.
- 현지에서 여행객이 경험하고 만족할 수 있는 선택 관광의 종류와 내용을 제공할 수 있도록 다양한 여행정보를 제공한다.
- 숙박시설은 접근성과 경제성을 고려하여 선정한다.
- 여행에 이용되는 교통기관은 청결과 안전이 매우 중요하므로 보험가입이나 안전교육 부분에 세심히 신경 써야 한다.
- 동일 장소, 동일 식사는 피하여 식사메뉴를 차별화시킨다. 또한 현지의 음식문화를 체험할 수 있도록 특식메뉴와 식당선정에 신경 써야 한다. 가급적 한식은 일정을 고려하여 적절히 배정한다.
- 기상조건과 현지사정 등에 따라 기본 일정이 변경될 경우에 대비하여 적절한 대안일정을 준비하되 기본 일정과 동등하거나 조금 업그레이드된 일정이 될 수 있도록 작성한다.

③ 여행일정표 작성 시 유의사항

여행상품은 눈으로 보거나 손으로 만질 수 없는 무형적 특성을 지니고 있기 때문에 여행사에서는 최대한 유형화시켜 판매를 해야 한다. 다음은 여행일정표 작성 시 유의사항이다.

- 여행일정표에는 정확한 출국일 및 귀국일, 항공편명이 기재되어 있어야 한다.

반드시 항공예약(PNR)을 확인하고 기재하여 잘못 기재되는 일이 없도록 해야 한다.

- 여행 출국 당일의 공항 내 미팅 장소 및 시간이 기재되어 있어야 한다.
- 일반적으로 항공기 출발시간보다 3시간 전에 미팅을 하게 된다.
- 여행상품의 가격과 포함 내역 및 불포함 내역을 같이 기재하여야 한다.
- 전체 일정의 일자별 방문도시, 교통편, 여행지, 호텔명, 식사 조건 등이 기재되어 있다. 특히 관광대상물의 휴관일을 잘 확인하여 방문일을 조정해야 하며 내부관광을 포함하지 않고 외관만 관광할 경우 반드시 외관관광으로 표기해야 한다.
- 기획여행의 경우 상품명과 상품코드가 기재되어야 하며 희망여행의 경우 상품명과 단체명이 기재되어야 한다.

3) 일정표 작성을 위한 세부 사항 파악

여행상담자는 각종 자료준비와 함께 다음과 같이 세부적으로 필요한 사항을 정확하게 파악하여 상담 시 신뢰성과 효율성을 확보할 수 있도록 하여야 한다.

여행상담을 위해서는 다음과 같은 여행상담 자료를 참고하고 일정표에 기록하여야 한다. 이러한 자료는 언제나 가장 최신 자료이고 정확해야 한다.

이에 여행상담에 필요한 자료는 다음과 같다.

❶ 여행상품의 실태

- 각 상품별 특이사항과 차이점
- 숙박시설에서 여행지까지, 여행지에서 다음 여행지까지 교통편 및 소요시간 여행지의 관람에 소요되는 시간
- 특수 여행지의 휴일 및 금지사항
- 기타 필요사항(휴게소, 매점, 화장실 등)

② **숙박시설의 실태**

- 숙박시설의 위치 및 연락처
- 숙박시설의 유형 및 등급

  ⓔⓧ 숙박시설 유형 : 호텔, 리조트, 풀빌라 등

  호텔 등급 : ★★★(3성급), ★★★★(4성급), ★★★★★(5성급)

- 객실 종류별 객실 수 및 객실 요금

  ⓔⓧ 커넥팅 룸, 트윈룸, 더블룸, 트리플룸, 싱글룸 등

- 부대시설 및 이용요금/이용시간(회의시설, 비즈니스 룸, 수영장, GYM 등)
- 기타 필요사항(식사종류, 영업시간, 식사장소 등)

  ⓔⓧ 호텔조식(콘티넨탈, 아메리칸)

③ **교통기관의 실태**

- 국내·외 항공편(정규편, 전세기, 저가항공 등), 열차, 고속버스, 선박 등의 등급별, 구간별 시각표 및 요금

  - 기내식 제공 유무, 차일드 밀 신청
  - 마일리지 적립률 및 좌석승급 가능 여부
  - 무료위탁수하물(항공사별 규격, 무게)
  - 기타 임산부 탑승 및 UM 신청

- 전세버스의 경우 주소 및 전화번호, 유형별 보유대수, 구간별·시간별·계절별 요금, 고속도로 및 각 구간별 요금, 별도추가 요금(기사비용, 주유비, 주차비, 오버타임 추가비 등)
- 기타 필요사항(렌터카 사용요금, 중요 교통법칙 등)

④ **식사장소의 실태**

- 음식업소의 위치 및 연락처
- 음식업소의 규모 및 수용능력

- 식사 종류 및 음료, 요금
  - **ex** 한식, 현지식, 특식 종류
- 정기 휴일

⑤ **기타 사항**(이용인원별 요금)

- 골프장, 스키장, 수렵장, 전망대, 케이블카의 규모와 수용인원 및 이용요금, 기타 필요사항
- 카지노에 관한 사항

4) 여행일정표 작성하기

① **여행상품명 기재하기**

여행상품의 특성이 잘 나타나도록 여행지역과 기간을 병기하여 작성한다.
주문여행의 경우 단체명과 여행지역, 여행기간을 병기한다.

> ➡ 괌 두짓타니 오션 프론트룸 대한항공 4일
> ➡ 그뤠잇! 홍콩 & 소확행 싱가폴 5일

② **가격**

성인요금 기준으로 하되 만 12세 미만의 어린이요금과 만 12세 미만의 유아요금을 함께 기재한다. 또한 현지가이드 팁과 같이 필수로 발생되는 추가경비도 명확하게 기재한다.
이용조건의 변경에 따른 추가경비도 함께 기재해두어 여행객들의 다양한 구매조건에 맞출 수 있도록 해야 한다.

구분		성인 (만 12세 이상)	아동 No Bed (만 12세 미만)	유아 No Bed (만 2세 미만)
상품가격	기본상품가격	1,199,000원	599,000원	150,000원
	유류할증료	57,200원	57,200원	
	제세공과금			
	소계	1,256,200원	656,200원	150,000원
현지필수경비	현지필수경비	U$ 30	U$ 10	없음
	소계	U$ 30	U$ 10	없음

가격은 성인기준으로 2인 1실입니다.
* 어린이/유아요금 – 성인 2인과 같은 방 사용조건
* 한 방당 더블베드 두 개를 기본으로 하고 있습니다.
* 아이 No bed 요금은 아동이 엑스트라베드를 사용하지 않은 요금입니다.
<가족 구성별 추가요금 안내>
* 성인 1인+소아 1인 한 객실 사용 시, 성인은 싱글차지 발생
* 성인 1인+소아 2인 한 객실 사용 시, 소아 1인은 성인요금의 95% 적용

③ **교통편**

이동수단을 모두 표기한다. 특히 항공기나 기차, 선박의 경우에는 편명, 출·도착 시간을 현지시간 기준으로 명확하게 표기한다.

교통편	🔵 대한항공
여행기간	3박 4일 [기내 0일 숙박] · 한국출발 2018년 05월 19일 (토) 10:00 (KE113) · 현지도착 2018년 05월 19일 (토) 15:30 · 현지출발 2018년 05월 22일 (화) 17:00 · 한국도착 2018년 05월 22일 (화) 20:40 (KE114)

④ 예약인원 및 최소 출발인원, 미팅장소

최근 특히 한국에서 가까운 지역과 휴양지일수록 인솔자가 동반하지 않는 경우가 늘어나고 있다. 일반적으로 여행객이 15명 이상일 때 인솔자가 동행하게 되는데 많은 패키지들이 매일 출발을 보장하다 보니 최소 출발인원을 1명 내지 2명부터 출발 가능 조건으로 만들었기 때문이다. 따라서 패키지 상품일수록 출발 가능 인원부터 인솔자 동반 유무에 대한 내용을 기재해야 한다. 또한 출발항공시간 기준으로 최소 3시간 전에 인천공항에 모이는 것을 전제로 장소를 공지해야 한다.

특히 2018년 1월 제2여객터미널이 오픈하면서 미팅장소 공지에 더욱 신중을 기해 여행 첫 날부터 혼돈이 발생하지 않게 해야 한다.

예약 인원	현재 4명(여유 좌석 2명 / 최소 출발 인원 1명) 최소 출발인원은 성인기준이며, 여행을 진행하기 위해 필요한 최소 구성인원입니다. 예약인원이 최소 출발인원에 도달하지 않을 경우, 여행약관 9조에 의해서 취소 통보를 하여 계약을 해지할 수 있습니다.
인솔자	인솔자는 동반하지 않습니다.
모이는 장소	06:20 인천국제공항 제2여객터미널 3층 출국장 G와 H 카운터 사이 전용테이블 앞

⑤ 포함 및 불포함 내역

여행상품의 가격에 포함되어 있는 내역과 포함되지 않은 내역을 기재한다. 특히 불포함 내역은 현지에서 여행객과 여행사 간 발생할 수 있는 마찰을 예방하는 차원에서 필요하며 고객 입장에서는 불포함 사항에 대한 현지추가비용에 대해 사전준비를 할 수 있다.

포함 사항	• 1회에 한하여 객실에 있는 미니바 무료이용 • 항공료, 호텔 숙박비, 전 일정 조식 및 현지식 2회 • 유류할증료 & 제세공과금 • 관광진흥기금 및 인천공항세, 1억원 여행사 보험, 현지공항세($5) • 괌 공항 ~ 호텔 간 미팅/샌딩 서비스
불포함 사항	• 각종 선택관광 비용 및 개인경비 불포함 • 식사 시 제공되는 음료 이외의 음료와 주류 • 1인당 전 일정 $30(아동 $10)의 가이드/기사 경비를 현지에서 지불해야 합니다.

❻ 기본 일정

☺ 일자

• 일자표기는 가급적 정확한 날짜와 요일을 표기한다.

> 1일   05월 19일 토요일

☺ 도시

• 방문지역이나 경유도시를 빠짐없이 이동순서대로 작성한다.

> KE113 10:00 [인천 출발] - 15:30 [괌 도착]

☺ 세부 일정

• 일정표상 방문할 관광지는 행사의 진행순서에 따라 관광지명에 대한 구체적 표시와 간략한 설명과 장점을 기술한다. 방문지의 입장시간과 휴관일 등을 사전에 미리 확인하여야 한다. 또한 여행지에서 관람에 소요되는 시간, 여행지 간의 교통편별 소요시간을 함께 기재하면 여행객들의 궁금증을 해소시킬 수 있다.

> [공항거리: 차량 15분 이내]
> [시내거리: 시내위치] / 비치 앞에 위치하고 있습니다.
> ・호텔 조식 후 오전 시내관광 후 오후 자유일정
> ・가이드 미팅 후
>
> ※ 괌 아일랜드 관광 (약 2시간 소요)
> 시내관광 후 푸른 해변에서의 자유시간 및 선택관광
> 방문 관광지 : 아푸간 요새/사랑의 절벽/파세오 공원

♀ 숙박시설

- 숙박시설의 유형과 등급, 연락처 및 홈페이지 등을 기재한다.
- 숙박시설이 변경될 가능성이 있는 경우 '○○호텔 또는 동급'으로 표기하여 안내한다. 또한 기차나 항공기, 선박 등에서 숙박할 경우에도 기내숙박, 선내숙박 등으로 표기한다.

> 두짓타니 괌 [★★★★★] Tel : +1 671 648 8000
> Fax : + 671 646 8008 [예정]
> www.dusit.com

♀ 식사

- 식사는 조/중/석 끼니별로 호텔식, 현지식, 한식으로 기재하고 특식의 경우 메뉴를 함께 기재한다. 이때 특식의 경우 눈에 띄게 표기하여 타 여행사의 일정보다 더 우수하다는 것을 강조할 필요가 있다. 또한 식사제공이 없을 경우 '자유식' 또는 '불포함'이라고 기재를 해서 오해의 소지를 줄이도록 한다.

> 식사 : [조식] 불포함 [중식] 기내식 [석식] 현지식

선택관광 및 쇼핑

- 현지에서 선택해서 즐길 수 있는 다양한 선택관광의 종류와 소요시간 및 요금을 기재한다. 또한 일정 중 방문하는 쇼핑처와 횟수를 함께 명시하고, 쇼핑품목의 환불에 대한 규정을 공지한다.

선택관광 : 아일랜드 호핑투어 [옵션가: 성인 70$/ 아동 60$]

- 시　　간 : 08:00 가이드미팅
- 소요시간 : 08:00 - 14:00
- 포　　함 : 호핑투어, 구명조끼&스노클링 마스크, 해산물BBQ(중식)

쇼 핑 : 전 일정 중 총 2회의 쇼핑센터 방문이 있습니다.
　　　　현지사정에 따라 SHOP은 변경될 수도 있습니다.

쇼핑품목	쇼핑장소	예상소요시간	환불 여부
노니, 코코넛, 파파야 관련제품	내추럴 팩터	30분	환불
명품, 면세품	T 갤러리아 괌	1시간 30분	환불

● 쇼핑 유의사항

- 고객님께서 구입하신 물품의 교환 및 환불처리와 관련하여 고객과 쇼핑센터간의 계약사항에 의하여 다음과 같이 처리됨을 알려드립니다.

● 내추럴 팩터스

- 물품의 교환 및 환불은 고객님께서 귀국 후 또는 물품 수령 후 30일 이내에만 가능합니다.
- 교환 및 환불은 물품의 쇼핑센터 도착시점으로부터 7일 ~ 30일 정도가 소요되며, 카드로 구입 시에는 환율 차이에 따라 환불금액이 달라질 수 있습니다.
- 식품, 건강식품 등 : 개봉하시거나 복용 중이신 제품의 단순변심에 의한 환불처리는 불가합니다(단, 제품으로 인한 인체의 부작용이 발생한 경우 진단서 등 증명서류를 첨부하여 주시면 환불처리 가능합니다).
- 카드결제 반품 시 환불 수수료 + GRT 10% 청구됩니다. 즉, 총 반품금액의 10%가 공제되어 처리됩니다(현금결제 시 100% 환불).

해외여행 시 US$600 초과 구입한 물품은 입국 시 관세가 부과될 수 있으니, 물품 구매 시 신중한 선택바랍니다.

⑦ 기타 유의사항 및 부가정보

💡 주의사항 및 연락처, 여행조건 변동가능성

- 여행 시 주의사항과 방문지역의 특성에 따른 사전 주의사항을 안내한다. 또한 여행상품은 현지사정이나 천재지변 등 여러 조건에 따라 최초의 계약과 다르게 변경될 수도 있다. 따라서 여러 조건으로 인해 여행일정이 변경될 가능성에 대비하여 여행일정표에 변경가능성을 표기한다. 아울러 현지 여행사와 가이드 연락처, 한국대사관이나 영사관 연락처 등을 표기하여 비상시 이용할 수 있게 해야 한다.

➡ 주의사항

- 미국 동식물 검역소의 식품 반입 관련 검색이 강화되어 고기가 들어가는 수프(라면 수프)나 고기가 함유된 가공품 등의 반입이 제한됩니다.

➡ 국내 긴급 연락처

- 아래의 연락처는 공항에서 첫 만남 시 긴급 상황이 발생했을 경우에 해당되며, 상품 관련 문의는 예약하신 곳 또는 예약센터(1544-○○○○)로 하시기 바랍니다.
- 평일 : ○○투어 공항지점 ☎ 032) 743-○○○○
- 주말 : ○○투어 본사 당직자 ☎ 02) 728-○○○○

➡ 해외 긴급 연락처

- 괌 : 사무실 001-1-671-647-○○○○ / ○○○
      지사장 001-1-671-486-○○○○

➡ 가이드 연락처

- ○○○ 팀장 001-1-671-688-○○○○ /
  ○○○ 차장 001-1-671-688-○○○○

여행요금 및 유류할증료, 제세공과금은 유가와 환율에 따라 인상 또는 인하될 수 있습니다.
여행일정은 현지사정에 따라 변경될 수 있습니다.

Q 여권정보 및 비자정보

일반적으로 여권 만료일은 입국일 기준 6개월 이상 남아 있어야 방문지 국가의 입국이 가능하다. 각 나라에 따라 6개월이 남지 않은 여권의 소지자도 입국이 되기도 하지만 원칙은 6개월 이상의 유효기간이 남아 있어야만 한다. 특히 인도네시아, 대만 등은 반드시 6개월 이상 남아 있어야 입국이 가능하며, 이를 공지하여야 한다.

[괌] : 6개월 이상 유효한 여권, 45일간 비자 없이 체류 가능

- 한국인은 괌 무비자 프로그램에 의해 별도의 비자 발급 없이도 괌 입국 및 45일간 체류가 가능합니다. 다만, ESTA 소지 고객은 3개월간 체류가 가능하며 별도로 ESTA 승인을 받기 위해서는 전자여권을 가지고 있어야 합니다.
  ESTA 신청은 사이트 https://esta.cbp.dhs.gov를 통해 개별적으로 신청해야 합니다. 비용은 USD $14입니다.
  ▶ ESTA(Electronic System for Travel Authorization) : 미국 영토 무비자 입국을 위한 온라인 지원 시스템

외국/이중국적 주의사항

- 외국/이중국적자의 해외여행은 도착지국가(경유국가 포함)의 출입국정책이 상이하므로, 반드시 여행자 본인이 해당국의 대사관에 확인하셔야 합니다.

Q 수하물 처리 및 사전좌석지정

- 100ml 이상의 용기에 든 액체, 젤류 및 에어로졸류(스프레이 용품) 물질은 항공기 탑승할 때 휴대하지 못하고 반드시 수하물로 보내야 한다는 것을 공지한다. 아울러 휴대폰 보조 및 여분의 배터리, 라이터, 전자담배 등은 수하물로 보낼 수 없으며, 개인이 휴대해야 하는 것을 공지한다. 특히, 태국은 전자담배가 반입이 금지되어 있으므로 태국 여행고객에게는 전자담배를 소지하지 않도록 사전에 안내한다.

- 항공기 이용 시 용기당 100ml 초과 액체류(화장품, 치약류, 젤 등) 물품 기내 반입 제한(단, 탁송수하물은 제한 없음)
- 수하물 탁송 시 각 항공사 규정에 따라 보상불가한 경우가 있으므로, 귀중품은 반드시 휴대 요망
- 항공기 좌석 배정은 항공사의 고유권한으로 공항에서 선착순 배정됨에 따라 일행과 좌석이 분리될 수도 있으며, 대리수속은 불가합니다.

여행자 보험

- 여행에서 발생할 수 있는 사건·사고에 대비해 여행자 보험에 필수적으로 가입해야 한다.
- 여행자 보험은 상해, 질병, 사망, 도난 사고에 대하여 보상이 가능하며, 각 보험사별로 보장내용이 상이하다.

2 현지 여행정보 작성하기

현지 여행정보는 고객이 여행하고자 하는 목적지의 현지상황이나 환경에 관련된 정보로서 정치, 경제, 사회, 문화, 자연, 관광적 환경 등을 말하며, 여행 현지와 연계시켜 주는 매개적 정보역할을 수행한다. 현지 여행정보는 고객이 여행상품을 구매하려 할 때 현지에 대한 두려움이나 불확실성 등을 감소시켜 줄 수 있으며 여행자들이 현지에서 여행할 때 직·간접적으로 영향을 미칠 수 있는 요인들이다. 여행상품의 구매의사결정에 중요한 영향을 미칠 수 있는 정보이기 때문에 여행사는 최근 상황에 대한 정보를 제공할 수 있도록 정보를 지속적으로 보완해야 할 것이다. 현지 여행정보 유형 및 내용은 다음과 같다.

1) 정치적 환경정보

방문할 현지의 정치적, 제도적 요인, 정치·국방·치안의 안전성 등의 거시적 정치 환경에 대한 정보들과 여행 관련 법령, 출입국 수속이나 절차, 세관, 체류기

간 등의 여행상품 구매에 대한 상담이나 예약, 구매과정에서 고객들에게 제공되어야 한다.

 영국

정치적 환경정보

- 입헌군주제
  - 국가원수는 국왕(현재 엘리자베스 2세 재임 중)
  - 정치적 실권은 총리(현재 테리사 메이), 의회 양원제
- 국호: United Kingdom of Great Britain and Northern Ireland
- 연합왕국(잉글랜드, 스코틀랜드, 웨일스, 북아일랜드)
- 2016년 국민투표 결과 EU 탈퇴(브렉시트)

2) 경제적 환경정보

현지의 경제적 환경정보는 여행자들이 현지에서 지출할 비용을 결정하는 데 꼭 필요한 정보이므로 최근의 정확한 정보가 상품구매에 대한 상담이나 구매 시 제공되어야 한다.

현지의 경제발전 정도, 1인당 소득, 환율, 여행산업 발전 정도, 식음료 가격 및 질적 수준, 특산품 및 기념품 수준이나 교통수단 요금, 관광시설 입장료 등과 현지에서 지출비용에 대한 환전과 관련하여 환율이나 환전방법, 환전장소 등의 내용을 중심으로 제공하도록 한다.

 영국

경제적 환경정보

- 파운드 사용(2018년 8월 10일 기준 1파운드 1,441원)
- 경제규모(명목 GDP) : 2조 9,632억 달러(2018년 세계 5위)
- 1인당 명목 GDP : 44,177달러(2018년 세계 21위)
- 고용률 : 74.2%(2016년)

3) 사회적 환경정보

현지의 사회구조, 생활방식, 교육 수준, 교통수단 발달 정도, 범죄율, 치안 정도, SNS 발전 수준, 인터넷 인프라(WiFi) 등에 대한 현지의 사회적 환경정보는 여행자들이 현지에서 자신의 신체적, 심리적 안전을 도모하고 현지에 순조롭게 적응하기 위하여 필요한 정보이다. 이러한 현지의 사회적 환경에 따라 여행에 대한 고객의 만족도가 달라질 수 있으므로 반드시 여행 전 사회적 환경에 대한 정보를 제공하여야 한다.

 영국

사회적 환경정보

- 수도 : 런던
- 언어 : 영어
- 종족 : 켈트족, 앵글로·색슨 족
- 종교 : 성공회(29%), 로마 가톨릭교, 개신교, 기타
- 인구 : 약 6,408만명 세계 22위
- 사회보장제도 중 의료혜택은 공영화로 무료

4) 문화적 환경정보

문화적 환경은 현지의 문화구조나 형태, 특성 등을 토대로 이루어진 지역의 생활양식의 총체이자 현 지역민들 간의 관습적 행위와 행위의 산물로서 국가나 지역에 따라 나타나는 현지의 이질성, 독특성, 차별성 등의 특성들은 여행자들이 현지에 매력을 느끼게 하는 중요한 정보이다.

현지를 여행하면서 경험하는 과정에서 다양한 문화의 차이를 느낄 수 있으므로, 현지의 매력을 느낄 수 있는 관련 정보를 제공하도록 한다.

영국

문화적 환경정보

- 전통적이고 보수적 문화
  - 레이디 퍼스트 혹은 버큰헤드 정신, 기사도, 신사도
- 예술의 태동과 성장
  - 도자기 : 웨지우드를 비롯해 로열 덜턴, 민턴, 로열 크라운 다비 등
  - 음악[아일랜드와 스코틀랜드의 풍부한 민요, 하프와 피들(전통악기) 비틀즈, 롤링 스톤즈 등]
  - 문학(셰익스피어 등 대문호, 빅토리아 시대를 대표하는 찰스 디킨스, '율리시즈'를 집필한 제임스 조이스)
  - 세계 4대 뮤지컬인 오페라의 유령, 캣츠, 레미제라블 만듦
  - 다양한 스포츠 탄생: 축구, 럭비, 크리켓, 테니스(잉글랜드), 골프(스코틀랜드), 조정 등
- 축구의 나라 : 온 국민이 축구에 열광적임

5) 자연적 환경정보

현지의 자연적 환경은 경관을 중심으로 관람하고 체험활동을 하게 하는 유인 요소이므로 여행상품 구매 전 고객들이 여행여건에 대하여 고려할 수 있도록 상세히 정보를 제공해야 한다.

여행지역의 자연관광자원의 개발 및 보호, 보존 정도, 자연경관의 독특하고 기이함, 지형, 지리적 위치와 접근성, 기후 등에 대한 매력 있는 자연여건의 상황에 관한 정보를 제공하도록 한다.

영국

자연적 환경정보

- 위치 : 유럽 대륙 서쪽 북대서양
- 기후 : 서안해양성 기후, 북극과 근접해 있으나 바다로 둘러싸여 온화한 편
- 날씨 : 사계절이 있으나 여름이 짧으며 매우 습하고, 가을과 겨울이 길다. 비가 많이 오고 날씨가 자주 변하지만 영하 10℃ 이하 또는 32℃ 이상인 경우는 드물다.

6) 관광자원적 환경정보

현지의 관광자원환경은 볼거리, 먹을거리, 살거리, 즐길거리 등이 있다. 이러한 것들의 매력이 뛰어나면 여행자들을 끌어들이는 유인요소로 작용하여 만족도를 높일 수 있는 중요한 정보들이 된다.

❶ 볼거리

자연경관, 역사문화 유적 및 유물, 미술관, 박물관, 기념관, 예술작품, 패션쇼, 문화예술거리 등

❷ 먹을거리

현지의 고유한 음식문화에 따른 전통음식, 오늘날 변화된 대식 음식 등

❸ 살거리

현지의 특산품이나 기념품, 지역 유명품과 생활품 등

❹ 즐길거리

유명한 공연, 산악이나 해양스포츠 활동, 오락형 테마파크 등

영국

관광자원적 환경정보	• 시차 : 한국과 -9시간 • 전화 : 국가번호 44 • 전압 : 230V	
	• 주요 관광자원 : 궁, 박물관, 미술관, 건축물, 공원, 자연자원, 기념관, 문화예술거리 및 지역 등 • 주요 관광지 : 버킹검 궁전, 대영박물관, 런던아이, 런던탑, 타워브릿지, 윈저성, 비틀즈 스토리, 왕립 식물원, 트라팔가 광장 등	

③ 관광지 안전정보 작성하기

1) 안전관리의 중요성

관광지 안전정보는 여행객들이 관광지를 여행하면서 경험할 수 있는 각종 위험에 대한 긴장감, 불안함, 두려움 등의 위험으로부터 보호받거나 해소할 수 있도록 사전에 제공되는 안전에 관련된 여행정보이다.

여행객들이 관광지에서의 안전을 저해하는 위험요소들에 대하여 높게 지각할수록 여행에 대한 동기 유발은 낮아지고, 반대로 위험을 낮게 지각하게 되면 여행에 대한 동기 유발은 높아질 수 있다. 관광지의 안전문제는 여행객의 생명을 유지할 뿐 아니라 여행산업 경영에도 직접적인 영향을 미치기 때문에 여행객이 여행상품 구매의사결정이 이루어지는 과정에서 여행사 상담직원은 관광지가 안전지역으로 지각할 수 있도록 관광지 안전정보를 충분히 제공하도록 한다.

2) 관광지에서 위험을 지각하게 되는 상황

관광지에서 여행객들이 지각할 수 있는 위험요소는 다분하나 개개인의 특성에 따라 위험을 지각하는 데에는 차이가 있을 수 있고, 이에 따라 제공되어야 할 관광지 안전정보도 상이할 것이다. 관광지에서 여행객의 안전을 저해하는 위험요소를 지각하게 되는 각각의 상황은 다음과 같다.

❶ 과거에 여행을 전혀 경험하지 못하였을 경우

❷ 구매한 여행상품의 내용에 대하여 충분히 이해하지 못한 경우

❸ 구매한 여행상품 구성요소가 충분하지 못할 경우

❹ 구매한 여행상품의 질이 낮다고 지각한 경우

❺ 여행일정이 길거나 진행에 시간적 여유가 없을 경우

❻ 여행 코스가 힘들거나 험난한 지역으로 구성되어 있을 경우

출처 : NCS 학습 모듈

3) 여행서비스제도의 이해

① 여행경보제도

국민의 안전한 해외여행을 도모하기 위하여 외교통상부에서는 여행 시 주의사항 및 관련 정보와 해외공관으로부터 수집한 각종 여행관련정보를 분석하여 여행유의/여행자제/철수권고/여행금지 등의 경보제도를 발령하고 있다.

- 여행유의 단계 : 신변안전에 주의를 하는 단계
- 여행자제 단계 : 신변안전에 특별히 유의하여야 하며 여행의 필요성을 신중하게 검토하는 단계
- 철수권고 단계 : 여행 삼가 또는 긴급한 용무가 아니면 귀국해야 하는 단계
- 여행금지 단계 : 즉시 대피 또는 철수시작 단계

2013년부터 시행된 특별여행경보제도는 여행자들에 대한 중, 장기적인 여행안전정보 제공에 초점을 둔 '여행경보'와는 달리 단기적인 위험상황이 발생하는 경우에 발령하고 있다.

발령요건은 해당 국가의 치안이 급속히 불안정해지거나 전염병이 창궐하거나, 재난이 발생하는 경우 등 단기적 위기상황에 발령한다. 발령국가에 대한 '여행경보' 단계 조정을 별도로 실시하지는 않는다. 발령기간은 기본 1주이며 상황이 종료될 때까지 자동 연장된다.

② 동행제도

여행자 사전등록제 '동행'은 해외에서 겪을 수 있는 사건·사고에 대비해 자신의 여행정보를 여행 전 미리 등록해두는 제도이다.

등록된 여행자에게 방문지의 안전정보를 메일로 발송하는 맞춤형 해외여행 안전정보를 제공한다.

- 신상정보
- 국내비상연락처

- 현지연락처
- 여행일정

동행제도에 등록을 하게 되면 이메일로 여행지의 안전정보를 제공받을 수 있고 여행지에서 위급상황 발생 시 소재파악이 쉽고, 여행객이 불의의 사고를 당한 경우 국내의 가족에게 신속히 연락을 취할 수 있다.

❸ 영사콜센터제도

영사콜센터는 해외에서 발생한 각종 사건·사고의 신속한 접수 및 처리를 위한 24시간 연중무휴체제의 시스템이다. 위험상황 발생 시 해외현지 국제전화코드 +800-2100-0404(무료), 해외현지 국제전화코드 +822-3210-0404(유료)에 접속하면 된다.

또한 해외에서 사건, 사고나 긴급상황 시 현지 언어소통에 어려움을 겪고 있는 우리 국민들에게 한국관광공사와 연계하여 통역서비스(영어, 중국어, 일본어)나 현지 공무원 또는 관계자와의 통화(경찰, 세관, 출입국심사관, 의사 등 병원관계자, 소방관 등)를 지원한다.

더불어 위급한 상황(재난, 재해, 테러 등)이 발생·위험지역 진입 시, 여행경보 3단계 지역에 진입 시 여행자의 휴대폰에 해당 상황 관련 안내 및 귀국권고 SMS를 전송하고 있다.

❹ 해외 위급특보 서비스제도

국민의 안전한 국외여행을 위하여 천재지변, 전쟁, 테러 등 해외 긴급상황 발생 시 해당 지역을 여행하는 로밍서비스 가입자들에게 상황경보 및 긴급대응 요령을 문자메시지로 제공하고 있는 서비스제도이다.

4) 관광지 안전정보 유형

여행객의 안전에 관련된 관광지나 여행상품 안전정보는 신체적 안전, 경제적 안전, 정치·사회·문화적 안전에 관한 정보로 구분되며 그 내용은 다음과 같다.

❶ 여행객의 신체적 안전에 관한 정보

관광지에서 여행객이 신체에 위해를 가할 수 있다고 지각되는 위험에 대비하기 위하여 여행객에게 제공되는 신체적 안전에 관한 정보이다.

💡 관광지에서 안전 단계 조치

- **여행경보단계**

  전쟁, 테러, 분쟁 등으로 인해 고객이 위험을 지각하게 되는 경우이다. 우리나라에서는 관광지 위험에 주의하도록 여행경보단계를 제공하고 있다.

  여행사에서는 실제 여행지의 여행경보단계(외교부 시행)를 직접 기재하지 않고, 외교부로의 단순 링크 등으로만 표기하고 있다. 이는 해당 법 취지에 충분하지 않을 뿐만 아니라 여행객의 안전을 위해서도 여행지의 안전정보는 보다 명확하고 구체적으로 제공되어야 한다. 여행유의지역, 여행자제지역, 철수권고지역, 여행금지지역의 4단계로 구분되며 외교부 '해외 안전 여행 사이트'에서 상세 정보를 확인할 수 있다.

- **안전정보 제공** : 여행객들은 출국 전 동 사이트의 해외여행 등록제 '동행'에 가입하면 안전정보를 수시로 제공받을 수 있다.

- **각종 범죄행위** : 관광지 내의 절도, 소매치기, 강도, 상해, 강간, 폭력 등

- **자연환경 및 조건** : 관광지의 험난한 지형이나 코스, 깊은 수면, 장거리 이동 등

- **관광이용시설 및 기구** : 관광지 내 관광이용시설 중에서 보호 및 관리가 허술한 시설 이용, 모험적인 각종 놀이시설이나 기구 이용 등

❷ 여행객의 경제적 안전에 관한 정보

관광지에서 여행객이 경제적으로 손실을 볼 수 있다고 지각되는 위험에 대비하여 제공되는 정보가 경제적 안전정보이다. 관광지에서 여행객의 경제적 손실이 발생하지 않도록 제공되는 현지 경제 상황에 관한 정보이다.

여행객의 경제적 안전에 관한 정보는 관광지 물가 수준, 환전에 필요한 환율, 지불된 여행상품 외에 현지에서 지출할 공동비용이나 개인비용, 여행지역 특산품, 기념품, 생활용품 등에 대한 쇼핑비용 등, 시간 손실에 의한 기회비용 발생, 교통수단의 지연, 관광지 입장이나 시설 및 기구 이용할 때의 대기시간, 숙박시설까지의 거리 등에 관한 정보이다.

③ 여행객의 정치·사회·문화적 안전에 관한 정보

관광지에서 여행객이 지각할 수 있는 이질감이나 불편함 등으로 발생할 수 있는 심리적 두려움이나 불안감 등을 해소할 수 있도록 제공되는 정보로서, 관광지 법·제도, 관습이나 규범, 생활양식, 언어, 종교, 식문화, 문화 예술 등이다.

출처 : NCS 학습모듈

3. 자료 수신처 확인 및 자료 전달하기

❶ 여행정보의 제공방법

1) 방문

여행사 직원이 잠재고객과 대면하여 의사소통을 하면서 고객의 욕구를 충분히 충족시킬 수 있는 상품 및 서비스를 제공하는 방법이다. 이 방법은 잠재 여행객을 정확하게 파악할 수 있어 상품을 구체적으로 표현하고 고객과의 관계를 발전시켜 나갈 수 있는 장점이 있다.

하나투어나 모두투어와 같은 간판여행사는 직판여행사를 대상으로 전담 세일즈맨을 통해 신규 상품정보 등을 제공하고 있다. 이때 전담 세일즈맨의 올바른 응대 및 전문지식에 따라 영업수익에 차이가 있을 수 있기 때문에 회사 차원에서 인적 자원에 대한 지속적 관리와 교육이 필요하다.

특히, 희망여행상품(인센티브여행 등)은 방문 형태로 여행정보를 제공하는 것이 효율적이며 법인을 전문으로 하는 여행사는 방문영업이 무엇보다 중요하다.

2) 카운터 설명

내방하는 여행객을 대상으로 여행정보를 제공하는 방법으로 여행정보를 설명하는 출발점이면서 계약으로 진행되는 데 있어 가장 중요한 역할을 하게 된다. 따라서 카운터 상담자는 최신 정보를 확보하고 분석·정리하여 내방고객의 특성에 맞춰 성공적인 상담업무를 진행할 수 있어야 한다. 카운터 상담자의 이미지는 곧 여행사의 이미지와 연결될 수 있기 때문에 긍정적인 마인드를 지니고 있어야 하며 고객에게 신뢰성을 전달할 수 있어야 한다.

3) 전화

여행객의 여행경험이 증가할수록 여행정보를 얻기 위해 실제 여행사를 내방하는 대신, 전화를 통해 여행객과 여행사 직원과의 소통이 이루어지는 것이 일반화되어가고 있다. 전화는 여행정보를 제공하는 가장 널리 쓰이는 방법 중 하나인데 짧은 시간 안에 효과적으로 여행객들이 원하는 정보를 제공할 수 있어야 하며 무엇보다 고객의 의도나 취향을 정확하게 이해하는 청취능력이 요구된다. 최근 인터넷이 보편화되면서 전화의 역할 역시 조금씩 줄어들고 있지만 여전히 전화는 여행사의 주된 정보제공의 수단이라 할 수 있다.

기획상품을 판매하는 여행사는 대부분 여행상담을 전문으로 하는 콜센터를 운영하고 있으며 상담한 내용을 녹취해 내부 교육자료로 활용하고 있다.

4) DM

DM은 인쇄를 통한 판매촉진 방안의 하나로서 특정고객 앞으로 여행상품 카탈로그 및 포스터, 사보 등의 인쇄물을 직접 우송하는 방법이다. 정확한 타깃의 구매자를 선정하여 규격이나 형태에 제한 없이 발송할 수 있다는 장점이 있으나 정확한 데이터베이스를 입수하고 유지·관리하기가 어렵다.

DM은 90년대 초중반 여행정보원천들이 다양하지 못할 때 고객에게 회사 브랜드를 노출시키고 상품정보를 제공할 수 있는 수단으로 많이 활용되었는데 이때의 고객들은 해당 여행사에 충성도가 높아 판매로 이어지는 확률이 높았다. 그러나 오늘날은 각종 대중매체 및 온라인을 통한 정보제공에 밀리고 있고 고객들의 충성도 역시 특정 여행사에 몰려 있어 지명도가 떨어지는 여행사는 신뢰감을 얻기 힘들다.

5) 대중매체

TV·신문·잡지도 여행정보를 알리는 방법으로 이용된다. 최근에는 다양한 홈쇼핑 채널을 통해 자세한 설명과 더불어 동영상 자료를 송출하기 때문에 무형의 여행상품을 가시적으로 유형화시키는 데 매우 적절하게 활용된다. 대중매체를 통한 정보제공 역시 여행사의 브랜드 및 이미지에도 큰 영향을 주는 만큼 정확한 정보를 제공하기 위한 꾸준한 노력이 필요하다.

특히 최근에는 여행을 테마로 하는 '뭉쳐야 뜬다'와 같은 TV예능 프로그램을 통해 자사의 상품을 알리거나 마케팅의 수단으로 활용하는 경우도 많다.

6) 전시판매

여행에 대한 관심이 높아짐에 따라 허니문 전문이나 국내여행 전문 등과 같이 여행 관련 박람회, 전시회, 국제회의 등에 참가해서 팸플릿, 브로슈어, 슬라이드 동영상 등을 진열하고 보여주면서 여행정보를 전달하는 방법이 있다. 이 방법 역시 쌍방향 정보를 교류할 수 있는 장소로서 잠재고객을 직접 대면하여 보다 많은 정보를 제공할 수 있도록 한다.

최근 하나투어와 모두투어의 여행박람회는 여행 전시회의 큰 축으로 자리 잡고 있으며 매년 방문자가 증가하여 매출에도 크게 기여하고 있다.

7) FAX 송신

FAX는 오랜 시간 동안 여행정보를 전달하는 수단으로 활용되어 왔다. FAX는 저렴한 비용으로 빠르게 여행정보를 전달할 수 있으나 불특정 다수에게 전달하는 경우에는 신뢰도가 떨어져 효과가 낮아지게 된다.

2000년 초반 여행사들은 전세기 상품, 기획상품에 대한 정보를 제공하기 위해 저렴한 비용으로 많은 효과를 볼 수 있었던 동시팩스를 많이 활용하였다.

최근에는 온라인과 IT시스템 발전에 명맥만 유지하고 있는 실정이다.

8) 온라인 활용

홈페이지, 전자메일, 소셜 미디어(블로그, 페이스북, 트위터, 카카오톡 등)와 같은 온라인 매체의 발전은 여행정보를 정확하고 신속하게 제공할 수 있도록 큰 기여를 하고 있다.

❶ 웹사이트

웹사이트란 인터넷에서 사용자들이 정보가 필요할 때 언제든지 그것을 제공할 수 있도록 웹서버에 정보를 저장해 놓은 집합체를 의미하는 것으로, 일반적으로 홈페이지와 웹사이트는 거의 같은 개념으로 사용되고 있다. 홈페이지는 사이트에 접속할 때 먼저 나타나는 첫 페이지를 말하는 것이고 웹사이트는 동일한 웹서버를 가진 모든 페이지를 의미한다. 정보기술의 발전으로 여행정보를 이용하는데 많은 변화가 생겼다. 기존의 일반 여행 가이드북과 가장 큰 차이점이라고 한다면 여행정보가 실시간으로 업데이트되어 가장 최근의 여행정보를 인터넷을 통하여 손쉽게 얻을 수 있다는 점을 들 수 있다. 특히 최근에는 스마트폰 사용이 일반화됨에 따라 모바일 홈페이지 및 애플리케이션을 통한 자사 상품 홍보가 필수요소로 자리 잡고 있다.

❷ 소셜 미디어

온라인 미디어의 발달은 관광분야에 있어서도 기업과 소비자 간의 소통을 도와 관광상품을 제공하는 기업과 소비자가 온라인 커뮤니케이션을 통하여 자유롭게 정보와 의견을 교류하게 해주었다. 가장 대표적인 유형으로는 블로그, 카페,

소셜 네트워크, 메시지 보드, 팟캐스트, 위키, 비디오 블로그 등이 있으며 스마트폰의 보급에 따른 서비스의 확장으로 미투데이, 트위터와 같은 마이크로 블로그가 등장하였다.

일방적인 커뮤니케이션이 아닌 쌍방의 커뮤니케이션을 통한 소셜 미디어의 장점은 여행과 관련된 정보기관에서 정리, 요약한 내용보다는 커뮤니티 등을 통해 사용자들의 경험을 바탕으로 하는 정보 공유를 중심으로 여행 후기와 같은 형식의 맛집 소개, 추천 관광지, 추천 일정 등의 좀 더 현실과 밀접하고 감성적인 정보들이 사용자들로부터 제공된다는 점을 들 수 있다. 파워 블로거의 활동은 여행정보의 신뢰성을 높여주고 여행사에서 제공하기 어려운 특별하거나 세밀한 여행정보를 제공하는 좋은 수단으로 발전할 수 있다.

② 고객선호 수신방법

여행사는 고객과 전화, 팩스, 이메일, 스마트폰, 웹 등 다양한 커뮤니케이션 수단을 통해 소통한다. 연령과 성별, 성향 등에 따라 요구하는 내용들이 달라지게 되므로 각각의 요구사항에 따라 작성된 자료는 고객이 선호하는 수신방법으로 자료를 전달한다.

여행 업무에 있어 무엇보다 중요한 요소는 고객에게 정보를 전달하는 것에 그칠 것이 아니라 정보가 고객에게 잘 전달되었는지 확인하는 절차가 꼭 필요하다고 할 수 있다.

NCS 기반
여행상품상담실무

Chapter 05

여행요금 상담

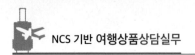

 1. 여행요금 산출하기

여행요금은 여행목적지로의 이동에 소요되는 항공운임이나 선박운임 등의 교통비와 여행목적지에서 이루어지는 호텔, 식사, 전세버스 등의 이용에 따른 지상비 및 국외여행인솔자 경비, 여행자 보험료 등의 기타 비용으로 원가가 구성되며 여기에 수익을 부가하여 구성된다.

> 여행요금 = 교통비 + 지상비 + 기타 비용 + 수익
> 여행요금의 원가

① 항공운임

항공운임은 여행요금에서 가장 큰 비중을 차지하는 요인으로 항공권의 판매조건에 따라 다양하게 분류될 수 있으나 일반적으로 정상운임(normal fare), 특별운임(special fare), 할인운임(discount fare)으로 구분된다. 또한 여행자 인원에 따라 개인운임(individual fare)과 단체운임(group fare)으로 구분할 수 있다.

1) 일반적인 항공운임의 종류

(1) 정상운임(normal fare)

최대 체류허용일(maximum day)이 항공권 개시일 기준 1년인 항공권으로 여행 개시일로부터 1년 이내 귀국이 가능한 항공권을 말한다. 할인이 전혀 적용되지 않으며 제한조건 없이 편리하게 사용할 수 있는 장점이 있으나 가격이 가장 높은 항공권이다.

(2) 특별운임(special fare)

여행자의 여행기간, 예약조건 등에 따라 최소 체류의무일(minimum day), 최대 체

류허용일(maximum day), stopover와 transfer의 가능 횟수 및 허용 여부, 여정변경 가능 여부, 환불에 대한 제약 등 다양한 제한조건을 설정한 대신에 가격을 할인해 주는 항공권을 말한다.

(3) 할인운임(discount fare)

소아, 유아, 학생 등 나이나 신분에 따라 할인이 되는 항공권을 말하며 그 종류는 다음과 같다.

- 소아운임(CH: Child Fare) : 성인보호자가 동반하는 출국일 기준 만 2세 이상~만 12세 미만의 여행자로 성인판매운임의 75%를 적용한다. 일부 항공사에서는 별도의 소아운임이 적용되지 않고 성인운임과 동일한 경우도 있으니 유의하여야 한다.

- 유아운임(IN: Infant Fare) : 성인보호자가 동반하는 출국일 기준 만 14일 이상~만 2세 미만의 여행자로 성인판매운임의 10%를 적용하며 좌석을 점유하지 않고 아기바구니(bassinet)를 이용한다. 성인동반자 1명에 단 1명의 유아할인이 가능하며 유아가 2명 이상일 경우에는 나머지 인원은 소아운임을 적용한다.

- 여행사직원 운임(AD: Agent Discount) : 항공사와 대리점계약을 체결하고 IATA에 가입한 여행사에 1년 이상 근무한 임직원 및 그 배우자에게 적용되는 항공운임이다. 여행사 임직원은 정상운임의 25%를 적용하고 배우자는 정상운임의 50%를 적용한다. 유효기간은 항공권 발행일로부터 3개월이며 마일리지 적립은 불가능하다.

- 항공사직원 운임(ID: Identity of Industry Discount) : 항공사 임직원은 항공사 상호 간 계약이 된 항공사에 한하여 정상운임의 10%를 적용한다. 단, 마일리지 적립을 할 수 없으며 사전에 예약이 인정되지 않아 공항에서 잔여석이 있을 때만 탑승할 수 있다.

- 비동반 소아운임(UM: Unaccompanied Minor) : 좌석등급이 성인보호자와 다른 경우와 성인보호자 없이 혼자 탑승하는 출국일 기준 만 5세 이상~만 12세 미만의 소아 승객을 말한다. 이러한 경우에는 사전에 UM 서비스를 신청하면 항공기

탑승 승무원의 보호를 받을 수 있다. 그러나 항공운임은 소아할인을 받을 수 없고 적용 가능한 성인운임이 부과된다. 항공좌석이 확약되어 있어야 하고 목적지에서 마중 나올 보호자의 연락처를 알려 주어야 한다. 만 5세 미만과 공항이 다른 연결 항공편을 이용하는 경우에는 UM 신청이 불가능하다. 12세 이상의 여행자는 편도에 60달러(대한항공 기준)를 지불하면 UM 서비스를 받을 수 있다.

2) 여행자 인원에 따른 항공운임의 종류

(1) 개인운임(individual fare)

여행자 인원이 성인 9명 이하로 구성된 경우를 말하며, 특별운임과 할인운임에 의거해서 제한사항을 확인하고 가장 저렴한 운임을 적용시킨다.

(2) 단체운임(group fare)

여행자 인원이 성인 10명 이상으로 구성된 경우를 말하며 단체운임을 적용시킨다. 단체운임을 적용시키는 경우에는 다음의 경우를 확인하여야 한다.

- 단체운임은 보통 성인 10명 이상으로 구성되지만 항공권 판매가 부진한 노선인 경우에는 판매 활성화를 위해 기준 인원수를 낮추는 경우도 있다. 또한 항공여정이 동일한 항공사로 구성된 경우에는 성인 8명 이상을 단체운임으로 적용시키기도 한다.
- 단체 인원수에서 소아는 2명을 성인 1명으로 간주하며 유아는 인원수에서 제외한다.
- 단체운임을 적용한 항공권은 보통 최대 체류허용일이 15일간이며 귀국일 변경은 원칙적으로 불가능하지만 수수료를 징수하고 최대 체류허용일 이내에서 변경을 허가하는 경우도 있다.
- 단체 인원수가 성인 10명 이상인 경우에는 1CG50(conductor of group), 15명 이상인 경우에는 1FOC(free of charge) 항공권이 지급되며 순수 항공운임을 기준

으로 할인되어 Tax는 지불하여야 한다. 국적 항공사의 경우 유럽, 미주 등 장거리 노선에서는 이러한 할인 항공권을 지급하지 않고 있다.

3) 항공운임의 구성과 유효기간

항공운임은 대체로 순수 항공운임과 Tax 및 유류할증료(fuel surcharge)로 구성되어 있다. 순수 항공운임은 항공사에서 책정하여 승객이 지불하게 되는 항공운임을 말한다. Tax는 해당 국가의 공항이용료, 각 국가에 따라 징수하는 해당 국가의 세금 등으로 구성되며 유류할증료는 유가의 변동에 따라 부가되는 수수료로 유가가 일정 수준 인상되면 부가되고 있다. 또한 항공운임에 따라 항공권마다 최대 체류허용일이 정해져 있어서 반드시 그 유효기간을 준수하여야 하며, 유효기간 계산법은 다음과 같다.

유효기간은 일(day), 월(month), 년(year)으로 적용되는데 일(day)로 적용된 경우 출국일에 유효기간의 일수를 더한 날까지가 유효기간이 되며 월(mouth)로 적용된 경우에는 출발일로부터 유효기간 만료월의 동일일자까지 유효하게 된다. 출국일이 해당 월의 마지막 날인 경우에는 유효기간 만료월의 마지막 날까지 유효한 것으로 한다. 항공권상의 마지막 여정을 출발도시 기준으로 유효기간 만료일 자정 이전까지만 개시하면 된다.

> ➡ 최소 체류의무기간 3일인 경우
> 9월 10일 출발 : 10일+3일=13일(9월 13일부터 출국했던 도시로 귀국 가능)
>
> ➡ 최대 체류허용기간 7일인 경우
> 9월 10일 출발 : 10일+7일=17일(9월 17일) 자정 이전까지 항공여정상의 마지막 항공편을 개시하여야 한다.
>
> ➡ 최대 체류허용기간 15일인 경우
> 9월 27일 출발 : 27일+15일－30일(9월 마지막날)=12일(10월 12일) 자정 이전까지 항공여정상의 마지막 항공편을 개시하여야 한다.
>
> ➡ 최대 체류허용기간 3개월인 경우
> 11월 30일 출발 : 2월 28일(29일) 자정 이전까지 항공여정상의 마지막 항공편을 개시하여야 한다.

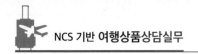

2 지상비

지상비는 여행목적지에서 체재 및 관광에 소요되는 비용을 말하며 투어피(tour fee), 랜드피(land fee)라고도 불린다. 지상비에는 다음과 같은 비용이 포함된다.

1) 숙박비

숙박비는 여행목적지에서의 숙박에 필요한 비용으로 대부분의 여행상품은 관광호텔을 이용하고 있으며 2인 1실을 기준으로 요금이 책정된다. 관광호텔의 등급, 객실의 종류, 식사포함 여부, 이용시기 등의 조건에 따라 비용이 달라진다.

(1) 관광호텔의 등급

특급(5성급), 준특급(4.5성급), 일급(4성급), 이급(3성급)

(2) 객실의 종류

- 객실 등급에 따른 종류 : 호텔에 따라 스탠다드, 슈페리어, 디럭스, 슈퍼디럭스 등으로 구분되고 있으며 일반적으로 스탠다드 등급을 이용하게 된다.
- 객실 전망에 따른 종류 : 호텔에 따라 오션뷰, 가든뷰, 워터프론트, 워터방갈로 등으로 구분되고 있으며 일반적으로 가든뷰 룸을 이용하고 오션뷰 룸을 원할 경우에는 요금이 인상된다.
- 객실 타입에 따른 종류 : 싱글 룸, 더블 룸, 트윈 룸, 트리플 룸 등이 있으며 보통 트리플 룸은 더블 룸이나 트윈 룸에 보조 침대(extra bed)가 추가된다.

2) 식사비

식사비는 여행 일정 중에 제공되는 식사에 대한 비용을 말한다. 주의할 점은 그 국가의 전통음식이나 특별식의 포함 여부에 따른 가격 상승문제와 기내식 제공 여부를 파악하여 식사가 중복되지 않도록 해야 한다. 또한 일부 지역에서는 식당에서의 생수 비용을 지불해야 되는 경우가 있으며 서양에서는 별도의 팁을 지불해야만 하기 때문에 이러한 비용의 포함 여부를 확실히 하여야 한다.

3) 지상 교통비

여행목적지에서의 전세버스나 기차, 선박 등의 이용에 따른 교통비용을 말한다. 전세버스를 이용하지 않고 대중교통 이용 시 대중교통 비용을 포함한다. 전세버스 이용 시 기사비용과 팁의 포함 여부를 확인하여야 한다.

4) 관광지 입장료

여행상품에 포함되어 있는 관광지 입장료를 말하며, 여행인솔자와 현지가이드 비용이 무료 처리가 되는지를 확인하여야 한다.

5) 현지가이드 비용

현지가이드에게 지불되는 비용을 말하며, 현지인 보조가이드가 배정되는 경우도 있으니 유의하여야 한다. 현지가이드 비용은 고객들이 자발적으로 지불하는 팁과는 구분된다.

6) 세금(tax) 및 잡비

세금은 공항이용료나 각 국가에서 별도로 징수하는 세금 등으로 항공운임에 포함되는 경우도 있지만 현지 공항에서 별도로 징수되는 경우도 있다. 별도로 징수되는 경우에는 일반적으로 지상비에 포함시키며 고객이 직접 지불하는 경우도 있다. 잡비는 주로 생수, 과일, 간단한 다과 등의 구입에 사용되는 비용을 말한다.

③ 기타 비용

기타 비용은 여행목적지로 이동하기 위한 교통비나 여행목적지에서의 체류를 위한 지상비를 제외한 모든 비용을 말하는 것으로 일반적으로 여행요금에 포함되는 비용과 여행요금에 포함되지 않고 현지에서 고객이 직접 지불하는 비용으로 구분할 수 있다.

1) 일반적으로 여행요금에 포함되는 기타 비용

(1) 여행자 보험료

대부분의 기획여행에서 상해사망 시 최고 1억원의 보상금을 지급하는 것을 기준으로 가입하고 있다. 그러나 원가절감을 위해 더 낮은 보상금을 지급하는 여행자 보험을 가입하기도 한다.

(2) 국외여행인솔자 비용

국외여행인솔자 비용은 국외여행인솔자의 항공운임 및 Tax, 출장비, 여행자 보험료 등 인솔자 동행 시 발생되는 비용을 말한다. 이러한 기타 비용은 해당 단체의 고객 수로 나누어 분담하게 된다.

2) 일반적으로 여행요금에 포함되지 않는 기타 비용

① 비자 및 비자 수속대행료

② 선택관광 요금

③ 가이드 및 기사 팁(여행상품에 따라 여행요금에 포함하는 경우도 있음)

④ 개인적으로 사용하는 비용(호텔에서의 세탁비와 전화사용료, 포터비, 초과수하물 요금 등)

⑤ 간접비용

광고비, 통신비, 인건비 등의 비용으로 여행요금에 직접적으로 포함시키지 않고 여행사에서 전체 비용으로 반영하여 정산을 하는 것이 대부분이므로 여행요금에는 포함시키지 않는다.

④ 수익

여행사에서 항공운임, 호텔비, 식사비 등의 여행상품 구성요인들을 복합적으로 조립하여 만들어 낸 여행상품을 고객에게 알선 및 판매하고 서비스를 제공한 대가로 여행자에게 받는 수익을 말한다.

2. 원가표 작성하기

원가계산서의 작성

여행상품 가격을 책정하기 위해서는 미리 원가계산서를 작성하여 여행상품의 원가를 산출하고 산출된 원가에 여행사의 수익을 합산하여 적정한 상품가격을 책정하게 된다. 즉, 항공운임, 지상비, 기타 부대비용 등을 합하여 원가를 산출하고 여기에 여행사의 수익을 합산하여 최종 판매가를 결정한다.

1) 원가 산출 시 유의사항

❶ 출발일자에 따른 성·비수기, 주중·주말, 연휴적용 여부 등을 확인하여야 한다. 또한 귀국일을 정확히 파악하여 여행기간을 확인하여야 한다. 특히 기내 1박이 포함될 경우 한국 귀국일을 정확히 확인하여야 한다.

❷ 인원수에 따라 무료항공권 제공 여부와 구성원의 연령에 따라 성인·소아·유아를 정확히 파악한다.

❸ 현지에서의 호텔 등급에 따른 요금과 전세버스의 탑승가능 인원수를 확인하고, 가이드 및 기사 팁 포함 여부, 현지 공항세가 항공권에 포함되지 않는 경우 현지 공항세 포함 여부 등을 확인한다.

❹ 지방에서 출발하는 단체고객일 경우 지방에서 인천공항까지 전세버스 요금 포함 여부를 확인해야 한다.

❺ 국외여행인솔자 동행 여부를 확인하고 이에 따른 비용을 확인해야 한다.

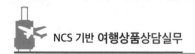

2) 여행상품 원가 산출방법

여행상품 원가를 산출하는 방법은 아래의 두 가지 방법이 있다.

① 1인당 원가 계산법

여행상품을 구성하는 각 항목별로 1인당 요금을 산출해서 총 항목을 합산하는 방법

② 원가 총합 계산법

여행상품을 구성하는 각 항목별로 전체 인원의 요금을 산출해서 총 항목을 합산하여 다시 총 인원으로 나누는 방법

 예시

태국 3박 5일, 15명 + 1인솔자에 대한 원가 산출

항공료 40만원, Tax 5만원, 지상비 18만원, 여행자 보험료 5천원, 인솔자출장비 4만원/1일 기준, 총 20만원

1인당 원가 계산법

- 항공료 400,000   Tax   50,000
- 지상비 180,000   보험료 5,000
- 인솔자경비 Tax 50,000+보험료 5,000+출장비 200,000/인원수 15명=17,000
- 1인당 원가 652,000원

원가 총합 계산법

- 항공료 400,000×15명=6,000,000
- Tax   50,000×15명=750,000
- 지상비 180,000×15명=2,700,000
- 보험료 5,000×15명=75,000
- 인솔자경비 Tax 50,000+보험료 5,000+출장비 200,000=255,000
- 원가 총합 9,780,000/인원수 15명=652,000
- 1인당 원가 652,000원

> 풀이 항공료는 성인 15명 이상으로 FOC항공권이 제공되어 인솔자 항공료는 무료이며, Tax 50,000원만 부담
> 지상비는 지상수배업체에서 인솔자는 FOC로 처리해서 무료
> 여행자 보험료 5,000원은 고객과 동일하게 부담
> 인솔자 출장비는 각 여행사마다 차이가 있지만 일반적으로 1일당 40,000원
> 지상비는 실제 지상비의 원가에 현지 여행사의 수익을 더해 책정되는 것이 바람직하지만 각 업체의 경쟁으로 실제 원가보다 낮게 책정하여 판매하고 쇼핑이나 선택관광 수수료로 원가를 보전하는 형식으로 이루어지고 있음

❷ 원가 조율하기

여행상품의 원가를 산출하여 판매가를 책정하였으나 적정한 판매가가 산출되지 못한 경우에는 원가를 조율하여 적정 판매가가 될 수 있게 해야만 한다. 여행상품의 원가는 항공, 호텔, 식사 등 다양한 여행상품 구성요인을 변경하여 조율할 수 있다. 그러나 여행상품의 구성요인만을 지나치게 조정하여 여행요금을 조율하면 여행상품의 품질이 떨어질 수도 있으니 유의하여야 하며, 가급적이면 출발일의 변경 등을 통해 조율하는 것이 바람직하다.

❶ 출발일자를 변경하여 상대적으로 항공운임이 저렴한 날짜를 선택한다. 또한 호텔도 주말 숙박이 비싸면 주중 숙박으로 조정해 보아야 한다.

❷ 인원수에 따라 원가가 달라지므로 여행자 인원을 추가하여 원가를 조율한다.

❸ 국외여행인솔자 동행 시 원가가 상승되므로 국외여행인솔자를 동행하지 않는 것으로 변경한다.

❹ 여행상품의 원가 중에서 가장 많은 부분을 차지하는 항공요금을 조율하기 위해 외국항공사, 저가항공사, 경유 편 등의 이용을 고려한다.

❺ 호텔의 등급을 낮추거나 동일 등급의 호텔일지라도 외곽의 호텔을 고려한다.

❻ 값비싼 특식을 일반식으로 변경하는 것을 고려한다.

❼ 일정에 포함되는 관광지를 조정하여 조율할 수 있다.

❽ 가이드 팁이나 선택관광 포함 여부를 조정하여 원가를 조율한다.

3. 상담하기

1 여행견적서 제출

여행상품의 원가를 산출하고 산출된 원가에 적정한 수익을 부가하여 여행요금을 책정한 후에는 고객에게 여행견적서를 통해 여행조건에 따른 여행요금을 제시할 수 있어야 한다. 고객은 제시된 여행견적서를 통해 여행에 대한 세부 내용을 파악하고 최종 구매결정을 하게 된다. 그래서 여행견적서는 고객이 쉽게 이해할 수 있게 작성되어야 하며 해당 여행상품에 대한 모든 정보가 반영되어야 한다.

2 여행견적서 작성방법

여행견적서는 원가계산서를 토대로 여행의 세부내용과 여행요금이 제시되어야 한다. 원가계산서는 여행사 내부의 서류이지만 여행견적서는 고객에게 제공되는 서류이므로 다음과 같은 사항을 유의하여 작성되어야 한다.

❶ 정확한 출발일과 여행지역을 표기한다.
❷ 각 인원에 따른 정확한 여행요금을 표기한다. 최초에 고객으로부터 의뢰받은 인원은 줄어들 수도 있으므로 반드시 인원에 따른 여행요금을 기입하여 차질이 없도록 한다.
❸ 포함사항과 불포함사항을 표기하여 서로 오해가 없도록 해야 하며 특히 지방에서 출발하여 인천공항으로 오는 경우 버스대절 여부를 정확히 기입하여야 한다.
❹ 숙박은 관광호텔, 일반호텔 등 종류에 따라 표기하고, 관광호텔의 경우 등급을 표기하여 고객의 이해를 돕는다.

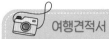 여행견적서

- 단 체 명 : 태국(방콕/파타야) 5일
- 여행기간 : 2022년 8월 14일 - 8월 18일
- 여행지역 : 방콕(1)-파타야(2)

1. 여행요금

여행요금	여행인원
800,000원/1인 기준	10~14명+1인솔자
750,000원/1인 기준	15명 이상+1인솔자

2. 포함 및 불포함 사항

포함 사항	불포함 사항
1. 국적기 이용(아시아나 항공)	1. 개인경비 및 매너팁
2. 4성급 호텔(2인 1실)	2. 여권 발급비
3. 전일정 식사(특식-씨푸드, 수끼 제공)	3. 지방↔인천공항 왕복교통
4. 포함된 선택관광(알카자쇼, 코끼리트래킹, 안마 2시간)	
5. 쇼핑(라텍스, 잡화점)	

3. 여행조건

항 공	■ economy class ☐ business class ☐ first class
숙 박	■ 관광호텔(1급) ☐ 일반호텔 ☐ 기타( ) ■ 2인 1실 기준
식 사	■ 조식 ■ 중식 ■ 석식 ■ 기내식 포함
교 통 편	☐ 대형 Bus ■ 중형 Bus ☐ 열차 ☐ 기타( )
관 광	■ 포함(일정표에 명시된 모든 관광) ☐ 불포함
현지 안내원	■ 한국어 ☐ 영어 ☐ 일본어 ☐ 기타( )
인천 공항세	■ 포함(출국세 포함) ☐ 불포함
현지 공항세	■ 포함 ☐ 불포함
여행자 보험	■ 포함 ☐ 불포함
무료 수하물	■ 포함(1인당 20kg 이내의 수화물 1개) ☐ 불포함
T I P	■ 포함 ☐ 불포함
여권 및 비자 수속	☐ 포함 ■ 불포함

* 상기 여행요금은 환율과 유류할증료의 변동에 따라 다소 변동될 수 있습니다.

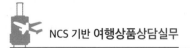

⑤ 식사는 기내식을 포함하여 조식, 중식, 석식의 횟수를 기입한다.

⑥ 현지 가이드가 사용하는 언어를 표기하고 가이드 및 기사 팁 포함 여부를 기입한다.

⑦ 국외여행인솔자 동행 여부와 동행 시 인솔자경비 포함 여부를 기입한다.

⑧ 여행자보험 가입 여부와 가입 시 상해사망으로 인한 최고 보상액을 기입한다. 또한 나이에 따라 상해사망 보상금이 동일하지 않을 수도 있으니 유의하여야 한다.

⑨ 여권, 비자 등의 비용 포함 여부를 표기한다.

⑩ 견적서 외에 세부 일정표를 함께 제공하여 정확한 일정을 알려주어야 한다.

NCS 기반
여행상품상담실무

Chapter 06

예약 수배 업무

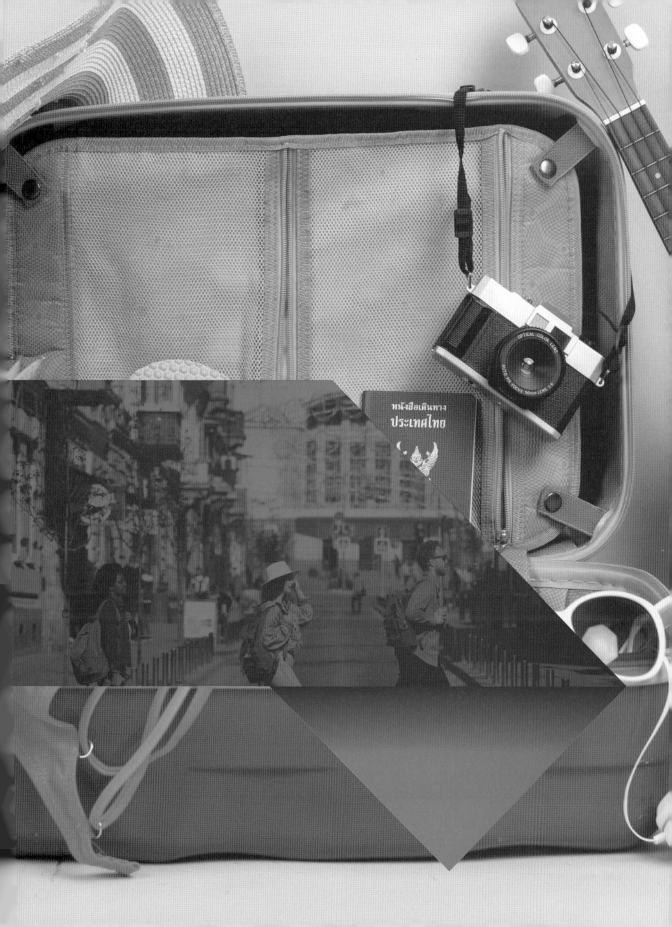

1. 항공 예약하기

1 항공예약의 목적

항공산업의 가장 큰 어려움은 저장의 불가능성과 수요의 편재성이다. 당일 판매하지 못한 항공좌석은 저장이 불가능하여 곧 항공사의 손실로 이어지고 있으며 시간과 요일 및 계절에 따른 수요의 편재는 성수기와 비수기의 구분으로 이어져 비수기에는 가격경쟁과 성수기에는 항공좌석 확보의 치열한 경쟁을 유발하고 있다. 이러한 상황에서 항공산업에서 사전 예약의 의미는 매우 크다고 할 수 있다. 사전 예약은 항공편을 이용하는 승객에게는 안정적으로 좌석을 확보할 수 있게 할 뿐만 아니라 여행에 수반되는 각종 서비스사항(휠체어, 특별기내식 등)을 요청하여 제공받을 수 있게 해준다. 또한 공급업체인 항공사는 항공좌석을 탄력적으로 고객들에게 제공함으로써 비수기에는 좌석판매의 증진과 성수기에는 초과예약을 미리 방지할 수 있어 항공좌석의 이용률을 극대화하게 된다. 아울러 수요예측을 가능하게 하여 수익관리와 공급관리를 효율적으로 할 수 있게 한다.

2 항공예약 관련 코드

항공예약시스템을 활용하여 항공예약 업무를 수행하기 위해서는 업무의 효율성을 위해 모든 국가와 도시(공항), 항공사, 예약상태, 좌석등급 등이 국제적으로 통일된 영문코드로 표시된다. 따라서 항공예약 업무를 진행하기 위해서는 미리 도시(공항)코드 및 항공사코드 등을 숙지하여야만 한다.

1) 도시 및 공항코드

도시코드는 대개 도시명의 첫 영문자 3자리로 표기하는 ROM 유형이나 도시명의 첫 영문자에 두 글자를 선택하여 조합한 BKK 유형의 두 가지로 구분되며 이 외의 유형도 소수 도시가 존재한다.

(1) ROM 유형(도시명의 첫 영문자 3자리)

도시코드	도시명	도시코드	도시명
CHI	CHICAGO	RIO	RIO DE JANEIRO
IST	ISTANBUL	ROM	ROME
LAS	LAS VEGAS	SEA	SEATTLE
LON	LONDON	SHA	SHANGHAI
MAD	MADRID	SIN	SINGAPORE
OSA	OSAKA	SYD	SYDNEY
PAR	PARIS	VIE	VIENNA

(2) BKK 유형(도시명의 첫 영문자+2자 선택)

도시코드	도시명	도시코드	도시명
AKL	AUCKLAND	KUL	KUALALUMPUR
BKK	BANGKOK	MNL	MANILA
DTT	DETROIT	MOW	MOSCOW
GUM	GUAM	OKA	OKINAWA
GVA	GENEVA	THR	TEHERAN
HKG	HONG KONG	TPE	TAIPEI
HNL	HONOLULU	TYO	TOKYO
JKT	JAKARTA	ZRH	ZURICH

(3) 기타 유형

도시코드	도시명	도시코드	도시명
BJS	BEIJING	NYC	NEW YORK
LAX	LOS ANGELES	PDX	POTLAND

(4) YUL 유형(캐나다 도시코드의 첫 자는 Y로 시작)

도시코드	도시명	도시코드	도시명
YOW	OTTAWA	YYC	CALGARY
YVR	VANCOUVER	YYZ	TORONTO

(5) 주요 휴양지 코드

도시코드	도시명	도시코드	도시명
DPS(발리)	DENPARSAR	MLE(몰디브)	MALE
KLO(보라카이)	KALIBO	NAN(피지)	NADI

휴양지 이름이 아닌 해당 휴양지의 도시 이름으로 조회를 해야 함.

(6) 도시 내 2곳 이상의 공항이 있는 경우에는 공항코드를 사용

도시코드	공항코드	공항명	도시코드	공항코드	공항명
LON	LHR	HEATHROW	PAR	CDG	CHARLES DE GAULLE
	LGW	GATWICK		ORY	ORLY
NYC	JFK	JOHN F KENEDY	TYO	NRT	NARITA
	EWR	NEWARK		HND	HANEDA
	LGA	LA GUARDIA	WAS	DCA	RONALD REAGAN
OSA	ITM	ITAMI		IAD	DULLES
	KIX	KANSAI			

2) 항공사 코드

세계의 모든 항공사는 2코드와 3코드의 약자를 사용하고 있으며, 일반적으로는 2코드를 주로 사용하고 있다.

항공사 코드

3코드	2코드	항공사명	국가
AAL	AA	아메리칸항공	미국
AAR	OZ	아시아나항공	한국
ACA	AC	에어캐나다	캐나다
AFL	SU	러시아항공	러시아
AFR	AF	에어프랑스	프랑스
ANA	NH	전일본항공	일본
BAW	BA	영국항공	영국
CCA	CA	중국국제항공	중국
CEB	5J	세부퍼시픽항공	필리핀
CES	MU	중국동방항공	중국
CPA	CX	캐세이퍼시픽	홍콩
CSN	CZ	중국남방항공	중국
DAL	DL	델타항공	미국
DLH	LH	루프트한자	독일
GIA	GA	가루다항공	인도네시아
HVN	VN	베트남항공	베트남
JAL	JL	일본항공	일본
KAL	KE	대한항공	한국
KLM	KL	네덜란드항공	네덜란드
MAS	MH	말레이시아항공	말레이시아
NWA	NW	노스웨스트	미국
PAL	PR	필리핀항공	필리핀
QFA	QF	콴타스항공	호주
SIA	SQ	싱가포르항공	싱가포르
THA	TG	타이항공	태국
THY	TK	터키항공	터키
UAL	UA	유나이티드항공	미국

3 항공예약 기록

1) PNR의 개념과 구성요소

항공예약 기록(PNR: Passenger Name Record)은 고객의 요청에 의해 항공예약을 실시하여 얻은 결과를 항공예약시스템에 저장해서 언제든지 다시 불러와 수정작업 또는 예약확인을 할 수 있는 기록을 말한다.

PNR의 구성요소는 필수구성요소와 부수적 구성요소로 나누어지는데 필수구성요소는 PNR을 작성하는 데 없으면 PNR을 만들 수 없는 요소들이고, 부수적 구성요소는 야채식이 필요한 고객에게 야채식을 예약해주거나 휠체어를 필요에 따라 예약하는 것을 말한다.

PNR의 필수구성요소는 여정, 이름, 전화번호, 예약의뢰자, 발권구입시한 등의 5가지 항목으로 이것들을 입력한 후 기본 PNR 완성할 수 있다. PNR을 작성 시에는 반드시 본인 여권상의 영문명을 이용해야 하고 요청 좌석수와 승객 수가 일치해야 하며 신분에 맞는 Title이 입력되어야 한다. 또한 유아 및 소아는 생년월일도 함께 입력되어야 한다.

```
->① RT09275790
② --- RLR ---
RP/③ SELK1392X/SELK1392X    BA/SU      ④ 4DEC13/2137Z    ⑤ 4FXWIU
⑥ 0927-5790
⑦ 1.CHEON/DEOKHEEMR
⑧ 2  OZ 741 Y 25JUN 3 ICNBKK HK1       1820      2210         *1A/E*
⑨ 3  OZ 742 Y 28JUN 1 BKKICN HK1       2340      0650+1       *1A/E*
⑩ 4 AP 02-755-9023
⑪ 5 APH 02-777-7777
⑫ 6 APM 010-5494-6000
⑬ 7 TK TL20MAY/1400/SELK1392X
⑭ 8 OPW SELK1392X-03JAN:0700/1C7/OZ REQUIRES TICKET ON OR BEFORE
04JAN:0700/S2-3
⑮ 9 OPC SELK1392X-04JAN:0700/1C8/OZ CANCELLATION DUE TO NO
TICKET/S2-3
```

풀이 ① RT : PNR을 불러오기 위한 명령어, 09275790 : 예약번호
② Record Locator Return
③ 예약여행사의 ID
④ PNR 작성 일자와 시간(표준시)
⑤ 영문 예약번호
⑥ 숫자 예약번호
⑦ 승객번호와 승객명, Title
⑧ 라인번호와 출국여정
⑨ 라인번호와 귀국여정
⑩ 라인번호와 예약한 여행사 전화번호
⑪ 라인번호와 승객 집 전화번호
⑫ 라인번호와 승객 휴대폰번호
⑬ 항공권 발권예정 일자와 시간
⑭ Optional Warning, 예약 후 자동 생성되는 것으로 항공사에서 1월 3일 7시까지 라인번호 2~3번 여정을 발권하라는 1차 메시지
⑮ Optional Cancellation, 예약 후 자동 생성되는 것으로 항공사에서 1월 4일 7시까지 라인번호 2~3번 여정을 발권하지 않을 경우 자동 취소된다는 최종 메시지

2) PNR 작성에 필요한 Title

성별에 따른 Title		신분에 따른 Title	
성인남자	MR	교수	PROF
성인여자	MS/MRS	기장/선장	CAPT
유아/소아 남자	MSTR	의사	DR
유아/소아 여자	MISS	성직자	REV

3) 나이에 따른 승객 구분

구분	나이 기준	항공운임
유아(INFANT)	출발일 기준 만 2세 미만(좌석 비점유)	Normal Fare의 10% 징수
소아(CHILD)	출발일 기준 만 2세 이상~만 12세 미만	성인 판매가의 75% 징수
성인(ADULT)	출발일 기준 만 12세 이상	조건에 따른 성인 판매가

4 항공예약업무 수행 시 유의사항

① 여행자가 요청하는 정확한 출국일과 귀국일을 확인하여야 한다. 특히 미주나 유럽에서 귀국할 경우에는 한국도착일은 목적지에서 출발한 다음 날임을 인지하여 착오가 없도록 예약하여야 한다.

② 여행자의 여권에 표기된 영문이름과 동일하게 예약을 해야만 한다. 항공권의 영문이름이 여권의 영문이름과 다르게 발권된 경우에는 탑승이 거절될 수도 있다.

③ 여행자의 연령에 따른 성인(adult), 소아(child), 유아(infant)를 구분하여 예약을 하고 여행자의 연령에 맞는 Title을 사용하여야 한다.

③ 여행자의 성별을 확인하고 성별에 맞는 Title을 사용하여야 한다.

④ 이중예약(DUPE: duplicated reservation)이 되지 않도록 주의한다.

5 항공권의 판독

고객의 요청에 의해 작성된 PNR은 일정 기한이 지나면 자동으로 취소가 되므로 정해진 기한 안에 항공권을 발권해야 한다. 항공권의 발권은 신용카드와 현금으로 지불이 가능하며 신용카드 일부와 현금 일부를 혼합하여 지불도 가능하다. 단, 신용카드 지불 시에는 자신의 항공권만 가능하며 가족 항공권을 발권 시에는 가족관계 증빙서류가 필요하다. 다음은 발권된 항공권의 실례를 보여주고 있다.

e-Ticket Itinerary & Receipt
Provided by TOPAS

HONGJIEUN (Tel 02-6740-5026 , Fax 02-6234-0533)
jieun0304@cj.net /

1549 / 19OCT15

승객성명	Passenger Name	HONG/SOONSIKMR
예약번호	Booking Reference	6955-6326
항공권번호	Ticket Number	1809702756200

인천공항점 $100 이상 구매시 즉시 할인 (~2016.10.31)
신라면세점 5천원
일부 품목 제외
타 쿠폰 중복불가
G16074433000001

여정 Itinerary

편명 Flight KE0845 (예약번호:4RYPMF) Operated by KE(KOREAN AIR)

| 출발 Departure | 서울(ICN/Incheon intl) | 24OCT15(토) | 08:10 | Local Time | Terminal No. : - |
| 도착 Arrival | 청도(TAO/Qingdao) | 24OCT15(토) | 08:40 | Local Time | Terminal No. : - |

예상비행시간	Flight Time	01H 30M	SKYPASS 마일리지	SKYPASS Miles	363
예약등급	Class	M (일반석)	항공권 유효기간	Not Valid Before	-
좌석 타입	Seat Type	-		Not Valid After	24APR16
예약상태	Status	OK (확약)	수하물	Baggage	1PC
운임	Fare Basis	MLEKC1			
기종	Aircraft Type	BOEING 737-900			

편명 Flight MF8562 (예약번호:PDYHZM) Operated by MF(XIAMEN AIRLINES)

| 출발 Departure | 청도(TAO/Qingdao) | 26OCT15(월) | 09:45 | Local Time | Terminal No. : - |
| 도착 Arrival | 사면(XMN/Xiamen) | 26OCT15(월) | 12:25 | Local Time | Terminal No. : 3 |

예상비행시간	Flight Time	02H 40M	SKYPASS 마일리지	SKYPASS Miles	-
예약등급	Class	S (일반석)	항공권 유효기간	Not Valid Before	-
좌석 타입	Seat Type	-		Not Valid After	24APR16
예약상태	Status	OK (확약)	수하물	Baggage	20K
운임	Fare Basis	MLEKC1			
기종	Aircraft Type	BOEING 737 ALL SERIES PASSENGER			

편명 Flight KE0888 (예약번호:4RYPMF) Operated by KE(KOREAN AIR)

| 출발 Departure | 사면(XMN/Xiamen) | 29OCT15(목) | 13:30 | Local Time | Terminal No. : 3 |
| 도착 Arrival | 서울(ICN/Incheon intl) | 29OCT15(목) | 17:30 | Local Time | Terminal No. : - |

예상비행시간	Flight Time	03H 00M	SKYPASS 마일리지	SKYPASS Miles	1032
예약등급	Class	E (일반석)	항공권 유효기간	Not Valid Before	-
좌석 타입	Seat Type	-		Not Valid After	24APR16
예약상태	Status	OK (확약)	수하물	Baggage	1PC
운임	Fare Basis	ELEKC			
기종	Aircraft Type	BOEING 737-900			

* 할인 또는 무임 항공권의 경우 예약 등급에 따라 마일리지 적립률이 상이하거나 마일리지가 제공되지 않습니다.
* 항공기 기종은 사전고지 없이 항공사 사정으로 변경될 수 있습니다. 또한 항공기 교체 등의 부득이한 사유로
  선택하신 좌석이 변경될 수 있으니 탑승수속 시 기종 및 좌석번호를 재확인해 주시기 바랍니다.
* 모든 정보는 항공사나 공항 사정에 의해서 변경될 수 있습니다.

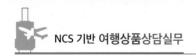

 2. 지상 수배하기

1 지상수배와 랜드 오퍼레이터의 역할

여행상품을 판매하여 여행객이 모집이 되면 항공예약과 지상수배 업무를 수행해야 한다. 지상수배 업무는 여행목적지의 호텔, 식당, 차량, 가이드, 관광지 등을 예약하는 업무로 현지의 여행사에 직접 수배하거나 지상수배업체를 통해 할 수 있다. 지상수배업체는 랜드 오퍼레이터(land operator)라고도 불리며, 여행목적지 인바운드 여행업체의 한국 연락사무소 정도로 이해할 수 있다. 랜드 오퍼레이터는 한국의 아웃바운드 여행업체로부터 외국 현지의 여행을 의뢰받아 여행목적지의 인바운드 여행업체에 수배를 대행해주는 역할을 하게 되며, 자세한 역할은 다음과 같다.

❶ 수배역할

아웃바운드 여행사의 요청을 받아 여행목적지의 호텔, 식당, 차량, 가이드, 관광지 등을 예약하는 역할을 수행한다.

❷ 여행정보 제공역할

현지의 인바운드 여행업체로부터 정확한 최신의 여행정보를 받아서 국내의 아웃바운드 여행업체에 제공한다.

❸ 견적 산출역할

여행목적지에서 이루어지는 모든 여행일정에 대한 견적을 산출하여 제공한다.

❹ 현지의 안전역할

여행목적지에서 여행 도중 발생될 수 있는 안전사고에 대해 미리 대비하고 사고 발생 시 신속한 처리를 할 수 있게 돕는다.

② 지상견적 의뢰업무

지상견적 의뢰는 여행상품을 기획하기 위해 여행일정에 따른 여행목적지에서 소요되는 숙박, 식사, 교통편, 가이드 등의 비용을 1인 기준요금으로 산출을 요청하는 업무이다. 지상견적을 의뢰할 경우에는 출국일과 귀국일, 항공편명, 인원수, 호텔등급, 특식과 선택관광 포함 여부, 세부 일정 등을 알려주어야 한다. 지상견적 의뢰업무는 기획여행과 희망여행의 경우에 따라 업무내용이 다소 차이가 있다.

1) 기획여행의 지상견적 의뢰

기획여행의 경우에는 여행상품을 미리 만들어서 고객들에게 판매하는 여행이므로 여행상품 최초 기획 시 지상견적을 의뢰하게 된다. 기획여행은 시리즈 형식으로 지속적인 판매가 이루어지기 때문에 성수기와 비수기 지상비를 구분하여 요청하여야 하고 각 행사마다 모집되는 인원이 다를 수 있기 때문에 인원에 따른 지상비의 차이도 알아야 한다.

2) 희망여행의 지상견적 의뢰

희망여행의 경우에는 이미 모집된 고객에 대해 고객의 요청에 의거하여 지상견적을 의뢰하게 된다. 기획여행처럼 시리즈 형식이 아니고 단발성 행사이기 때문에 해당 여행상품의 출국일에 맞추어 지상견적을 의뢰하면 된다.

3) 지상견적서 수신

아웃바운드 여행업체에서 기획여행이나 희망여행의 지상견적을 의뢰하면 현지의 인바운드 여행업체와 랜드 오퍼레이터에서는 조건에 따른 지상 원가를 산출하고 적정한 지상견적서를 제출해야 한다. 다음은 15+1인솔자의 인원으로 태국 3박 5일간의 실제 지상 원가를 산출한 것이다.

🧭 태국 3박 5일 지상 원가 내역서

품목	내역	총액	비고
호텔 총3박	40,000×3박×8방	960,000	2인 1실 기준, 기내 1박
식사 총6회	한정식 5,000×15명×2회	150,000	가이드, 인솔자 FOC 조식은 호텔비에 포함
	삼겹살 7,000×15명	105,000	
	MK수끼 11,000×15명	165,000	
	씨푸드 30,000×15명	450,000	
	로얄드레곤 6,300×15명	94,500	
관광지 입장료	왕궁 18,000×15명	270,000	가이드, 인솔자 FOC
	왕궁가이드 56,000/2시간	112,000	
	수상시장 선박 렌탈비 35,000/1대	35,000	
	농눅빌리지 10,000×15명	150,000	
	악어농장 4,000×15명	60,000	
	산호섬 선박 렌탈비 157,500/1대	157,500	
차량비	180,000×4일	720,000	유류비/기사비용 포함
가이드 비용	105,000×4일	420,000	한국인 가이드
	70,000×4일	280,000	태국인 가이드
합계	4,129,000/15명=275,266		총 비용/인원수=1인 원가

조건 비수기 기준
15+1국외여행인솔자 동행
1급 호텔, 2인 1실 기준
No Shopping 조건
대형버스 조건
숙박이 총 4박이지만 귀국 시 기내에서 1박을 하게 되어 3박으로 정산되었고, 이런 경우에 3박 5일로 표기함
이외에도 선택관광을 포함 시 비용이 추가됨

그러나 실제 여행업계에서 통용되고 있는 지상견적서에는 세부 원가내역은 표시하지 않고 1인당 지상비와 이에 따른 서비스 내역만을 포함시켜 제출된다. 실제 원가내역과 1인 지상비가 차이가 발생하는 이유는 업체들 간의 과당경쟁으로 실제 원가보다 낮게 견적서를 제출하고 현지에서 쇼핑이나 선택관광 알선수수료를 받아서 원가를 충당하고 있기 때문이다. 고객들이 쇼핑과 선택관광을 하지 않을 경우에는 현지의 인바운드 여행업체는 큰 손실을 보게 된다.

🧭 지상견적서

SKY TOUR

태국/필리핀/베트남/캄보디아 전문랜드

TEL) 070-5017-2500 /
FAX) 02-642-1992
MAIL) ddj2500@naver.com

지상견적서			
상품명	태국 3박 5일	여행기간	2022년 6월 23일 ~ 2022년 6월 27일
여행인원	15+1FOC	여행지역	파타야/방콕
HOTEL	PTY	에이완 스타 호텔 또는 동급	
포함사항	* 전 일정 가이드, 호텔, 차량, 식사, 관광지 입장료, * 관광지 : 왕궁, 새벽사원, 수상시장, 농눅빌리지, 알카자쇼, 전통안마 1시간, 산호섬, 악어농장, 파인애플농장 * 특 식 : MK수끼, 로열드래곤, 삼겹살, 씨푸드 * 특 전 : 알카자쇼, 전통안마(1시간) 체험		
불포함	* 항공료 및 Tax, 개인경비 및 매너팁, 선택관광, 여행자보험		
지상비	* 180.000원/1인		
REMARKS	* 쇼핑센터 : 라텍스, 휴게소, 보석 3회 * 객실은 2인 1실 기준이며, 싱글룸 사용 시 싱글차지가 발생합니다. * 차량은 대형버스 이용합니다.		

일자	지역	교통편	시간	일정	식사
제1일	인천 방콕 파타야	OZ741 전용차량	22:05	한국 출발→ 방콕 향발 방콕 수완나폼 국제 공항 도착 ♡ 방콕공항 도착 후 BAGGAGE CLAIM 20번(20번 벨트) 앞 C번 출구로 나오셔서 왼편에서 미팅합니다. 가이드 미팅 후 파타야로 이동 호텔 체크인 및 호텔 투숙	기내식
제2일	방콕 파타야	전용차량	전일	호텔 조식 후 ◆ 백만년 나무화석과 어우러진 악어농장 중식 후 ◆ 아시아 최대 규모의 정원인 농눅빌리지 (코끼리쇼 관람) [특전1] 알카자쇼 관람 석식 후 호텔 투식 및 자유시간	조 : 호텔식 중 : MK수끼 석 : 한정식
제3일	파타야	전용차량 <u>스피드보트</u>	전일	호텔 조식 후 아름답고 깨끗한 바다가 펼쳐진 산호섬으로 이동하여 해변 자유시간 및 해양스포츠 선택관광 (파라세일링, 제트스키, 씨워킹 등-선택관광) 중식 후 호텔로 이동 호텔 자유시간 [특전2] 전통안마 1시간 체험 석식 후 호텔 투숙 및 자유시간	조 : 호텔식 중 : 삼겹살 석 : 씨푸드
제4일	파타야 방콕	전용차량 선박	전일	호텔 조식 후 체크아웃 ◆ 파인애플농장 방문 및 달콤한 파인애플 시식 중식 후 여행의 또 다른 즐거움 방콕 쇼핑 관광 ◆ 방콕 시내관광(왕궁, 새벽사원, 수상시장 등) 석식 후 수완나폼 국제공항으로 이동	조 : 호텔식 중 : 로열 　　드래곤 석 : 한정식
제5일	한국	OZ742	00:05 07:10	방콕 수완나폼 국제공항 출발 한국 도착	

★ 상기 일정은 항공 및 현지 사정에 의해 다소 변경될 수 있습니다.

3 지상수배 업무

지상수배를 위해서는 출국과 귀국일, 항공편 및 시간, 여행일정, 고객의 영문명, 호텔 등급 및 객실의 타입, 차량크기, 인솔자 동행 여부, 일정에 포함되는 특식

🧭 지상수배 의뢰서

지상수배 의뢰서

- 출국 : 7월 1일 OZ 741 1820 2210
- 귀국 : 7월 1일 OZ 742 2340 0650+1
- 인원수 : 15명+1인솔자
- 호텔 : 1급호텔 8트윈
- 특식제공 : 로열드래곤, 씨푸드, 수끼, 삼겹살
- 선택관광 포함 : 알카자쇼, 전통안마 1시간
- 차량 : 대형버스

Rooming List					
No.	Name	Room No.	No.	Name	Room No.

상기와 같이 지상수배를 요청합니다.

2022년 ○○월 ○○일

한올 여행사

과 선택관광 등을 명시하여야 한다. 지상수배 업무를 진행하면서 유의해야 될 사항은 다음과 같다.

❶ 기획여행의 경우 여행상품 담당자는 고객의 모집에 따라 사전에 판단하여 지상수배를 의뢰한다. 고객 모집이 완료된 후에 지상수배를 의뢰하면 호텔, 차량 등의 예약에 어려움이 있을 수도 있다.

❷ 희망여행의 경우 고객과의 계약 진행과정에 따라 미리 지상수배를 요청하여 업무를 원활하게 하여야 한다.

❸ 지상수배 완료 후 고객이 취소가 되면 호텔 등 취소수수료가 부가될 수도 있으니 유의하여야 한다.

❹ 지상수배 이후에도 여행참가 인원수가 변동될 수 있으니 취소에 따른 수수료가 적용되기 이전까지는 호텔 객실을 여유 있게 수배해 두는 것이 좋다.

❺ 최초 지상수배 이후에 변경되는 내용은 가급적 문서로 요청하는 것이 좋다.

4 지상수배 확정서

아웃바운드 여행사에서 요청한 지상수배 의뢰서에 의해 여행목적지의 인바운드 여행사에서 현지 수배를 완료한 후 이 결과를 문서로 통보해야 하는데, 이 문서를 지상수배 확정서(confirm sheet)라고 한다. 지상수배 확정서에는 정확한 인원수에 따른 1인당 지상비, 세부 일정, 호텔명과 객실 수, 세부 식사내용, 차량 크기, 쇼핑센터 방문, 가이드 이름과 연락처, 현지 비상연락처 등이 기재되어야 한다.

지상수배 확정서를 수신한 후에는 항공권의 비행스케줄과 일치 여부, 고객에게 통보된 일정표와 일치 여부를 반드시 확인하여야 한다.

지상수배 확정서

SKY TOUR

태국/필리핀/베트남/캄보디아 전문랜드

TEL) 070-5017-2500 /
FAX) 02-642-1992
MAIL) ddj2500@naver.com

수배 확정서				
상 품 명	태국 3박 5일		여행기간	2022년 6월 23일 ~ 2022년 6월 27일
여행인원	15+1FOC		여행지역	파타야/방콕
HOTEL	PTY	촐찬 호텔 8트윈		
포함사항	* 전 일정 가이드, 호텔, 차량, 식사, 관광지 입장료, * 관광지 : 왕궁, 새벽사원, 수상시장, 농눅빌리지, 알카자쇼, 전통안마 1시간, 산호섬, 악어농장, 파인애플농장 * 특 식 : MK수끼, 로열드래곤, 삼겹살, 씨푸드 * 특 전 : 알카자쇼, 전통안마(1시간) 체험			
불 포 함	* 항공료 및 Tax, 개인경비 및 매너팁, 선택관광, 여행자보험			
지 상 비	* 180.000원/1인			
REMARKS	* 쇼핑센터 : 라텍스, 휴게소, 보석 3회 * 객실은 2인 1실 기준이며, 싱글룸 사용 시 싱글차지가 발생합니다. * 차량은 대형버스를 이용합니다. * 가이드 : 홍길동 휴대폰 66863266081 　현지연락처 : 방콕 스카이 투어 07050172500			

일자	지역	교통편	시간	일정	식사
제1일	인천 방콕 파타야	OZ741 전용차량	22:05	한국 출발 → 방콕 향발 방콕 수완나폼 국제 공항 도착 ♡ 방콕공항 도착 후 BAGGAGE CLAIM 20번(20번 벨트) 앞 C번 출구로 나오셔서 왼편에서 미팅합니다. 가이드 미팅 후 파타야로 이동 호텔 체크인 및 호텔 투숙	기내식
제2일	방콕 파타야	전용차량	전일	호텔 조식 후 ◆ 백만년 나무화석과 어우러진 악어농장 　중식 후 ◆ 아시아 최대 규모의 정원인 농눅빌리지 　(코끼리쇼 관람) [특전1] 알카자쇼 관람 석식 후 호텔 투식 및 자유시간	조 : 호텔식 중 : MK수끼 석 : 한정식
제3일	파타야	전용차량 스피드보트	전일	호텔 조식 후 아름답고 깨끗한 바다가 펼쳐진 산호섬으로 이동하여 해변 자유 시간 및 해양스포츠 선택관광 (파라세일링, 제트스키, 씨워킹 등-선택관광) 중식 후 호텔로 이동 호텔 자유시간 [특전2] 전통안마 1시간 체험 석식 후 호텔 투숙 및 자유시간	조 : 호텔식 중 : 삼겹살 석 : 씨푸드
제4일	파타야 방콕	전용차량 선박	전일	호텔 조식 후 체크 아웃 ◆ 파인애플농장 방문 및 달콤한 파인애플 시식 　중식 후 　여행의 또 다른 즐거움 방콕 쇼핑 관광 ◆ 방콕 시내관광(왕궁, 새벽사원, 수상시장 등) 　석식 후 수완나폼 국제공항으로 이동	조 : 호텔식 중 : 로열 　드래곤 석 : 한정식
제5일	한국	OZ742	00:05 07:10	방콕 수완나폼 국제공항 출발 한국 도착	

★ 상기 일정은 항공 및 현지 사정에 의해 다소 변경될 수 있습니다.

5 예산 및 정산하기

　여행상품의 원가를 산출하여 판매가를 책정한 후 실제로 고객에게 판매가 이루어져 행사를 진행하려면 사전에 예산서를 작성해야 하며, 행사 후에는 결산서를 작성하여 수익과 세금을 산출하여야 한다. 예산서 및 정산서 작성방법과 실례는 다음과 같다.

❶ 상품 판매가에 고객 인원 수를 곱하여 입금액 합계를 산출한다.

❷ 항공료와 Tax에 고객 인원 수를 곱하여 항공료 합계를 산출한다. 이때 성인 15명 이상일 경우에는 1장의 무료항공권이 제공되는데 순수항공료만 무료이고 Tax는 지불하여야 한다. 무료항공권은 국외여행인솔자 동행 시 인솔자용으로 사용되며 인솔자 미동행 시에는 여행사의 수익이 증가된다.

❸ 지상수배 확정서에 의거하여 지상비에 고객 인원수를 곱하여 지상비 합계를 산출한다. 이때 국외여행인솔자는 확정서에 이미 무료처리가 되어 있으므로 이중으로 계산되지 않게 주의한다.

❹ 여행자보험료에 고객 인원 수를 곱하여 보험료 합계를 산출한다. 국외여행인솔자도 여행자 보험료는 지불해야 한다.

❺ 국외여행인솔자의 출장비를 산출한다. 출장비는 각 여행사마다 차이가 있으나 일반적으로 1일 3만원 정도 된다.

❻ 입금액 합계에서 항공료, 지상비, 여행자 보험료, 국외여행인솔자 출장비를 빼면 여행사의 수익이 산출된다. 산출된 수익의 10%는 부가가치세로 지출된다.

❼ 행사 후 정산서를 작성할 경우에는 현지 행사 도중에 발생된 추가 지출을 수익에서 빼주면 된다.

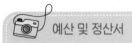

예산 및 정산서

단체행사(예산/결산) 보고서

상 품 명 : 방콕/파타야 5일
여행기간 : 2022년 10월 6일 ~ 10월 10일
출발인원 : 15 ADT + 1 T/C
인 솔 자 : 나인솔 판매가 : ₩ 800,000

담당	대리	과장	차장	부장	이사	사장

입 금 내 역				항 공 료			
성명	입금가	인원	합계	구간	항공료	인원	합계
나고객 외 14명	800,000	15	12,000,000	ICN/BKK/ICN	450,000	15	6,750,000
				Tax	58,000	15	870,000
				소 계			₩ 7,620,000

지 상 비 (환율)　　　　　　　US$1=₩1,200

거 래 처	내 역	인원	합 계
방콕스카이투어	180,000	15	2,700,000

총 계	₩12,000,000	소 계	₩2,700,000

항 공 수 익		기 타 비 용			
항공발권수수료	내 역	내 역	금 액	인원	합 계
	No Com.	여행자보험료	5,000	15	75,000

소 계	₩ 0	소 계	₩ 75,000
총 수 입	12,000,000	인 솔 자 비 용	
총 지 출	10,608,000	항 공 료	₩ 0
지 상 수 익	1,392,000	T a x	₩ 58,000
항 공 수 익	0	보 험 료	₩ 5,000
기 타	0	출 장 비	₩ 150,000
		기 타	
총 수 익	₩ 1,392,000	소 계	₩ 213,000
작 성 일	2016년 08월 25일	작 성 자	나오피 (인)

㈜ 한올여행사

NCS 기반
여행상품상담실무

Chapter 07

여행상품 계약

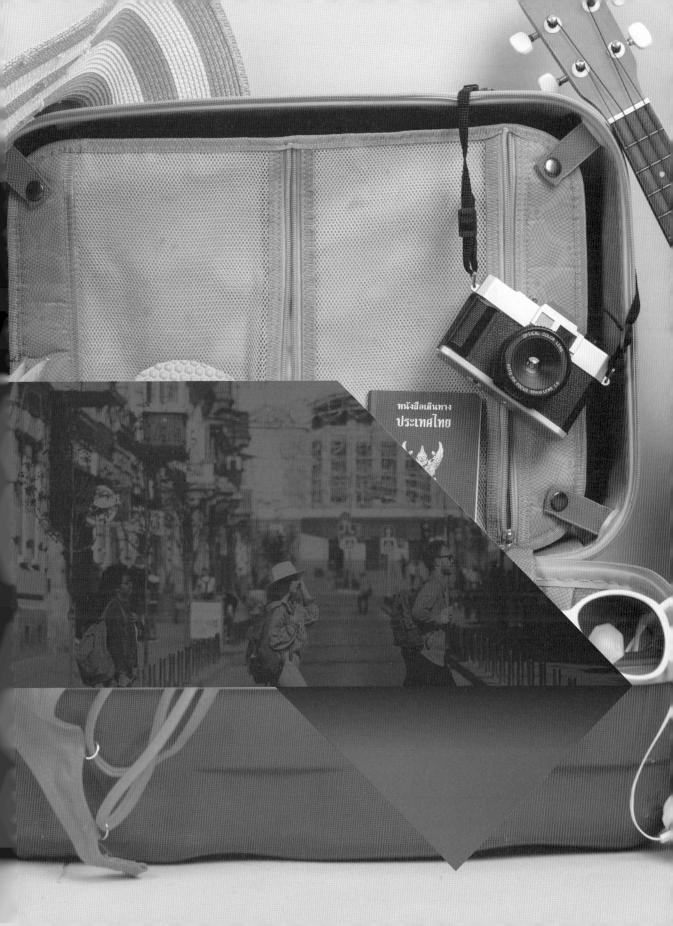

1. 계약 서류 작성하기

1 계약 기본 서류 작성하기

1) 여행계약서에 대한 이해

관광진흥법 제14조(여행계약 등) 제2항을 보면 '여행업자는 여행자와 여행계약을 체결하였을 때에는 그 서비스에 관한 내용을 적은 여행계약서(여행일정표 및 약관을 포함한다) 및 보험 가입 등을 증명할 수 있는 서류를 여행자에게 내주어야 한다.'라고 명시되어 있다. 또한 여행계약의 구성은 여행계약서와 여행약관 및 일정표(여행설명서)가 포함되어야 한다. 여행약관은 계약당사자 사이의 구체적인 책임과 의무가 명시되어 있으며 여행계약서는 객관적으로 작성되어야 한다.

현재 여행사에서 사용하는 계약서는 공정거래위원회에서 2014년 12월 19일 개정 승인한 국내·국외 표준여행약관과 계약서를 사용하고 있다.

🧭 여행일정표 표기사항

항목	내용
여행지역	해당 상품의 여행지역 및 국가 표기 ex) 국가 : 태국, 도시 : 푸껫
여행기간	여행의 기간 표기 ex. 2016년 8월 1일~8월 5일, 3박 5일
여행출발장소	여행의 출발장소를 표기 ex. 인천공항, 김해공항 등
여행금액	유류할증료, 제세공과금 등을 포함한 여행요금의 총액 표기
여행자 보험	사고 발생 시 보상 내용과 보험사 등을 표기

항목		내용
항공	이용 항공사	해당 상품에서 이용하게 될 항공사 표기
	이용숙박	이용하게 될 호텔의 명칭 표기
	식사	여행일정 중의 식사 이용에 대한 내용 표기
	현지 안내원	현지 안내원 유/무에 대한 내용 표기
현지	현지 교통편	현지에서 이용하게 될 교통편에 대한 내용 표기
	쇼핑	여행 중 방문하게 될 쇼핑센터의 종류와 방문 횟수 표기
	선택관광	일정 중 이용할 수 있는 선택관광에 대한 내용 표기
	현지 필수경비	현지에서 지불하게 될 필수여행경비 표기
불포함 사항		여행요금에 포함되어 있지 않은 내용 등을 표기 ex) 매너팁 등
기타 사항		보증보험 가입 여부 및 비자 발급 등의 내용 표기
최소 출발인원		해당 여행상품의 최소 출발여행인원 표기
현지 여행사 정보		현지 행사를 담당하는 현지 여행사에 대한 내용 표기

여행일정표에는 상기 표의 내용들이 포함되어야 한다.

2014년 3월 18일 여행자 보호를 위한 민법 일부가 개정되면서 민법에 여행 계약과 관련한 법 조문이 새롭게 신설되어 여행상품의 하자가 있는 경우 시정, 대금 감면, 계약해지를 요구 할 수 있게 되었다. 또한 2014년 7월 14일 '항공운임 총액, 유류할증료 등의 상품 표시·광고 고시' 개정안에 따라 현재 모든 여행사에서는 여행상품가격에 유류할증료를 포함한 총액으로 여행상품 요금을 고시하고 있다.

여행업체에서는 불의의 사고로부터 여행객과 여행사를 보호하고 안전한 여행 실현과 건강한 관광산업의 발전을 위해 보증보험 또는 여행공제회에 가입을 해야 하며 여행계약서에는 여행사의 보증보험 가입을 증명할 수 있는 내용이 포함 되어야 한다.

여업보증보험 가입금액 기준

(단위 : 천원)

직전 사업 연도 매출액 \ 여행업의 종류 (기획여행포함)	국내 여행업	국외 여행업	일반 여행업	국외 여행업의 기획여행	일반 여행업의 기획여행
1억원 미만	20,000	30,000	50,000	200,000	200,000
1억원 이상 5억원 미만	30,000	40,000	65,000		
5억원 이상 10억원 미만	45,000	55,000	85,000		
10억원 이상 50억 미만	85,000	100,000	150,000		
50억원 이상 100억원원 이상	140,000	180,000	250,000	300,000	300,000
100억원 이상 1,000억원 이상	450,000	750,000	1,000,000	500,000	500,000
1,000억원 이상	750,000	1,250,000	1,510,000	700,000	700,000

출처 : 한국관광협회중앙회

2) 여행계약서 작성

여행계약서 작성방법은 표준여행계약서 양식에 따라 작성하며 작성방법은 다음과 같다.

계약서 작성 방법

항목	작성방법
여행상품명	일정표상의 여행상품명 작성
여행기간	일정표상의 여행기간 입력 기내 박수와 현지 숙박일수를 구분하여 작성
보험 가입 등	여행사의 영업 보증보험 가입내용을 확인하고 작성
여행자 보험	보험회사명, 보험기간, 최대 보상금액 기준의 계약금액을 입력
여행인원	여행계약을 체결하는 인원, 즉 여행하는 고객의 인원
행사인원	해당상품의 최저~최대 인원을 입력한다.
여행지역	일정표에 자세한 내용이 있으므로 '일정표 참조'라고 작성
여행요금	1인 요금과 계약인원의 총액 금액을 입력한다. ex) 1인당 요금 × 여행인원 = 총액 입금 계좌번호는 회사 법인 통장의 계좌번호를 쓴다.
출발(도착) 일시 및 장소	
교통수단, 숙박시설	
식사 횟수, 여행인솔자	
현지 안내원, 현지 교통	일정표를 확인하고 작성
현지 여행사	
여행 요금 포함사항	
기타 사항	
비자 발급비	

국외여행계약서 양식은 다음과 같다.

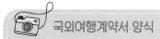
국외여행계약서 양식

국 외 여 행 계 약 서

(주)로이여행사와 여행자는 다음 조건으로(☑기획, ☐희망) 여행계약을 체결하고 계약서와 여행약관(계약서 이면첨부)· 여행일정표(또는 여행설명서)를 교부한다.

∗ 해당란에 기록하거나 ☑로 표기, ( )는 선택입니다.

여행상품명	[휴양] 푸켓 그레이스랜드 5일	여행기간	20 . 01. 01. ~ 20 . 01. 06. (3박 5일) (기내 숙박 1일 포함)		
보험가입 등	☑영업보증 ☐공제 ☐예치금, 계약금액: 30억원, 보험기간: 2015. 12. 01 ~ 2016.12.01 피보험자: (사)한국여행업협회				
여행자 보험	보험가입(☑여 ☐무), 보험회사 : ○○보험, 계약금액: 1억 원, 보험기간: 2016.01.01. ~ 2016.01.06까지 피보험자: 이건우				
여행인원	2 명	행사인원	최저: 2 명, 최대: 20 명	여행지역	∗ 여행 일정표 참조
여행요금	1인당:799,000원 총 액:1,598,000원 계좌번호 : 2123-21-2568550 ※영수증, 지로용지, 은행구좌 등은 여행사명이나 대표자명 일 때만 유효함		계약금:159,800원 ∗ 계약과 동시 납부 , (주)로이여행사	잔액 완납일: 2015.12.20 금액 1,438,200원	
출발(도착) 일시 및 장소	출발 : 01. 01. 18시 30분, 인천공항에서 도착 : 01. 06. 08시 30분, 인천공항에서		교통수단	항공기(일반석), 기차(등석) 선 박(등석), 기타 :	
숙박시설	☐관광호텔 : 등급 ☑일반호텔 ☐여관 ☐여인숙 ☐기타 , 1실 투숙인원 : 2명				
식사회수	☑일정표에 표시 / 조식( )회, 중식( )회, 석식( )회 ∗ 기내식포함				
여행인솔자	☐유 ☑무		현지안내원	☑유 ☐무	∗ 일정표참조
현지교통	☑버스(45)인승 ☐승용차 ☐기타		현지여행사	☑유 ☐무	∗ 일정표참조
여행경비에 포함된사항	필수포함 항목		기타선택항목		
	☑항공기, 선박, 철도등 운임 ☑숙박식사료 ☑안내자경비 ☑국내외 공항·항만세 ☑관광진흥개발기금 ☑제세금 ☑일정표내 관광지입장료 ※희망여행인 경우 해당란에 ☑로 표기		☐ 여권발급비 ☐ 비자발급비 ☐ 봉사료 ☐ 포터비 ☑ 여행보험료(최고한도액: 1억 원) ☑ 쇼 핑 ☐ 선택관광(※선택관광은 강요될 수 없으며 전적으로 여행자의 의사에 따른다) ☐ 기 타 ( )		
기타사항					

(주)로이여행사와 여행자는 위 계약내용과 약관을 상호 성실히 이행 및 준수할 것을 확인하며 아래와 같이 서명·날인하여 본 계약서를 작성합니다.
(본 계약이 체결됨과 동시에 약관설명의무를 다한 것으로 본다.)

∘ 본 계약과 관련한 다툼이 있을 경우 문화관광 부훈령에 의거하여 운영되는 여행불편처리센터(T.1588-8692) 또는, 여행사 본사 소재지 등록관청 기관장의 우선적 중재를 상호 요청할 수 있습니다.

작성일: 2022. 12. 15.

여행업자 상 호 : (주)로이여행사
　　　　　주 소 : 서울시 종로구 신문로1가
　　　　　대 표 자 : 이은민 (인) 전 화: (02)123-4567
　　　　　등록번호 : 152-82-1534 담당자: 오승현 (인)

대리판매 상 호 : (주)종아여행사
업자　　　주 소 : 서울시 중구 을지로1가
　　　　　대 표 자 : 김종만 (인) 전 화: (02)987-4567
　　　　　등록번호 : 152-82-1534 담당자: 이진우 (인)

여행자 성 명 : 이건우 (서명) 전 화 : 010-7894-1235
　　　　주 소 : 서울시 마포구 합정동 메세나폴리스

2 여행자 보험에 대한 이해

여행자 보험은 여행자가 여행 중에 발생할 수 있는 사망, 상해, 질병, 휴대품 손해 등에 대하여 보상을 해주는 것으로 여행을 기획하는 여행사에서 반드시 가입해야 하는 항목이다. 여행 중 사망, 상해, 질병, 휴대품 손해 등에 대하여 보상 내용에 따라 보상을 해주지만 본인 부주의로 인한 휴대품 분실/파손 사고 청구 시에는 보상이 불가하며 현금 및 유가증권(항공권, 우표 등), 신체보조장구(치아, 틀니, 콘택트렌즈 등)는 보상이 불가하다.

연령과 보장에 따른 예시

나이		만 0세~만 14세	만 15세~73세 5개월	79세 6개월~99세
상해	사망	부담보(無)	1억원	
	후유장애	최대 1억원(장애 등급에 따라 지급)		
	의료비	해외 발생 300만원 / 국내발생 입원의료실비 500만원		
	통원/조제비	국내 발생 외래의료실비(통원) 25만원(회당/45회 한정) / 조제 5만원(건당/45회 한정)		
질병	사망	부담보(無)	1,000만원	부담보(無)
	의료비	해외 발생 100만원 / 국내 발생 입원의료실비 100만원		
	통원/조제비	국내 발생 외래의료실비(통원) 25만원(회당/45회 한정) / 조제 5만원(건당/45회 한정)		
배상책임(면책 1만원)		100만원		
휴대품손해(면책 1만원)		50만원(1품목, 1조, 1쌍 최대 20만원)		
특별비용		200만원		

출처 : 동부화재 여행자 보험

보험 접수는 여행 종료일 다음 날부터 2년 이내 접수하여야 한다. 여행일정 종료 후 보험기간은 개별연장이 불가하며, 여행일정 종료 후 보험기간도 자동적으로 종료된다. 15세 미만과 79세 6개월 이상 및 임산부는 보상 불가 부분이 있어 확인 후 개별 보험 가입을 하는 것이 좋다.

상법 제732조에 따라 15세 미만자, 심신상실자 또는 심신박약자의 사망을 보험사고로 한 보험계약은 무효가 된다. 여행자 보험은 실손실 보상 보험으로 보상한도 안에서 심사 지급되며 타 보험사와 중복 가입 시 비례보상되는 부분이 있다. 보험금은 보험한도 내에서 지급되며 본인부담금을 공제 후 지급된다.

국내 병원에서 입원치료를 할 경우에는 10~20%를 공제하며, 국내 병원에서 통원치료를 할 경우 의원은 1만원, 종합병원, 한방병원 등은 1만 5천원을 종합전문요양기관, 상급 종합병원은 2만원의 본인부담금이 1일 1회당 부담을 해야 한다. 진료와 무관한 제 비용(제 증명료, 의료보조기구 구입비)이나 입원 및 국내 통원 치료 시 치과치료, 한방치료에서 발생한 비급여 의료비는 보상되지 않는다.

진료기관 방문 시 발생되는 통원비용 및 업무 손실비용 등에 대해서는 보상이 되지 않으며, 교통사고 등 국민건강보험공단의 적용을 받지 못하는 경우 치료비의 40% 이내에서 보상 지급된다. 상해사고로 인한 장애 판정은 사고일로부터

🧭 **본인부담금 예시**

항목	본인 부담금	비고
국내 발생 입원의료실비 (상해, 질병)	10%(단, 동부화재 20%)	
국내 발생 외래의료실비 (상해, 질병)	1. 의원 – 1만원 2. 종합병원, 병원, 한방병원 등 – 1만 5천원 3. 종합전문요양기관, 상급종합병원 – 2만원	1일, 1회당
국내 발생 처방조제의료실비 (상해, 질병)	8천원	1일, 1회당

출처 : 동부화재 여행자 보험

6개월 이후 대학병원급의 의료기관에서 후유장애를 진단받아야 하며 여행자 보험은 여행기간 내에 발생하는 사고에 대해 보장을 하고 기존 병력으로 인해 여행기간 중 발생되는 사고에 대해서는 보상하지 않는다. 이에 여행상담사는 보험에 대한 내용을 고객에게 성실하게 설명을 해줘야 한다. 여행자 보험료는 여행사별 그리고 보험회사별로 상이하다.

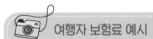

여행자 보험료 예시

				(예시: 남, 40세 기준)	(남, 10세기준)	(남, 75세 기준)
보험료	2일	2,240	1,160	600	390	2,430
	3일	2,800	1,460	750	490	3,030
	4일	3,920	2,040	1,050	690	4,250
	5일	4,480	2,330	1,200	790	4,860
	6일	5,040	2,630	1,350	880	5,460
	7일	5,600	2,920	1,500	980	6,070
	10일	6,160	3,210	1,650	1,080	6,680
	14일	7,280	3,800	1,950	1,280	7,900
	17일	7,840	4,090	2,100	1,380	8,500
	21일	8,960	4,670	2,400	1,580	9,720
	24일	9,520	4,960	2,550	1,670	10,330
	27일	10,640	5,550	2,850	1,870	11,540
	1개월	11,200	5,840	3,000	1,970	12,150
	45일	13,440	7,010	3,600	2,370	14,580
	2개월	16,810	8,770	4,500	3,960	18,230
	3개월	22,410	11,690	6,000	3,950	24,300

손해보험협회 심의필제2014-1475호(2014.6.9)
※ 개인별 확정보험료는 나이, 성별에따라 차이가 있습니다.
※ 외교부가 전쟁이나 내란, 질병등으로 '여행금지국가'로 지정한 국가는 보험가입을 할수 없습니다.
(왼쪽 질병관리센터와 외교통상부 배너참고)

출처 : 동부화재 해외여행자보험

③ 여행약관에 대한 이해

여행약관은 공정거래위원회에서 2014년 12월에 개정되었으며, 국내여행 표준약관과 국외여행 표준약관 두 가지로 구분된다. 여행약관의 목적은 여행사와 여행자가 체결한 세부 이행 및 준수사항을 정하는 것을 목적으로 한다.

여행업자는 여행자에게 안전하고 만족스러운 여행서비스를 제공하기 위하여 약관에서 정하는 바에 따라 맡은 바 업무를 충실히 수행하여야 하며 여행자는 안전하고 즐거운 여행을 위하여 여행자 간 화합 도모 및 여행업자의 여행질서 유지에 적극 협조하여야 한다.

1) 국내여행 표준약관

제1조(목적) 이 약관은 ○○여행사와 여행자가 체결한 국내여행계약의 세부이행 및 준수사항을 정함을 목적으로 합니다.

제2조(여행업자와 여행자 의무) ① 여행업자는 여행자에게 안전하고 만족스러운 여행서비스를 제공하기 위하여 여행알선 및 안내·운송·숙박 등 여행계획의 수립 및 실행과정에서 맡은 바 임무를 충실히 수행하여야 합니다.

② 여행자는 안전하고 즐거운 여행을 위하여 여행자 간 화합 도모 및 여행업자의 여행질서 유지에 적극 협조하여야 합니다.

제3조(여행의 종류 및 정의) 여행의 종류와 정의는 다음과 같습니다.

1. 희망여행 : 여행자가 희망하는 여행조건에 따라 여행업자가 실시하는 여행

2. 일반모집여행 : 여행업자가 수립한 여행조건에 따라 여행자를 모집하여 실시하는 여행

3. 위탁모집여행 : 여행업자가 만든 모집여행상품의 여행자 모집을 타 여행업체에 위탁하여 실시하는 여행

제4조(계약의 구성) ① 여행계약은 여행계약서(붙임)와 여행약관·여행일정표(또는 여행설명서)를 계약내용으로 합니다.

② 여행일정표(또는 여행설명서)에는 여행일자별 여행지와 관광내용·교통

수단·쇼핑횟수·숙박장소·식사 등 여행실시일정 및 여행사 제공 서비스 내용과 여행자 유의사항이 포함되어야 합니다.

제5조(특약) 여행업자와 여행자는 관계법규에 위반되지 않는 범위 내에서 서면으로 특약을 맺을 수 있습니다. 이 경우 표준약관과 다름을 여행업자는 여행자에게 설명하여야 합니다.

제6조(계약서 및 약관 등 교부) 여행업자는 여행자와 여행계약을 체결한 경우 계약서와 여행약관, 여행일정표(또는 여행설명서)를 각 1부씩 여행자에게 교부하여야 합니다.

제7조(계약서 및 약관 등 교부 간주) 다음 각 호의 경우에는 여행업자가 여행자에게 여행계약서와 여행약관 및 여행일정표(또는 여행설명서)가 교부된 것으로 간주합니다.

1. 여행자가 인터넷 등 전자정보망으로 제공된 여행계약서, 약관 및 여행일정표(또는 여행설명서)의 내용에 동의하고 여행계약의 체결을 신청한 데 대해 여행업자가 전자정보망 내지 기계적 장치 등을 이용하여 여행자에게 승낙의 의사를 통지한 경우

2. 여행업자가 팩시밀리 등 기계적 장치를 이용하여 제공한 여행계약서, 약관 및 여행일정표(또는 여행설명서)의 내용에 대하여 여행자가 동의하고 여행계약의 체결을 신청하는 서면을 송부한 데 대해 여행업자가 전자정보망 내지 기계적 장치 등을 이용하여 여행자에게 승낙의 의사를 통지한 경우

제8조(여행업자의 책임) ① 여행업자는 여행 출발 시부터 도착 시까지 여행업자 본인 또는 그 고용인, 현지여행업자 또는 그 고용인 등(이하 '사용인'이라 함)이 제2조 제1항에서 규정한 여행업자 임무와 관련하여 여행자에게 고의 또는 과실로 손해를 가한 경우 책임을 집니다.

② 여행업자는 항공기, 기차, 선박 등 교통기관의 연발착 또는 교통체증 등으로 인하여 여행자가 입은 손해를 배상하여야 합니다. 단 여행업자가 고의 또는 과실이 없음을 입증한 때에는 그러하지 아니합니다.

③ 여행업자는 자기나 그 사용인이 여행자의 수화물 수령·인도·보관 등에

관하여 주의를 해태하지 아니하였음을 증명하지 아니하는 한 여행자의 수화물 멸실, 훼손 또는 연착으로 인하여 발생한 손해를 배상하여야 합니다.

제9조(최저 행사인원 미충족 시 계약해제) ① 여행업자는 최저 행사인원이 충족되지 아니하여 여행계약을 해제하는 경우 당일여행의 경우 여행출발 24시간 이전까지, 1박 2일 이상인 경우에는 여행출발 48시간 이전까지 여행자에게 통지하여야 합니다.

② 여행업자가 여행참가자 수의 미달로 전항의 기일 내 통지를 하지 아니하고 계약을 해제하는 경우 이미 지급받은 계약금 환급 외에 계약금 100% 상당액을 여행자에게 배상하여야 합니다.

제10조(계약체결 거절) 여행업자는 여행자에게 다음 각 호의 1에 해당하는 사유가 있을 경우에는 여행자와의 계약체결을 거절할 수 있습니다.

    1. 다른 여행자에게 폐를 끼치거나 여행의 원활한 실시에 지장이 있다고 인정될 때

    2. 질병 기타 사유로 여행이 어렵다고 인정될 때

    3. 계약서에 명시한 최대 행사인원이 초과되었을 때

제11조(여행요금) ① 기본요금에는 다음 각 호가 포함됩니다. 단, 희망여행은 당사자 간 합의에 따릅니다.

    1. 항공기, 선박, 철도 등 이용운송기관의 운임(보통운임 기준)

    2. 공항, 역, 부두와 호텔 사이 등 송영버스요금

    3. 숙박요금 및 식사요금

    4. 안내자경비

    5. 여행 중 필요한 각종 세금

    6. 국내 공항·항만 이용료

    7. 일정표 내 관광지 입장료

    8. 기타 개별계약에 따른 비용

② 여행자는 계약 체결 시 계약금(여행요금 중 10% 이하의 금액)을 여행업자에게 지급하여야 하며, 계약금은 여행요금 또는 손해배상액의 전부 또는 일부로 취급합니다.

③ 여행자는 제1항의 여행요금 중 계약금을 제외한 잔금을 여행출발 전일까지 여행업자에게 지급하여야 합니다.

④ 여행자는 제1항의 여행요금을 여행업자가 지정한 방법(지로구좌, 무통장입금 등)으로 지급하여야 합니다.

⑤ 희망여행요금에 여행자 보험료가 포함되는 경우 여행업자는 보험회사명, 보상내용 등을 여행자에게 설명하여야 합니다.

제12조(여행조건의 변경요건 및 요금 등의 정산) ① 위 제1조 내지 제11조의 여행조건은 다음 각 호의 1의 경우에 한하여 변경될 수 있습니다.

1. 여행자의 안전과 보호를 위하여 여행자의 요청 또는 현지사정에 의하여 부득이하다고 쌍방이 합의한 경우

2. 천재지변, 전란, 정부의 명령, 운송·숙박기관 등의 파업·휴업 등으로 여행의 목적을 달성할 수 없는 경우

② 제1항의 여행조건 변경으로 인하여 제11조 제1항의 여행요금에 증감이 생기는 경우에는 여행출발 전 변경 분은 여행출발 이전에, 여행 중 변경 분은 여행종료 후 10일 이내에 각각 정산(환급)하여야 합니다.

③ 제1항의 규정에 의하지 아니하고 여행조건이 변경되거나 제13조 또는 제14조의 규정에 의한 계약의 해제·해지로 인하여 손해배상액이 발생한 경우에는 여행출발 전 발생 분은 여행출발 이전에, 여행 중 발생 분은 여행 종료 후 10일 이내에 각각 정산(환급)하여야 합니다.

④ 여행자는 여행출발 후 자기의 사정으로 숙박, 식사, 관광 등 여행요금에 포함된 서비스를 제공받지 못한 경우 여행업자에게 그에 상응하는 요금의 환급을 청구할 수 없습니다. 단, 여행이 중도에 종료된 경우에는 제14조에 준하여 처리합니다.

제13조(여행출발 전 계약해제) ① 여행업자 또는 여행자는 여행출발 전 이 여행계약을 해제할 수 있습니다. 이 경우 발생하는 손해액은 '소비자피해보상규정'(재정경제부 고시)에 따라 배상합니다.

② 여행업자 또는 여행자는 여행출발 전에 다음 각 호의 1에 해당하는 사유가 있는 경우 상대방에게 제1항의 손해배상액을 지급하지 아니하고 이 여행

계약을 해제할 수 있습니다.

1. 여행업자가 해제할 수 있는 경우

　　가. 제12조 제1항 제1호 및 제2호 사유의 경우

　　나. 여행자가 다른 여행자에게 폐를 끼치거나 여행의 원활한 실시에 현저한 지장이 있다고 인정될 때

　　다. 질병 등 여행자의 신체에 이상이 발생하여 여행에의 참가가 불가능한 경우

　　라. 여행자가 계약서에 기재된 기일까지 여행요금을 지급하지 아니하는 경우

2. 여행자가 해제할 수 있는 경우

　　가. 제12조 제1항 제1호 및 제2호 사유의 경우

　　나. 여행자의 3촌 이내 친족이 사망한 경우

　　다. 질병 등 여행자의 신체에 이상이 발생하여 여행에의 참가가 불가능한 경우

　　라. 배우자 또는 직계존비속이 신체이상으로 3일 이상 병원(의원)에 입원하여 여행 출발 시까지 퇴원이 곤란한 경우 그 배우자 또는 보호자 1인

　　마. 여행업자의 귀책사유로 계약서에 기재된 여행일정대로의 여행실시가 불가능해진 경우

제14조(여행출발 후 계약해지) ① 여행업자 또는 여행자는 여행출발 후 부득이한 사유가 있는 경우 이 계약을 해지할 수 있습니다. 단, 이로 인하여 상대방이 입은 손해를 배상하여야 합니다.

② 제1항의 규정에 의하여 계약이 해지된 경우 여행업자는 여행자가 귀가하는 데 필요한 사항을 협조하여야 하며, 이에 필요한 비용으로서 여행업자의 귀책사유에 의하지 아니한 것은 여행자가 부담합니다.

제15조(여행의 시작과 종료) 여행의 시작은 출발하는 시점부터 시작하며 여행일정이 종료하여 최종목적지에 도착함과 동시에 종료합니다. 다만, 계약 및 일정을 변경할 때에는 예외로 합니다.

제16조(설명의무) 여행업자는 이 약관에 정하여져 있는 중요한 내용 및 그 변경 사항을 여행자가 이해할 수 있도록 설명하여야 합니다.

제17조(보험가입 등) 여행업자는 여행과 관련하여 여행자에게 손해가 발생 한 경우 여행자에게 보험금을 지급하기 위한 보험 또는 공제에 가입하거나 영업보증금을 예치하여야 합니다.

제18조(기타사항) ① 이 계약에 명시되지 아니한 사항 또는 이 계약의 해석에 관하여 다툼이 있는 경우에는 여행업자와 여행자가 합의하여 결정하되, 합의가 이루어지지 아니한 경우에는 관계법령 및 일반관례에 따릅니다.

② 특수지역에의 여행으로서 정당한 사유가 있는 경우에는 약관의 내용과 다르게 정할 수 있습니다.

2) 국외여행 표준약관

제1조(목적) 이 약관은 ○○여행사와 여행자가 체결한 국외여행계약의 세부 이행 및 준수사항을 정함을 목적으로 합니다.

제2조(여행업자와 여행자 의무) ① 여행업자는 여행자에게 안전하고 만족스러운 여행서비스를 제공하기 위하여 여행알선 및 안내·운송·숙박 등 여행계획의 수립 및 실행과정에서 맡은 바 임무를 충실히 수행하여야 합니다.

② 여행자는 안전하고 즐거운 여행을 위하여 여행자 간 화합 도모 및 여행업자의 여행질서 유지에 적극 협조하여야 합니다.

제1조 목적에서는 표준여행약관의 목적이 명시되어 있고, 제2조에는 여행사와 여행자의 상호 간의 의무를 명시하고 있다.

제3조(용어의 정의) 여행의 종류 및 정의, 해외여행수속대행업의 정의는 다음과 같습니다.

1. 기획여행 : 여행업자가 미리 여행목적지 및 관광일정, 여행자에게 제공될 운

송 및 숙식서비스 내용(이하 '여행서비스'라 함), 여행요금을 정하여 광고 또는 기타 방법으로 여행자를 모집하여 실시하는 여행
2. 희망여행 : 여행자(개인 또는 단체)가 희망하는 여행조건에 따라 여행업자가 운송·숙식·관광 등 여행에 관한 전반적인 계획을 수립하여 실시하는 여행
3. 해외여행 수속대행(이하 '수속대행계약'이라 함) : 여행업자가 여행자로부터 소정의 수속대행요금을 받기로 약정하고, 여행자의 위탁에 따라 다음에 열거하는 업무(이하 '수속대행업무'라함)를 대행하는 것
   1) 여권, 사증, 재입국 허가 및 각종 증명서 취득에 관한 수속
   2) 출입국 수속서류 작성 및 기타 관련업무

제3조 용어의 정의 중 '1.기획여행'이라 함은 여행업자가 상품을 미리 만들어 놓고 판매하는 상품으로 여행업계에서는 통상적으로 '패키지여행', '에어텔' 상품을 말한다.

'2.희망여행'이라 함은 패키지 상품처럼 여행사에서 미리 상품을 만들어 놓고 판매하는 것이 아닌 고객의 요청에 의하여 여행사가 고객이 원하는 여행일정으로 만든 상품을 말한다.

통상 여행업계에서는 인센티브 투어라고 하며 주로 희망여행을 요청하는 고객층은 학교단체, 기관 및 기업들이 있다.

제4조(계약의 구성) ① 여행계약은 여행계약서(붙임)와 여행약관·여행일정표(또는 여행 설명서)를 계약내용으로 합니다.
② 여행일정표(또는 여행설명서)에는 여행일자별 여행지와 관광내용·교통수단·쇼핑횟수·숙박장소·식사 등 여행실시일정 및 여행사 제공 서비스 내용과 여행자 유의사항이 포함되어야 합니다.

계약의 구성은 여행업자가 여행고객에게 계약의 내용으로써 제공해야 될 항목들을 명시하고 있다. 이에 여행업자는 고객과 여행상품 계약을 체결할 때에는 제4조의 내용을 잘 확인하여야 한다.

> 제5조(특약) 여행업자와 여행자는 관계법규에 위반되지 않는 범위 내에서 서면으로 특약을 맺을 수 있습니다. 이 경우 표준약관과 다름을 여행업자는 여행자에게 설명해야 합니다.

특약에 대한 규정으로서 여행상품의 특수성(항공권 및 호텔 객실의 선구매 등)이 있는 경우 고객과 합의하여 특별약관을 적용할 수 있다는 내용이다. 예를 들어, 여행사에서 항공권 및 호텔 객실을 선구매하여 여행상품을 만들어 판매하는 경우가 있다. 이러한 상품들은 고객에게 상황을 안내하고 여행상품을 계약 후 취소 시 특별약관에 의거하여 일반 취소료가 아닌 특별약관의 취소료가 부과된다는 것이다.

> 제6조(계약서 및 약관 등 교부) 여행업자는 여행자와 여행계약을 체결한 경우 계약서와 여행약관, 여행일정표(또는 여행설명서)를 각 1부씩 여행자에게 교부하여야 합니다.

제6조는 고객에게 여행가는 여행지역의 안전정보를 제공해야 함을 명시해 놓은 사항이다. 여행상품상담사는 고객에게 여행상품의 지역의 안전정보를 제공해야 한다.

> 제7조(계약서 및 약관 등 교부 간주) 여행업자와 여행자는 다음 각 호의 경우 여행계약서와 여행약관 및 여행일정표(또는 여행설명서)가 교부된 것으로 간주합니다.
> 1. 여행자가 인터넷 등 전자정보망으로 제공된 여행계약서, 약관 및 여행일정표(또는 여행설명서)의 내용에 동의하고 여행계약의 체결을 신청한 데 대해 여행업자가 전자정보망 내지 기계적 장치 등을 이용하여 여행자에게 승낙의 의사를 통지한 경우

2. 여행업자가 팩시밀리 등 기계적 장치를 이용하여 제공한 여행계약서, 약관 및 여행일정표(또는 여행설명서)의 내용에 대하여 여행자가 동의하고 여행계약의 체결을 신청하는 서면을 송부한 데 대해 여행업자가 전자정보망 내지 기계적 장치 등을 이용하여 여행자에게 승낙의 의사를 통지한 경우

계약서는 서면으로 주고 받는 것이 일반적이었으나 최근 인터넷의 발달 그리고 스마트폰 사용 인원의 증가로 인하여 메일, 팩스, SMS로 계약서를 주고 받을 수 있다.

제8조(여행업자의 책임) 여행업자는 여행 출발 시부터 도착 시까지 여행업자 본인 또는 그 고용인, 현지여행업자 또는 그 고용인 등(이하 '사용인'이라 함)이 제2조 제1항에서 규정한 여행업자 임무와 관련하여 여행자에게 고의 또는 과실로 손해를 가한 경우 책임을 집니다.

제9조(최저 행사인원 미충족 시 계약해제) ① 여행업자는 최저 행사인원이 충족되지 아니하여 여행계약을 해제하는 경우 여행출발 7일 전까지 여행자에게 통지하여야 합니다.

② 여행업자가 여행참가자 수 미달로 전항의 기일 내 통지를 하지 아니하고 계약을 해제하는 경우 이미 지급받은 계약금 환급 외에 다음 각 목의 1의 금액을 여행자에게 배상하여야 합니다.

가. 여행출발 1일 전까지 통지 시 : 여행요금의 30%

나. 여행출발 당일 통지 시 : 여행요금의 50%

패키지 여행은 최소출발 인원이라는 사항이 있기 때문에 최소 출발인원이 모집이 되지 않았을 경우 약관에 정한 바에 따라 고객에게 알려줘야 한다. 그렇기 때문에 여행상품상담사는 각 여행상품별 최소 출발인원에 대한 정보를 알고 있어야 한다.

제10조(계약체결 거절) 여행업자는 여행자에게 다음 각 호의 1에 해당하는 사유가 있을 경우에는 여행자와의 계약체결을 거절할 수 있습니다.

1. 다른 여행자에게 폐를 끼치거나 여행의 원활한 실시에 지장이 있다고 인정될 때
2. 질병 기타 사유로 여행이 어렵다고 인정될 때
3. 계약서에 명시한 최대 행사인원이 초과되었을 때

여행사는 원활한 행사진행이 어려운 고객에 한하여 계약체결을 거절할 수 있다는 조항이다. 여행상품상담사는 고객상담 시 원활한 행사진행이 가능한 고객인가 잘 판단을 해야 한다.

제11조(여행요금) ① 여행계약서의 여행요금에는 다음 각 호가 포함됩니다. 단, 희망여행은 당사자 간 합의에 따릅니다.

1. 항공기, 선박, 철도 등 이용운송기관의 운임(보통운임 기준)
2. 공항, 역, 부두와 호텔사이 등 송영버스요금
3. 숙박요금 및 식사요금
4. 안내자경비
5. 여행 중 필요한 각종 세금
6. 국내외 공항·항만세
7. 관광진흥개발기금
8. 일정표 내 관광지 입장료
9. 기타 개별계약에 따른 비용

② 여행자는 계약 체결 시 계약금(여행요금 중 10% 이하 금액)을 여행업자에게 지급하여야 하며, 계약금은 여행요금 또는 손해배상액의 전부 또는 일부로 취급합니다.

③ 여행자는 제1항의 여행요금 중 계약금을 제외한 잔금을 여행출발 7일 전까지 여행업자에게 지급하여야 합니다.

④ 여행자는 제1항의 여행요금을 여행업자가 지정한 방법(지로구좌, 무통장입금 등)으로 지급하여야 합니다.

⑤ 희망여행요금에 여행자 보험료가 포함되는 경우 여행업자는 보험회사명, 보상내용 등을 여행자에게 설명하여야 합니다.

제12조(여행요금의 변경) ① 국외여행을 실시함에 있어서 이용운송·숙박기관에 지급하여야 할 요금이 계약 체결 시보다 5% 이상 증감하거나 여행요금에 적용된 외화환율이 계약 체결 시보다 2% 이상 증감한 경우 여행업자 또는 여행자는 그 증감된 금액 범위 내에서 여행요금의 증감을 상대방에게 청구할 수 있습니다.

② 여행업자는 제1항의 규정에 따라 여행요금을 증액하였을 때에는 여행출발일 15일 전에 여행자에게 통지하여야 합니다.

제13조(여행조건의 변경요건 및 요금 등의 정산) ① 위 제1조 내지 제12조의 여행조건은 다음 각 호의 1의 경우에 한하여 변경될 수 있습니다.

1. 여행자의 안전과 보호를 위하여 여행자의 요청 또는 현지사정에 의하여 부득이하다고 쌍방이 합의한 경우

2. 천재지변, 전란, 정부의 명령, 운송·숙박기관 등의 파업·휴업 등으로 여행의 목적을 달성할 수 없는 경우

② 제1항의 여행조건 변경 및 제12조의 여행요금 변경으로 인하여 제11조제1항의 여행요금에 증감이 생기는 경우에는 여행출발 전 변경 분은 여행출발 이전에, 여행 중 변경 분은 여행종료 후 10일 이내에 각각 정산(환급)하여야 합니다.

③ 제1항의 규정에 의하지 아니하고 여행조건이 변경되거나 제14조 또는 제15조의 규정에 의한 계약의 해제·해지로 인하여 손해배상액이 발생한 경우에는 여행출발 전 발생 분은 여행출발 이전에, 여행 중 발생 분은 여행종료 후 10일 이내에 각각 정산(환급)하여야 합니다.

④ 여행자는 여행출발 후 자기의 사정으로 숙박, 식사, 관광 등 여행요금에 포함된 서비스를 제공받지 못한 경우 여행업자에게 그에 상응하는 요금의 환급을 청구할 수 없습니다. 단, 여행이 중도에 종료된 경우에는 제16조에 준하여 처리합니다.

제14조(손해배상) ① 여행업자는 현지여행업자 등의 고의 또는 과실로 여행자에게 손해를 가한 경우 여행업자는 여행자에게 손해를 배상하여야 합니다.

② 여행업자의 귀책사유로 여행자의 국외여행에 필요한 여권, 사증, 재입국 허가 또는 각종 증명서 등을 취득하지 못하여 여행자의 여행일정에 차질이 생긴 경우 여행업자는 여행자로부터 절차대행을 위하여 받은 금액 전부 및 그 금액의 100% 상당액을 여행자에게 배상하여야 합니다.

③ 여행업자는 항공기, 기차, 선박 등 교통기관의 연발착 또는 교통체증 등으로 인하여 여행자가 입은 손해를 배상하여야 합니다. 단, 여행업자가 고의 또는 과실이 없음을 입증한 때에는 그러하지 아니합니다.

④ 여행업자는 자기나 그 사용인이 여행자의 수하물 수령, 인도, 보관 등에 관하여 주의를 해태(懈怠)하지 아니하였음을 증명하지 아니하면 여행자의 수하물 멸실, 훼손 또는 연착으로 인한 손해를 배상할 책임을 면하지 못합니다.

제15조(여행출발 전 계약해제) ① 여행업자 또는 여행자는 여행출발 전 이 여행계약을 해제할 수 있습니다. 이 경우 발생하는 손해액은 '소비자피해보상규정'(재정경제부 고시)에 따라 배상합니다.

② 여행업자 또는 여행자는 여행출발 전에 다음 각 호의 1에 해당하는 사유가 있는 경우 상대방에게 제1항의 손해배상액을 지급하지 아니하고 이 여행계약을 해제할 수 있습니다.

1. 여행업자가 해제할 수 있는 경우

　　가. 제13조 제1항 제1호 및 제2호 사유의 경우

나. 다른 여행자에게 폐를 끼치거나 여행의 원활한 실시에 현저한 지장이 있
　　다고 인정될 때

다. 질병 등 여행자의 신체에 이상이 발생하여 여행에의 참가가 불가능한 경우

라. 여행자가 계약서에 기재된 기일까지 여행요금을 납입하지 아니한 경우

2. 여행자가 해제할 수 있는 경우

가. 제13조 제1항 제1호 및 제2호의 사유가 있는 경우

나. 여행자의 3촌 이내 친족이 사망한 경우

다. 질병 등 여행자의 신체에 이상이 발생하여 여행에의 참가가 불가능한 경우

라. 배우자 또는 직계존비속이 신체이상으로 3일 이상 병원(의원)에 입원하
　　여 여행 출발 전까지 퇴원이 곤란한 경우 그 배우자 또는 보호자 1인

마. 여행업자의 귀책사유로 계약서 또는 여행일정표(여행설명서)에 기재된
　　여행일정대로의 여행실시가 불가능해진 경우

바. 제12조 제1항의 규정에 의한 여행요금의 증액으로 인하여 여행 계속이 어
　　렵다고 인정될 경우

　여행상품의 계약을 해제할 수 있는 사항으로 여행상품상담사는 제15조의 내용
을 잘 숙지하고 있어야 한다.

제16조(여행출발 후 계약해지) ① 여행업자 또는 여행자는 여행출발 후 부득이한
사유가 있는 경우 이 여행계약을 해지할 수 있습니다. 단, 이로 인하여 상대방이
입은 손해를 배상하여야 합니다.
② 제1항의 규정에 의하여 계약이 해지된 경우 여행업자는 여행자가 귀국하는
데 필요한 사항을 협조하여야 하며, 이에 필요한 비용으로서 여행업자의 귀책
사유에 의하지 아니한 것은 여행자가 부담합니다.

제17조(여행의 시작과 종료) 여행의 시작은 탑승수속(선박인 경우 승선수속)을 마친 시점으로 하며, 여행의 종료는 여행자가 입국장 보세구역을 벗어나는 시점으로 합니다. 단, 계약내용상 국내이동이 있을 경우에는 최초 출발지에서 이용하는 운송수단의 출발시각과 도착시각으로 합니다.

국외여행의 시작과 종료는 국제공항 또는 국제항구에서 시작하고 끝이 난다는 것을 의미한다.

제18조(설명의무) 여행업자는 계약서에 정하여져 있는 중요한 내용 및 그 변경사항을 여행자가 이해할 수 있도록 설명하여야 합니다.

여행상품상담사는 고객에게 여행에 관한 정보에 대하여 성실하게 설명할 의무가 있다. 만약 설명의 의무를 성실히 이행하지 않아 고객이 손해가 발생하면 여행사에서 배상을 해야 하기 때문에 여행상품상담사는 고객과 상담을 할 때에는 신중을 기해야 한다.

제19조(보험가입 등) 여행업자는 이 여행과 관련하여 여행자에게 손해가 발생한 경우 여행자에게 보험금을 지급하기 위한 보험 또는 공제에 가입하거나 영업보증금을 예치하여야 합니다.

제20조(기타사항) ① 이 계약에 명시되지 아니한 사항 또는 이 계약의 해석에 관하여 다툼이 있는 경우에는 여행업자 또는 여행자가 합의하여 결정하되, 합의가 이루어지지 아니한 경우에는 관계법령 및 일반관례에 따릅니다.
② 특수지역에의 여행으로서 정당한 사유가 있는 경우에는 이 표준약관의 내용과 달리 정할 수 있습니다.

여행업자는 여행자와 여행계약을 체결한 경우 계약서와 여행약관, 여행일정표를 각 1부씩 여행자에게 교부하여야 하고 여행자, 대리판매업자, 여행업자가 각각 보관하여야 한다.

제공받지 못한 경우 여행업자에게 그에 상응하는 요금의 환급을 청구할 수 없다. 단, 여행이 중도에 종료된 경우에는 여행자와 여행업자 간의 입은 손해에 대하여 판단하고 배상한다.

3) 취소료 규정

여행출발 전 여행자가 계약을 해제하는 경우 다음과 같은 취소료가 부과되며 고객은 예약취소와 관련하여 취소수수료 부가내역에 대한 구체적인 증빙과 설명을 여행사에 요구할 수 있고 여행사는 관련 설명과 증빙을 제시하고 취소수수료 규정과 차액이 있는 경우 이를 환급하여야 한다.

🕐 취소료 규정 예시

기간	내용
여행출발일 30일 전까지 취소 요청 시	계약금 환급
여행출발일 29~20일 전까지 취소 요청 시	여행요금의 10% 배상
여행출발일 19~10일 전까지 취소 요청 시	여행요금의 15% 배상
여행출발일 9~8일 전까지 취소 요청 시	여행요금의 20% 배상
여행출발일 7~1일 전까지 취소 요청 시	여행요금의 30% 배상
당일 취소 통보 시	여행요금의 50% 배상

2. 계약 체결하기

계약에 따른 주의사항 안내하기

여행상품을 계약 체결할 때에는 고객에게 여행상품의 특징에 대해 설명을 해 주어야 하며 주의사항에 대하여 설명을 해야 한다.

1) 여권의 이상 유/무 확인

계약 시 여권상의 영문이름과 여행상품 계약할 때의 영문이름이 동일하여야 하며 여권 만료일은 반드시 6개월 이상 남아 있어야 한다. 여권 만료일이 출발일 기준 6개월 이상 남아 있지 않으면 출국이 불가할 수 있으므로 여행상담사는 반드시 여권의 만료일이 출발일 기준 6개월 이상 남아 있는지 확인을 하여야 한다.

2) 일정표상의 일정변경 유/무에 대한 고지

여행사는 일정표상의 일정으로 행사를 진행하여야 하지만 현지 사정(천재지변, 테러 등)에 따라 일정이 변경될 수 있다. 또한 일정표상의 표기된 사진과 실제 모습은 다를 수 있으므로 여행상품 계약 전 반드시 고객에게 고지를 하여야 한다.

3) 이용 호텔에 대한 유의사항 안내

현지에서 이용하게 될 호텔에 대한 정보(수영장 유무, 비즈니스센터 유무, 객실 정보 등)와 주의사항(객실 하나당 투숙 가능 인원, 커넥팅 룸 요청 시 확정 유무, 미니바 사용 등)에 대하여 설명을 하여 고객이 편리하게 숙박시설을 이용할 수 있게 하여야 한다.

4) 일정에 대한 유의사항 안내

패키지 여행상품의 경우, 저렴한 여행상품 가격으로 인하여 고객이 현지에서 개별 행동을 하는 경우가 있다. 가이드가 동반하여 일정을 함께하는 패키지 여행상품의 경우, 여행일정표에 표기된 자유일정을 제외한 시간에는 개별 행동을 하지 않아야 하는 내용을 안내하여야 한다. 만약 개별 행동을 원하는 경우 패키지 여행상품이 아닌 자유여행상품으로 계약을 유도하여야 한다.

5) 일정표상의 호텔 등급 표기에 대한 안내

패키지, 자유여행상품의 경우 호텔 등급이 표기(초특급, 특급, 일급, ★★★★★급, ★★★★급, ★★★급 등)가 되어 있다. 하지만 이 호텔 등급 표기의 경우 국제적으로 공식적인 호텔 등급을 결정하는 기관은 없다. 호텔 등급의 표시는 해당 호텔 측에서 제공받은 것을 기준으로 작성된 것이므로 간혹 고객과 오해의 소지가 생길 수가 있다. 그러므로 호텔 등급 표기에 대한 설명을 고객에게 상세히 설명을 해주어야 한다.

❷ 계약금 수령 및 계약 체결하기

1) 계약금 수령

계약을 체결한 후 여행객은 관광진흥법 제11조 제2항에 따라 여행요금 중 10%에 해당하는 금액을 여행업자에게 지급하여야 하는데 이것을 '계약금'이라고 한다. 여행객이 여행상품을 결정하고 예약을 할 경우 여행업자는 여행객이 계약금을 지불할 수 있는 결제수단을 알려주고 지정한 일자에 계약금을 결제할 수 있도록 안내하여야 한다.

여행객이 지정한 일자에 여행업자가 알려준 결제방법으로 결제가 안됐을 경우 여행상품계약은 취소가 된다. 만약 여행객이 지정한 날짜에 결제를 하지 않을 경우 여행업자는 여행객에게 여행상품계약이 취소되었음을 알려줘야 한다. 지정한 일자에 계약금이 입금되었을 경우 여행객과 여행업자는 계약서를 작성하여 각 1부씩 나눠 보관한다.

2) 계약 체결하기

계약을 체결하는 방법은 여행표준약관 제6조(계약서 및 약관 등 교부)에 따라 여행객과 여행업자가 직접 만나서 계약서를 작성한 후 각 1부씩 나눠 보관하는 것이 원칙이다. 하지만 IT 기술이 발전하고 온라인으로 여행상품을 구매하는 경우가 증가함에 따라 여행업자와 여행객이 만나서 계약을 체결하기란 쉽지 않다. 예를 들어, 여행업자의 주사무소는 서울에 있고 여행객은 지방에 있다면 여행객이 여행업자 주사무소에 와서 계약을 체결하기는 쉽지가 않다는 뜻이다. 이러한 상황에 따라서 여행약관 제7조(계약서 및 약관 등 교부 간주)에 의하여 여행업자와 여행객이 여행계약서와 약관 및 일정표가 교부된 것으로 간주하고 있다.

🧭 여행표준약관 제7조(계약서 및 약관 등 교부 간주)

제7조(계약서 및 약관 등 교부 간주)

여행업자와 여행자는 다음 각 호의 경우 여행계약서와 여행약관 및 일정표(또는 여행설명서)가 교부된 것으로 간주합니다.

1. 여행자가 인터넷 등 전자정보망으로 제공된 여행계약서, 약관 및 여행일정표(또는 여행설명서)의 내용에 동의하고 여행계약의 체결을 신청한 데 대해 여행업자가 전자정보망 내지 기계적 장치 등을 이용하여 여행자에게 승낙의 의사를 통지한 경우

2. 여행업자가 팩시밀리 등 기계적 장치를 이용하여 제공한 여행계약서, 약관 및 여행일정표(또는 여행설명서)의 내용에 대하여 여행자가 동의하고 여행계약의 체결을 신청하는 서명을 송부한 데 대해 여행업자가 전자정보망 내지 기계적 장치 등을 이용하여 여행자에게 승낙의 의사를 통지한 경우

현재 많은 여행사가 여행객의 편의와 여행업자의 업무 편익을 위하여 문자, 팩스 또는 이메일로 계약서 동의 및 여행일정표와 여행약관을 보낸다.

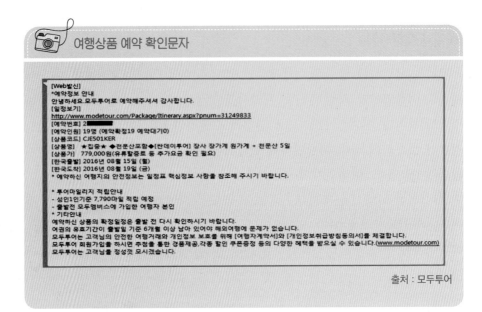

여행객이 여행상품을 예약하면 <여행상품 예약 확인문자 예시>처럼 여행업자가 여행객에게 여행상품 예약 확인문자를 보낸다. 예약 확인문자의 내용은 예약번호, 상품코드, 상품명, 상품가격, 여행 출발일 및 도착일 등의 내용이 포함되어야 한다.

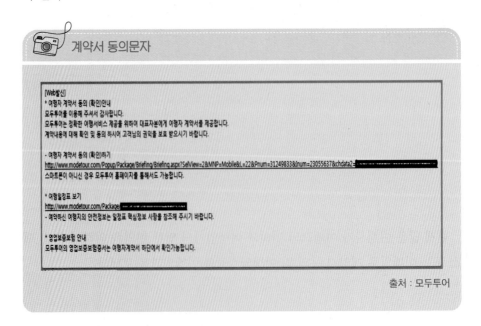

여행업자가 여행상품 예약 확인문자를 여행객에게 보낸 후 여행객이 계약 체결 의사가 있는 경우 <계약서 동의문자 예시>처럼 여행계약서 동의문자를 전송하는데 보통 여행업자 홈페이지 주소를 첨부하여 홈페이지에 들어가서 여행업자가 여행계약서에 동의를 할 수 있게 안내하여야 한다.

여행객이 여행상품을 예약할 때에는 여행객의 고객정보(성명, 주민번호, 연락처 등)를 여행업자에게 제공해야 하는데 여행업자는 여행객에게 고객정보동의서를 문자 또는 이메일, 팩스 등으로 여행객에게 보낸다.

<개인정보 활용동의 문자 예시>처럼 여행업자는 여행객에게 개인정보 활용동의 안내문자를 보내는데 문자에는 여행업자의 홈페이지 주소를 첨부하여 홈페이지상에서 동의를 할 수 있도록 안내하고 있다.

 개인정보 활용동의 문자 예시

[Web발신]
* 개인정보 활용동의 안내
모두투어를 이용해 주셔서 감사합니다.
고객님의 신속한 여행서비스 제공을 위하여 개인정보보호법에 따른 개인정보활용동의가 필요합니다.

- 개인정보활용 동의하기 :
http://m.modetour.com/uc.htm?L=22&R=23055637&I=39276622&C=███████████████
9eebfa1
* 기타 안내
스마트폰이 아니신 경우 모두투어 홈페이지 [예약확인/결제] 페이지에서 예약조회 후 [개인정보동의]및[여권사본등록]이 가능합니다.
)에서 가능합니다.

* 여권사본 등록안내
모두투어로 여권사본을 아직 제공하지 않으신 고객님께서는 모바일 사이트 (http://m.modetour.com/booking/detailview.htm?Rnum=39276622&Inum=23055637&chdata2=██████████████
a235)에서 사진촬영 된 여권사본을 편리하게 첨부할 수 있습니다.주민번호 수집이 불가함에 따라 첨부방법을 꼭 확인하시기 바랍니다.
- 비자가 필요한 일부지역(중국,미국,호주 등)은 첨부 전 담당자와 꼭 확인해주세요.

출처 : 모두투어

③ 여행상품 계약금 결제 수단

여행객이 여행상품을 정하고 예약을 한 경우 여행객은 여행업자에게 계약금을 여행업자가 지정하는 결제수단으로 결제를 하여야 한다. 여행업자의 결제수단은 다음과 같다.

여행상품 계약금 결제수단

결제수단	결제방법
계좌송금(현금 결제)	가상계좌, 법인통장, 인터넷 뱅킹, 스마트폰 뱅킹 등
신용카드 결제	인터넷 카드 결제 시스템, ARS 결제, 방문 결제
기타	여행상품권 결제, 상품권 결제, 포인트 결제 등

1) 계좌송금

계좌송금은 여행업자가 지정한 계좌에 여행객이 돈을 송금하는 방식이다. 가상계좌 방식은 송금받는 여행업자가 입금을 한 여행객을 쉽게 파악하기 위한 방식이다. 각 여행객별로 가상의 계좌번호를 부여하는 방식으로 개인을 식별하기 위한 일종의 코드로 보면 된다. 여행업자는 가상계좌번호를 생성하여 여행객에게 전달하면 여행객은 가상계좌로 입금을 하는 방식이다.

가상계좌는 널리 쓰이고 있는 방식이며 주로 각종 지방세 납부 및 관공서에서 많이 사용하고 있다. 가상계좌는 지정납부일까지 납부를 하지 않으면 가상계좌번호는 사라지므로 여행객에게 주의사항을 반드시 안내하여야 한다.

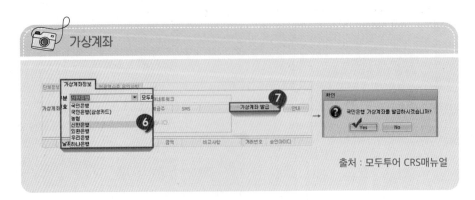

출처 : 모두투어 CRS매뉴얼

법인통장은 여행업자의 법인명의나 법인의 대표자 명의로 된 은행통장을 말한다. IT기술이 발달하면서 대부분의 계좌송금 방식은 인터넷 뱅킹이나 스마트폰 뱅킹으로 많이 이루어지고 있으나 은행에 직접 방문하여 계좌송금을 하는 여행객도 있다.

법인계좌

▶ 모두투어 결제계좌

은행명	계좌번호	은행명	계좌번호
신한은행	312-01-195126	신한은행	262-05-015956
국민은행	832-01-0268-385	외환은행	010-22-01322-6
기업은행	087-023700-04-012	우리은행	102-04-110851
농협	056-01-104843		

예금주 : (주)모두투어네트워크

출처 : 모두투어

2) 신용카드

신용카드 이용객이 늘어남에 따라 계좌송금과 마찬가지로 신용카드 결제도 많이 이루어지고 있다. 신용카드 결제는 온라인상에서 여행객이 여행업자 홈페이지에서 직접 결제하는 방식과 여행업자가 온라인상으로 결제하는 방법 그리고 여행객이 직접 여행업자 사업장에 방문하여 결제하는 방법이 있다.

여행객이 여행업자 홈페이지에서 직접 결제하는 방법은 여행객이 여행업자의 홈페이지에 회원가입을 하고 여행객의 예약번호를 조회하고 인터넷 카드 결제창에서 결제를 하면 된다.

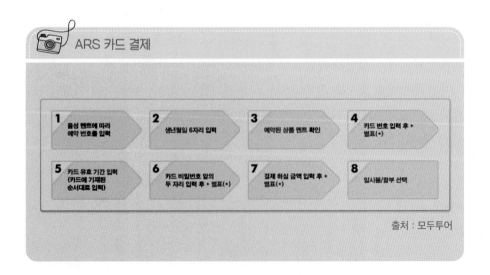

여행업자가 인터넷상으로 결제하는 방법도 있는데 이는 여행업자가 여행객에게 카드번호, 유효기간, 카드 명의자 이름, 비밀번호 앞 두자리를 받아 결제를 진행할 수 있다.

ARS 카드 결제는 지정된 전화번호로 전화를 한 뒤 안내절차에 따라 결제를 하면 된다.

3) 기타 결제수단 및 방법

　기타 결제수단으로는 여행상품권 결제 및 포인트 또는 마일리지로 결제하는 방식으로 여행업자마다 차이를 두고 있다.

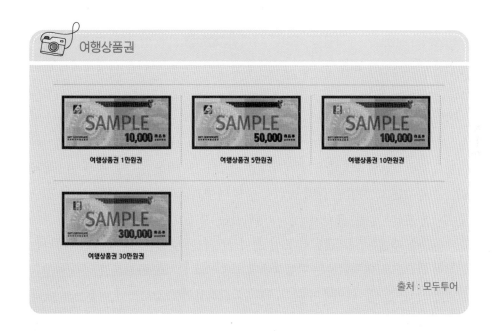

여행상품권

여행상품권 1만원권　　여행상품권 5만원권　　여행상품권 10만원권

여행상품권 30만원권

출처 : 모두투어

3. 최종 입금 확인하기

1 최종 입금액 확인하기

여행자와 여행업자가 여행상품계약을 체결한 후 여행대금의 10%를 여행객이 여행업자에게 지불한 경우를 계약금이라 한다. 최종 입금액은 총 여행대금에서 이미 입금된 10%의 계약금을 제외한 나머지 90%를 최종 입금액이라고 한다. 여행업자는 여행출발 최소 3~7일 전까지 잔금, 즉 최종 입금액을 여행객에게 받아야 한다.

여행표준약관 제12조(여행요금의 변경)에 보면 "① 국외여행을 실시함에 있어서 이용운송·숙박기관에 지급하여야 할 요금이 계약체결 시보다 5% 이상 증감하거나 여행요금에 적용된 외화환율이 계약체결 시보다 2% 이상 증감한 경우 여행업자 또는 여행자는 그 증감된 금액 범위 내에서 여행요금의 증감을 상대방에게 청구할 수 있습니다."라는 조항과 "② 여행업자는 제1항의 규정에 따라 여행요금을 증액하였을 때에는 여행출발일 15일 전에 여행자에게 통지하여야 합니다."라는 규정이 있으므로 여행업자는 여행객에게 최종입금 금액을 통보하기 전에 여행요금의 원가의 증감을 확인해야 한다. 만약 외화환율이 증감하거나 이용운송·숙박 요금의 증감이 있는 경우 여행출발 15일 전에 여행객에게 통보하고 최종 입금액을 여행객에게 받아야 한다.

2 입금 통보와 영수증 발급하기

여행자가 여행업자에게 계약금과 최종 입금액을 완납하였다면 여행업자는 이를 여행객에게 알려주어야 한다. 여행자에게 입금이 완료된 것을 알려주는 방법은 문자 발송 및 이메일 그리고 여행객이 직접 여행업자 홈페이지에서 확인하는 방법이 있다. 또한 여행업자가 계좌송금 및 현금으로 여행상품대금을 지불했을 경우 현금영수증 발급의사를 여행객에게 물어 보고 여행객이 현금영수증 발급을 원할 경우 여행업자는 여행객에게 현금영수증을 발급해 주어야 한다.

1) 문자 입금 확인

여행객이 여행업자가 지정한 결제방식 중 계좌송금 방식으로 입금을 한 경우 여행업자는 여행객에게 입금이 완료되었다는 문자를 보내야 한다. 문자를 발송할 때에는 여행객이 쉽게 알아 볼 수 있도록 간결하고 핵심적인 내용이 들어가야 하는데 고객 성명, 출발일, 여행상품명, 입금 금액 등의 내용을 포함하여 발송하여야 한다.

2) 이메일 입금 확인

여행객이 여행업자에게 입금을 하면 여행업자는 여행객에게 입금 확인 이메일을 보내는 형식이다. 입금 확인 메일에는 회사명, 상품명, 출발일, 고객 이름, 입금 금액 등의 내용이 있어야 한다.

3) 홈페이지 입금 확인

여행객이 여행업자의 홈페이지에서 자신이 입금한 내역을 확인할 수 있는 방법이다.

4) 현금영수증 발행

여행객이 여행상품을 여행상품권, 현금결제 또는 계좌송금으로 결제를 했을 경우 여행객에게 현금영수증 발행 유/무를 확인하고 여행객이 현금영수증 발행을 원한다면 현금영수증을 발행하여야 한다.

현금영수증이란 거래투명성 제고와 현금 거래분을 파악하기 위해 도입한 제도로 2005년 1월 1일부터 시행되고 있는 제도이다. 또한 연말정산 시 소득공제 혜택이 부여되므로 여행상품은 상대적으로 고가이므로 많은 여행객들이 현금영수증 발행을 여행업자에게 요청하고 있다.

여행업자는 여행객으로부터 현금영수증 발행 요청이 들어오면 자체 시스템에
서 현금영수증을 발급해주고 있으며 현금영수증을 발급받을 여행객의 휴대폰번
호로 발급이 가능하다.

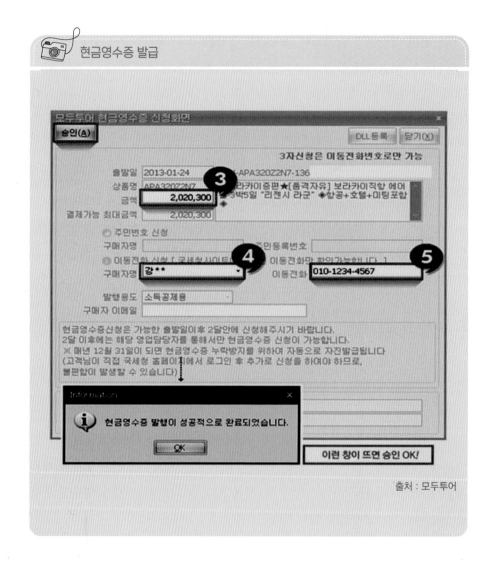

현금영수증 발급

출처 : 모두투어

NCS 기반
여행상품상담실무

Chapter 08

여행고객 관리

1. 고객에게 감사 인사하기

자사의 여행상품을 구매함에 대한 감사의 인사는 여행일정을 모두 마치고 귀국한 뒤에 이루어진다. 감사의 인사는 고객으로 하여금 해당 여행사에 대한 긍정적 이미지를 더욱 확고하게 만들어 여행상품 재구매를 할 수 있게 해준다. 따라서 감사의 인사를 전할 때는 정중하고 밝게 그리고 고객들이 진정성있게 받아들일 수 있도록 해야 한다.

국외여행 인솔자가 동행한 경우에는 여행일정을 마친 뒤 여행일정에 참가했던 모든 고객들에게 인솔자가 직접 유무선 전화 및 문자를 통해 여행상품 구매에 대한 감사의 인사와 더불어 앞으로도 해당 여행사와 여행상품을 지속적으로 이용해 주었으면 한다는 내용을 정중히 전달한다.

최근에는 현지 합류조건으로 국외여행인솔자가 동행하지 않고 진행되는 많은 패키지 상품들이 있다. 이러한 여행상품을 구매했던 고객들에게는 예약 및 상담부의 직원들이나 고객센터 직원들이 역시 여행일정을 마치고 귀국한 뒤 유무선 전화 및 문자, 이메일 등을 통해 감사의 인사를 전달한다. 이 경우에는 여행상품 구매에 대한 감사의 전달 이외에 여행상품 경험 후 불편했던 사항 또는 회사나 여행상품에 대한 건의사항 등에 대한 세부적인 고객의 의견을 듣고자 노력해야 한다.

때로는 감사의 인사가 의무적으로 진행되어 모든 고객들에게 일률적으로 대량 문자를 발송하기도 하는데 근래 현지에서 불의의 사고를 겪은 고객에게까지 단순 감사인사의 메시지가 전달되어 해당 여행사의 여행상품 불매운동이 벌어지는 등 큰 여파를 일으키기도 하였다. 이처럼 감사의 인사는 해당 여행사의 이미지에도 영향을 미치며 여행상품에 대한 고객의 의견을 직·간접으로 들을 수 있어 신상품 개발에도 큰 영향을 줄 수 있는 만큼 체계적으로 시스템을 만들고 감사인사의 전달방법을 마련해야 할 것이다.

2. 고객의 클레임 파악과 대처하기

1 고객의 클레임

　서비스가 전달되어지는 동안 발생하는 실수들, 고객에 대한 서비스의 약속위반 또는 여러 형태의 서비스 오류 등을 포함하여 고객이 경험하는 여행상품 내용이나 질이 고객이 지불한 비용에 대하여 기대했던 성과를 나타내지 못했을 때 불만족을 경험하여 이의를 제기하는 상황이 발생된다. 불만사항에 대해 이의를 제기하는 것이 클레임(claim)이다. 고객의 불만은 고객이 실제 받은 서비스의 결과가 기대했던 것보다 낮을 때 발생한다.

- Complaints : 불평하다 / 투덜거리다 / 푸념하다 / 한탄하다
- Claim : 당연한 권리로서, ~을 요구(청구)하다. ➡ 서비스 불만족, 자신의 권리 요구
- 서비스의 결과 > 고객의 기대치 = 고객만족 ➡ 만족 고객은 8명에게 전파
- 서비스의 결과 < 고객의 기대치 = 고객불만 ➡ 불만족 고객은 25명에게 전파

　여행사와 여행사 직원들이 아무리 열심히 노력을 해도 서비스의 특성 때문에 서비스 실패는 불가피하게 일어날 수 있다. 여행상품의 내용이나 서비스가 제대로 전달되지 못했거나 여행일정 중 고객의 요구가 충분히 수용되지 못했을 경우 그리고 서비스를 제공하는 직원의 태도나 행동 등 다양한 상황에서 불만족을 경험한 고객들은 구체적으로 물질적, 정신적 배상을 요구하게 된다. 그러나 불만족 고객 중에서 불만족을 표현하는 고객은 4%밖에 되지 않고, 96%가 불만족을 표현하지 않는다. 따라서 고객의 클레임을 받은 여행사는 고객의 불만사항에 대하여 상세하게 파악하여 이를 해결하기 위한 서비스 회복 노력을 해야 한다.

2 서비스 회복의 중요성 및 유형

서비스 실패에 따른 고객 불만에 대응함으로써 고객 반응을 수정하거나 회복시키기 위하여 기업이 취하는 일련의 과정이 서비스 회복이다. 여행사는 서비스 실패로 인한 피해가 심각하다는 것을 충분히 인식하고 서비스 실패에 대하여 즉각적인 대처를 하여 서비스 실패로 인한 피해를 최소화시키고자 노력해야 한다. 서비스 회복은 서비스품질과 고객의 충성도를 결정하는 가장 중요한 요인 중의 하나이며, 여행사의 수익률에 직접적인 영향을 미친다. 서비스실패가 발생했을 경우 기업의 적절한 회복 노력에도 불구하고 고객이 이탈하기도 하지만 서비스 제공자의 적절한 대응은 고객과의 유대를 강화시켜 고객충성도를 제고시킬 수도 있다.

고객 충성도를 통한 기존고객 유지는 신규고객을 유치하는 것보다 다섯 배나 비용이 덜 든다. 총 매출의 65% 이상은 반복구매 고객에 의해 발생하게 되는데 불만을 경험한 고객들은 그 불만이 해결되지 못하면 다시 오지 않게 된다. 그러나 불만이 해결된 경우 고객 대부분은 다시 충성고객으로 남을 수 있다. 여행사는 어떤 실패든 간에 현재의 고객을 여행사의 충성적인 고객으로 지속적으로 유지하기 위해서 효과적인 서비스 회복 노력을 해야 한다.

🔍 **서비스 회복 시스템**

· 불만고객 발생 ➡ 심적 보상 ➡ 물적 보상 ➡ 단골 고객화

---

3 불만고객의 심리

불만고객의 심리에 대한 진실은 불만대응서비스 제공을 위해 중요한 요소를 포함하고 있다. 고객이 불만을 제기한 회사는 회사의 입장만 설명하고 책임을 회피하는 것이 아니라 고객의 말을 잘 들어주고 고객과의 약속을 지켜야 하는 것이

다. 다음과 같은 불만고객의 심리를 잘 파악하여 불만대응서비스를 강화시켜야 한다.

- 불만족한 고객은 대부분 불평하지 않는다. 불평하는 고객은 기업을 도와주려고 하는 경우가 많기 때문에 오히려 고객 불평을 감사하게 생각하여야 한다.
- 고객은 직원이 아니라 회사에 대해 화를 내는 것이다.
- 불평은 보통 말로 한다.
- 불평은 종종 거친 말로 하게 되는데, 그것은 반드시 불만 내용이 공격적이라서가 아니다.
- 불평을 개선하겠다고 약속하면서 사과하기를 원한다.
- 잘 들어주고 긍정적으로 대하면 대부분의 불평은 어렵지 않게 해결된다.

④ 여행업무 과정별 고객의 클레임 파악

고객의 클레임 내용을 파악하기 위해서는 고객의 불만사항이 무엇인지 우선 파악해야 한다. 여행사에게 시정, 보상이나 배상 등을 요구하게 하는 고객의 불만사항은 여행 전 일정 중에서 순차적으로 발생되며, 이로써 제기하게 되는 클레임의 구체적인 내용은 다음과 같다.

1) 여행출발 전 발생된 고객의 클레임 내용

- 여행상담 직원이 고객에게 관광지 안내, 여행상품 문의 및 상담, 계약, 여행일정 및 현지 정보 제공 등에 대한 각종 서비스를 제공할 때 오류 또는 실수가 발생했을 경우
- 여행일정표 작성 시 출발날짜, 항공편수 및 시간, 숙박시설, 식음료, 여행요금의 오류가 발생했을 경우
- 상담직원의 상담 후 확인 안내가 고객에게 적절하게 전달되지 않았을 경우
- 고객의 상담전화가 바로 연결되지 않았거나 상담직원이 불친절한 경우

- 상담과정의 정보 오류 및 누락(예약 오류, 기록 누락, 부정확한 정보제공 등)으로 인한 불만이 발생했을 경우
- 여행일정표 표기 오류(미팅장소, 시간 및 항공, 호텔 및 관광지 등의 정보 상이함)가 발생했을 경우
- 출발 전 확정일정 미통보로 인한 불만이 발생했을 경우

2) 공항에서 고객미팅 및 샌딩업무 과정 중 발생된 고객의 클레임 내용

- 출발장소에서 미팅장소 및 미팅시간 전달의 오류가 발생했을 경우
- 여행사 직원이 미팅시간을 제대로 엄수하지 못했을 경우
- 출국수속 과정에서 좌석 배정이 적절하게 이루어지지 않았을 경우
- 출국교통수단의 결항, 지연 등의 문제가 발생했을 경우
- 수하물 수속에 관한 안내가 적절하게 이루어지지 않았을 경우
- 여권, 비자 등과 관련된 문제가 발생했을 경우
- APIS 입력오류로 탑승수속이 지연되었을 경우

3) 여행목적지에서 발생된 고객의 클레임 내용

- 최초 계약시점의 일정표와 서비스 내용이 달라진 경우
- 여행인솔자, 현지 가이드가 고객에 대하는 태도나 행동이 불친절하거나 불량한 경우
- 여행인솔자, 현지 가이드가 고객의 요구를 무시하거나 응대가 늦어진 경우
- 쇼핑이나 선택관광을 지나치게 강매한 경우
- 호텔, 여행일정, 현지 선택관광 등의 변경사항들을 고지받지 못했을 경우
- 여행상품 조건 외인 다른 팀의 고객들과 합류가 이루어졌을 경우

4) 여행 후 발생된 고객의 클레임 내용

- 여행일정 중 발생된 문제에 대한 대응이 미흡한 경우로서, 고객의 불만사항에

대하여 인정하고 정중하게 사과하는 방법이나, 추후 재발 방지 및 개선 약속 등이 미흡한 경우

• 여행일정 중 피해 부분에 대한 대응을 하지 않은 경우로서, 고객의 피해 부분에 대한 경제적인 보상, 환불 등이 적절하게 이루어지지 않았을 경우

• 여행일정 중 각종 사고 발생에 대한 수습이나 대응이 미흡한 경우로서, 여행 중에 발생할 수 있는 신체적, 정신적 사고에 대하여 치료, 보상 등의 수습이나 대처가 제대로 이루어지지 않았을 경우

5 여행상품 구성항목별 고객의 클레임 파악

1) 여행인솔자 및 가이드

• 불친절, 불성실한 서비스
• 직업의식과 전문성 부족
• 태도와 복장 불량
• 고객 배려 부족
• 여행일정 및 안전관리 미흡
• 쇼핑, 옵션 강요 / 팁 요구
• 고객 응대에 대한 지연
• 약속시간 미준수

2) 숙박기관

• 등급 불일치, 객실 변경 상이
• 숙박기관의 시설 고장이나 불량
• 숙박기관 주소, 연락처 오류
• 숙박기관 종사원에 대한 서비스 불만
• 숙박기관 내 도난 및 분실

- 사고 대처 미흡
- 조식에 대한 불만

3) 쇼핑

- 상품 질, 비싼 가격 불만
- 식품 부작용 발생
- 교환, 환불 거부 및 지연
- 지나친 환불수수료
- 장시간 대기, 쇼핑시간 통제
- 쇼핑 강매

4) 선택 관광

- 선택관광 구매 강요, 내용 부실
- 선택관광 안전성 미흡
- 지나치게 비싼 가격
- 선택관광으로 인한 정규일정 일부 누락
- 취소 불가로 일방적 손실 전가

5) 식사

- 식사 누락, 질 불량, 메뉴 부실
- 식사를 옵션으로 진행
- 식사 중복 제공
- 비위생적 식당 환경
- 식사로 질병 발생
- 한식과 현지식의 적절하지 못한 제공

6) 현지 교통수단

- 교통수단 교체 및 대체 문제 : 항공, 버스, 선박, 열차 등
- 노후 차량 배차
- 정원 초과로 증차
- 교통수단별 상태 불량
- 안전 관련 문제 발생
- 운전기사의 불친절
- 운전기사의 운전 미숙 및 난폭 운전

7) 관광지

- 관광지에서 시간이 지나치게 짧음
- 내부 관광 일정이 불포함 또는 외관만 보거나 차창관광으로 대체
- 계약된 여행일정표대로 미실시
- 관광지 휴관일 미체크로 인해 현지 일정에서 누락

6 고객의 클레임 대처 원칙

제품을 판매하는 기업의 경우, 불만처리 과정은 고객의 불만을 접수, 상담하고 처리를 약속하는 단계와 실제로 불만해소를 위한 노력을 실행하는 단계로 나뉜다. 반면 서비스를 판매하는 기업의 경우 서비스를 제공하는 종사원이 직접 서비스 실패를 경험한 고객과 상호작용을 하고 고객의 불만을 직접 해결한다.

불만고객의 96%는 불만을 간직한 상태로 불만을 전파하거나 재구매를 하지 않기 때문에 기업은 적극적인 불만처리서비스를 통해 재구매로 유도해야 한다. 불만처리서비스에 대해 만족한 고객 중 50% 이상은 충성고객으로 전환될 수 있다. 따라서 불만처리 과정도 고객 관점에서 지각되어야 하는데 다음과 같은 원칙을 지켜야 한다.

1) 피뢰침의 원칙(고객의 불만사항 규명)

고객은 나에게 개인적 감정으로 화를 내는 것이 아니라 서비스에 대한 불만으로 항의하는 것이다. 이것을 명확히 알고 관점을 가져야 한다. 여행일정 중에 발생했던 문제로 인하여 불만족한 고객의 설명을 자세하게 듣고 문제를 명확하게 규명한다. 이렇게 규명된 문제는 회사 규정에 따라 해결하도록 하고 해결방안이나 내용에 대하여 고객이 이해하도록 설명한다.

2) 책임 공감의 원칙

여행일정 중에 발생했던 문제로 고객이 클레임을 제기할 때, 회사를 대표하여 정중하게 사과를 하고 이를 해결해야 할 책임이 분명히 여행사에 있으므로 적절하게 해결할 것에 대하여 상세하게 설명하여 고객이 이해하도록 한다.

간혹 자신의 일이 아니라고 하여 담당자를 연결하겠다고 하며 몇 번씩 전화를 돌리고 지금 자리에 없다면서 나중에 다시 전화하라고 하는 등의 대응은 오히려 고객의 불만을 가중시키게 된다. 고객에게는 누가 담당자인지가 중요한 것이 아니라 나의 문제를 해결해 줄 것인지 아닌지가 중요하기 때문에 조직의 구성원으로서 내가 한 행동의 결과이든 다른 사람의 일처리 결과이든 고객의 불만족에 대한 책임을 같이 져야 한다.

3) 감정통제의 원칙

고객이 제기한 클레임을 해결하는 과정에서 고객이 화를 내거나 흥분하여 소리를 지르면서 소란스럽게 할 때 직원은 기분이 언짢더라도 자신의 감정을 조절하면서 고객의 흥분이 가라앉을 때까지 기다리고, 고객이 차분해지면서 이야기할 때 고객의 소리에 귀를 기울인다. 고객의 클레임 제기에 대한 대응 과정에서 직원들은 감정을 조절하여 이성적으로 응대하는 능력을 갖추도록 훈련이 되어 있어야 한다.

4) 언어 절제의 원칙

고객의 말을 많이 들어주는 것만으로도 고객의 불만을 다소 줄일 수 있다. 고객이 클레임을 제기하면서 심한 욕설이나 아랫사람 대하는 말투, 혼자 끊임없이 소리치면서 말할 때에는 자신의 감정을 조절하고 차분하게 응대한다. 고객보다 말을 많이 하는 경우는 고객의 입장보다 자신의 입장을 먼저 고려하게 되기 때문에 고객이 진정할 때까지 기다린 후 고객과의 대화를 시도할 때 자극하는 말은 최대한 절제하도록 한다.

5) 역지사지의 원칙

고객을 이해하기 위해서는 고객의 입장에서 문제를 바라보아야 한다. 누구도 그 입장이 되어보지 않고서는 그 마음을 이해할 수 없기 때문이다. 그리고 고객 역시 자신에게 관심을 가져주는 사람에게 관심을 갖기 때문에 진정성 있는 마음으로 고객에게 관심을 기울인다면 고객도 여행사의 입장에 대하여 다소나마 이해해 줄 것을 기대해 볼 수 있다.

6) 고객의 클레임 대처상의 환경 변화

클레임을 제기하는 고객과 용이하게 해결이 되지 않을 때에는 응대하는 장소를 바꾸어 좀 더 진지하고 구체적인 응대가 이루어질 수 있도록 하거나 응대하는 직원을 교체하여 해당 클레임을 해결할 수 있게 하는 것이 좋다. 또한 클레임을 제기한 고객의 감정조절이 불가능한 경우에는 응대하는 시간을 변경하면서 진행하면 효과적으로 처리가 이루어질 수도 있다.

7 고객의 클레임 대처 단계

여행 서비스 실패로 인한 고객의 불만족 사항에 대해 클레임을 제기함에 따라 여행사가 대처하는 단계는 5단계이며, 다음과 같은 과정으로 이루어진다.

고객의 클레임 대처 단계

단계	내용

1
반응 및 사과
	• 고객이 클레임을 제기할 경우, 이에 대하여 확인하고 사과한다.
	  - 고객이 클레임을 제기하면 이에 즉각적으로 반응한다.
	  - 고객이 흥분하지 않고 안정하도록 최선의 노력을 한다.
	  - 고객이 제기한 불만 사항과 내용을 그대로 인정한다.
	  - 고객에게 정중하고 진실된 마음으로 사과한다.

2
경청 및 공감
	• 고객의 불만 사항을 듣고 내용을 정확히 파악하도록 한다.
	  - 고객이 제기한 클레임 내용을 차분하게 끝까지 듣는다.
	  - 고객의 격한 감정적 태도와 용어를 사용해도 동요하지 않는다.
	  - 고객의 불만 내용을 정확히 파악하도록 노력한다.
	  - 고객의 불만 내용에 대해 고객 입장에서 이해하면서 공감한다.

3
해결 및 대응
	• 고객의 클레임 사항과 내용을 신속하게 해결 및 대응하여야 한다.
	  - 고객의 클레임 사항과 내용을 신속하게 해결하기 위하여 고객과 협의하에 적극적인 방안을 모색한다.
	  - 여행사 차원에서 해결해 줄 수 있는 한계선을 정중하게 알려 준다.
	  - 고객에게 해결할 수 있는 기간을 제시하고 기간 내 해결할 것에 대한 약속을 한다.

4
확인
	• 고객의 클레임 사항과 내용을 해결한 후 고객의 반응을 확인한다.
	  - 고객의 불만이 충분히 해결되었는지에 대한 반응을 확인한다.
	  - 고객의 불만을 해결한 후에도 재차 정중하고 진실되게 사과한다.
	  - 고객의 클레임 해결 과정 참여에 대해 감사의 표현을 한다.
	  - 고객의 불만이 해결되면 상호 확인서를 작성하고 이를 보관한다.

5
해결 및 개선
	• 고객의 클레임 사항을 해결한 후 고객에게 개선의 의지를 표현한다.
	  - 고객의 불만이 재차 발생되지 않도록 노력하겠다고 약속한다.
	  - 고객의 의견을 반영하겠다는 의사를 명확하게 표현한다.
	  - 지속적인 관심과 의견 제시에 대하여 정중하게 감사 인사를 한다.

출처 : www.hanatour.com

 여행상품에 대한 클레임을 제기한 고객에게 대처하는 과정의 예

'대만 여행 상품(3박 4일)을 구매한 고객이 여행일정 중에 불편했던 숙박 문제'에 대해 A여행사 고객센터에 전화하여 클레임을 제기하고, 이에 대한 배상을 요구하는 경우

1 **1단계**

- 고객이 계약 담당자에게 여행 중 숙박 문제에 대해 클레임을 제기한다.

  - 고객이 제기한 클레임 사항과 내용에 대하여 말한 그대로를 인정한다.

  - 고객이 흥분하거나 화를 내지 않도록 고객의 말을 들으면서 죄송하다고 진실되게 사과한다.

  - 고객에게 클레임 사항과 내용에 대하여 확인 후 바로 연락을 드리겠다고 정중하게 말씀드린다.

 참고

고객센터로 온라인 접수한 경우, 유무선 전화 혹은 직접 방문하는 경우 등 다양한 커뮤니케이션 채널을 통해 클레임이 제기되면 각각의 경우에 따라 고객 센터에서는 해결하기 위하여 대처한다.

2 **2단계**

- 고객의 클레임 사항과 내용에 대하여 구체적으로 듣고 이를 정확히 파악하고 당시 계약 내용과 여행 현지 일정과 상황 등에 대하여 확인한다.

  - 고객이 클레임 내용을 계속해서 말하면 차분하게 들으면서 고객 입장에서 이해하면서 공감을 한다.

  - 해당 고객과 여행상품을 계약했던 담당 부서로 해당 고객의 클레임 사항과 내용을 확인하게 한다. 확인 결과에서 계약 시 예약했던 동급 호텔에 문제가 발생하여 다른 동급 호텔로 대체하려고 하였으나 대체가 어려워 한 등급 아래 호텔로 1박을 투숙하게 되었음을 확인하였다.

  - 고객에게 확인한 결과를 말씀드리면서 정중하고 진실된 마음으로 사과한다.

③ **3단계**

- 담당자는 고객과 클레임 사항과 내용에 대해 해결하기 위하여 협의한다.
  - 여행사에서는 계약했던 등급 호텔에서 2박 투숙하고 1박은 아래 등급 호텔에서 투숙했으므로 이에 대한 차액을 보상하겠다고 한다.
  - 고객은 차액 보상과 숙박 시의 불편함으로 인한 심리적, 신체적 피해까지 포함한 금액으로 보상해 달라고 주장한다.
  - 담당자는 여행사 차원에서 해결해 줄 수 있는 보상 매뉴얼대로 보상하겠다고 하면서 여행사의 해결 한계선 내에서 가능하므로 일정 금액의 피해액까지 보상하겠다고 약속을 한다.

④ **4단계**

- 고객의 클레임을 해결한 후 고객의 반응을 확인한다.
  - 고객에게 전화나 메일로 클레임 사항이 충분히 해결되었는지에 대하여 재차 한 번 확인한다.
  - 클레임이 해결되었다고 판단되면 재차 진실되게 사과 인사와 함께 협의해 주심에 대해 감사 인사를 한다.

⑤ **5단계**

- 고객에게 개선의 의지를 약속한다.
  - 앞으로 고객 클레임 사항이 발생하지 않도록 노력하겠다고 말씀드린다.
  - 고객 의견을 반영하겠다고 하며 앞으로도 지속적으로 관심을 가져 주셨으면 한다는 인사를 정중하게 한다.

8 클레임 고객의 유형별 대처

여행 전이나 여행일정 중에 일부 사항에 대해 불만이 있었던 고객이 여행사 영업장이나 홈페이지에 자신의 불만사항에 대해 클레임을 언어, 태도, 행동 등으로 표현하게 되는데 고객이 클레임을 제기하는 유형에 따라 대처하는 직원의 태도나 행동은 다음과 같다.

1) 클레임을 제기하는 고객의 언어 사용에 대한 대처

❶ 같은 말을 되풀이하는 고객

💡 성향

자아가 강하고 끈질긴 성격을 가진 사람이다.

💡 응대

고객의 대화에 공감을 하되 지나치게 동조하지 말아야 한다. 고객이 요구하는 내용을 요약하여 확인한 후 문제를 충분히 이해했음을 알리고 문제해결에 대한 확실한 결론을 내어 고객에게 믿음을 주도록 한다. 이 유형은 회피하는 인상을 주면 불만이 가중될 수 있으므로 신속하고 짧은 시간에 해결하도록 한다.

❷ 불평이 많은 고객

💡 성향

사사건건 트집과 불평을 하는 고객이다. 정확한 지식 없이 말이 많고 꼬투리 잡기를 즐기는 성향이다.

💡 응대

고객이 불평을 계속하면서 클레임을 제기할 때에는 '옳습니다', '저도 그렇게 생각은 하고 있습니다.'와 같이 맞장구를 치고 추켜세우며 적극적으로 설득하면서 대처한다.

❸ 말 많은 고객

💡 성향

밑도 끝도 없이 계속 말을 내뱉는 성향의 고객이다.

♀ 응대

고객이 끊임없이 말을 계속할 때에는 일정시간 들어주다가 적정한 기회에 개입하여 대처하도록 하지만 절대 중간에 고객의 말을 끊지 않도록 유의하여야 한다. 이런 고객의 말문을 노골적으로 막았다가는 금방 돌아서 버리고 만다. 말이 많은 만큼 기분변화도 심하기 때문이다.

❹ 큰 소리를 내거나 소란스럽게 하는 고객

♀ 성향

목소리는 최대한 크게, 욕과 함께라면 일이 더 빨리 해결되는 줄 아는 고객이다.

♀ 응대

큰 소리를 내거나 거칠게 항의하여 영업장을 소란스럽게 하는 고객에게는 제3자에게도 직접적인 악영향을 줄 수 있기 때문에 응대자가 목소리를 작게 낮추고 말을 천천히 이어감으로써 상대방의 목소리가 지나치게 크다는 사실을 깨닫게 해야 한다. 이 유형은 응대 시 바로 답하지 말고 1초 정도 쉬었다가 대답을 하고, 친절하면서도 부드럽게 다른 장소로 이동하게 유도하여 고객의 불만사항에 대해 차분하게 해결하기 위해 노력한다.

❺ 질문을 많이 하는 고객

♀ 성향

보상을 기대하고 문제를 제기하기보다는 서비스 내용 등에 대한 자세한 정보와 문제의 원인과 결과에 대하여 알고자 하는 성향의 사람이다.

♀ 응대

여행상품 예약이나 상담 중 또는 여행일정 중에서 질문을 많이 하는 고객에게는 현장에서 대응이 가능하면 신속 정확하게 대답한다. 그런데 정보가 더 많이 요구되는 질문에 대해서는 해당 질문에 관련된 부서에 질의하거나 또는 자료를 탐색하여 확실하게 제공해 준다.

⑥ 응대하는 직원에게 심한 욕설을 하거나 비아냥거리는 고객

♀ 성향

심한 욕설을 하거나 비아냥거리는 고객은 열등감이나 허영심이 강하고 자부심이 강한 사람이다. 문제 자체에 중점을 두지 않고 특정한 사람이나 문장, 심지어는 대화 중 사용한 단어의 의미 등에 꼬투리를 잡아 항의하는 등 아주 국소적 문제에 집착하는 경향이 있다.

♀ 응대

대화의 초점을 주제방향으로 유도하여 해결에 접근할 수 있도록 자존심을 존중해 주면서 응대를 한다. 또한 고객이 욕설이나 비아냥거리면서 직원의 감정을 자극할 경우에는 되도록이면 감정을 조절하고 냉정하게 고객을 응대하며 심할 경우에는 제재를 하고 직원의 제재에도 도가 지나칠 경우에는 우회적으로 지적하는 등의 태도나 행동을 취한다.

2) 클레임을 제기하는 고객의 태도에 대한 대처

① 우유부단한 고객

♀ 성향

즐겁고 협조적인 성격이나 타인이 의사결정을 내려주기를 기다리는 경향이 있다. 요점을 딱 부러지게 말하지 않으며 대부분 보상을 얼마나 받아야 할지 또는 요구하는 보상이 기준 이상이라는 것을 자신이 잘 알고 있는 경우가 많다.

♀ 응대

고객이 확실하게 클레임으로 제기하지 못하는 갈등요소가 무엇인지를 표면화시키기 위해 적절히 질문을 하면서 고객의 클레임 내용을 파악한다.

그리고 구체적으로 고객의 클레임 내용이 파악되면 이를 해결하려고 조건부터 제시하지 말고 고객이 원하는 사항과 내용을 천천히 대화하면서 파악하여 대처한다. 이 유형은 신뢰감을 심어주는 것이 중요하다.

② 자만하는 고객

♀ 성향

자기자랑이 심하고 거만하며 직급이 없는 직원을 무시하는 경향이 있어 책임자를 바꾸라고 한다. 돈이 좀 있으면 티를 내는 고객

♀ 응대

과시하기를 좋아하거나 잘난 체하는 고객이 불만사항에 대해 클레임을 제기하였을 때에는 칭찬과 감탄의 말로 응수하면서 고객의 자존감에 해가 되지 않도록 조심스럽게 불만족했던 사항과 구체적인 내용을 들어준다. 그리고 고객이 주장하는 내용의 문제점을 스스로 느낄 수 있도록 대안이나 개선방안을 제시하여 자연스럽게 인정할 수 있도록 유도한다.

③ 얌전하고 말이 없거나 호의적인 태도를 나타내는 고객

♀ 성향

사교적이며 호의적인 태도를 보이는 고객은 합리적이고 진지한 면이 있다. 그러나 때로는 고객 자신이 하고 싶지 않거나 할 수 없는 일인데도 약속을 하여 상대방을 실망시키는 경우도 있다. 모든 사람이 항상 자신을 받아들이고 좋아해 주기를 바라는 욕구가 내재되어 있기도 하다.

♀ 응대

상대방의 의도에 말려들지 않도록 주의하고 말을 절제한다. 정중하게 사과를 하고 클레임 대처 매뉴얼에 따라 진행을 시키되 처리 과정이나 해결안 등에 대해 구체적으로 설명해 주면서 처리한다. 이 유형은 고객에게 말할 기회를 많이 주어 스스로 결론을 도출하도록 유도하는 것이 좋다.

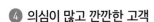

❹ 의심이 많고 깐깐한 고객

💡 성향

이것 저것 캐묻고 이리 갸우뚱 저리 갸우뚱 의심이 많은 고객이다. 별로 말이 많지 않고 예의도 밝아 직원에게 깍듯이 대해주는 반면 직원의 잘못은 꼭 짚고 넘어간다.

💡 응대

고객이 클레임 담당자에게 증거나 근거 등을 제시하면서 쉽게 신뢰하지 않고 깐깐하게 행동하는 고객에 대해서는 명확하고 간결하게 설명하고 반론을 제기하면 이러한 반론에 대해 존중하면서 받아들이는 자세를 보여주어야 한다.

이 유형은 고객에 대한 응대(자세한 설명이나 친절까지)도 의심의 대상이 될 수 있으므로 분명한 근거제시를 하여 스스로 확신을 가질 수 있도록 유도한다.

❺ 무리한 요구를 하는 고객

💡 성향

원칙에 어긋난 일을 부탁한다거나 터무니없는 요구를 하는 등 도저히 될 수 없는 일을 주문한다. 싸움을 걸기 위해 일부러 무리한 요구를 하는 못된 고객도 있겠지만 대부분의 경우 고객은 자신의 입장만을 생각할 뿐이기 때문에 그 요구가 무리하다는 것을 알지 못한다.

💡 응대

클레임 해결 과정에서 무리한 요구를 하는 고객은 고객의 입장을 충분히 이해하고 있다는 것을 주지시키되 고객이 무안하거나 무시당했다는 부정적 감정이 들지 않도록 유의한다. 그리고 고객의 요구가 무리하다는 것을 납득할 수 있도록 차근차근 설명하면서 여행사의 해결에는 한계선이 있음에 대해 예의를 갖추되 분명하게 말해 준다.

6 쉽게 흥분하고 저돌적인 고객

💡 성향

상황을 처리하기 위해서는 자신이 생각한 방법밖에 없다고 믿고 타인의 제안을 받아들이지 않으려고 한다. 표면화된 호전성과는 달리 심한 불안감이 마음을 지배하고 있으므로 응대자가 미리 겁먹고 위축되지 않도록 한다.

💡 응대

가장 중요한 것은 흥분을 시키지도 말고 또 같이 흥분하지도 말아야 한다. 부드러운 분위기를 유도하며 정성스럽게 응대하되 고객 스스로 감정을 조절할 수 있도록 우회적인 화법으로 대화를 나눈다. 이 유형은 특히 음성에 웃음이 섞여서 비웃는 것으로 오해를 받지 않도록 주의한다.

3) 클레임을 제기하는 고객의 행동에 대한 대처

1 공격적이고 폭력적인 행동을 하는 고객

💡 성향

여행사를 직접 방문하여 클레임을 제기하는 행동으로 기물을 파손하거나 직원에게 폭행을 하는 등의 공격적 행동으로 영업장을 소란스럽게 하는 고객이다.

💡 응대

이러한 고객은 말보다는 신체를 이용하므로 적정한 제재가 필요하고 자체적 해결이 어려울 경우에는 외부 기관의 도움을 받을 수 있다.

2 적극적인 행동을 하는 고객

💡 성향

여행사 영업장이나 홈페이지에 자신이 불만족스러웠던 사항이나 내용에 대하여 클레임을 제기하거나 외부 기관인 소비자상담센터나 여행불편처리센터 등에 직접 접수하여 해결하려고 하는 고객이다.

♀ 응대

이러한 고객은 자신의 불만사항이 원하는 만큼 해결되지 않으면 법적 소송까지 하는 고객이므로 영업장이나 홈페이지에 불만사항에 대한 클레임을 제기하면 보다 적극적으로 해결하도록 해야 한다.

❾ 기업들이 꼽는 블랙 컨슈머의 전형적 행동 및 응대 요령

1) 블랙 컨슈머의 전형적 행동

- 처음부터 피해사실을 언론에 알리겠다고 협박한다.
- 금전적 보상부터 요구한다.
- 피해 정황이나 정도에 대해 계속 말을 바꾼다.
- 과거에도 비슷한 행위를 했던 이력이 있다.
- 고성을 질러 공포 분위기를 조성한다.
- 매장이나 기업을 찾아와 자해를 한다.
- 무조건 임원이나 사장부터 나오라고 요구한다.
- 담당자와 나눈 대화를 비밀리에 녹음해 유포한다.
- 업무에 방해를 받을 정도로 기업을 자주 방문한다.
- 회사기밀 제출이나 공개사과 등 무리한 요구를 한다.

2) 블랙 컨슈머 응대 요령

- 신속하게 대응하라.
- 과격한 언행을 삼가라.
- 친절하되 필요이상으로 과잉 친절을 삼가라.

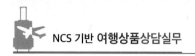
- 보상의 원칙을 제시하고, 원칙 내에서 해결하라.
- 효과적으로 담당자를 바꿔라.
- 시간적 간격과 장소를 통해 분위기를 전환하라.
- 과격한 언행에 대해서는 녹취해 보관하라.
- 협박에 흔들리지 말라.

출처 : 서비스행동발전연구소

3. 재방문 고객 창출하기

1 고객관리의 필요성

고객관리는 고객의 정보를 축적, 분석하고 그 결과를 영업, 마케팅에 활용할 수 있는 시스템을 구축해 신규고객을 확보하고 기존고객 유지 및 이탈방지를 위해 필요하다.

기업이 신규고객을 창출하기 위해 소요되는 비용은 기존고객을 유지하기 위한 비용의 5배가 필요하다고 하였다. 따라서 기업은 고객관리를 통해 신규고객 획득에 소요되는 비용을 절감하고, 우수고객 유지비율을 향상시키며 고객의 이탈로 인한 손실을 최소화시킬 수 있다. 이러한 수익증대와 비용절감 효과를 통하여 기업은 궁극적으로 마케팅 차원과 경영전략 차원에서 경쟁우위를 획득할 수 있게 된다.

향후 기업의 최고 경쟁력은 고객과의 관계를 어떻게 유지하느냐에 따라 달라질 수 있을 것이다. 다음은 고객관리를 통한 관계유지가 기업에 어떠한 이익을 가져다 주느냐에 대한 것이다.

① 회사 수익의 65%는 만족을 얻는 고객을 통하여 이루어진다.

② 기존고객의 이탈을 5% 개선하면 이익이 25% 이상 증가한다.

③ 신규고객을 획득하는 데 드는 소요비용은 기존고객에게 베푸는 서비스비용의 약 5배가 든다.

④ 상위 20%의 고객이 매출의 80%에 기여한다.

⑤ 상위 20%에 해당하는 고객 1인의 매출이 나머지 80%에 해당되는 고객 16명의 매출과 비슷하다.

⑥ 대개의 회사들은 매년 약 15~20%의 고객을 잃는다.

⑦ 고객 유지율이 몇 %만 증가해도 25~100%까지의 이윤을 증가시킬 수 있다.

따라서 기존고객의 이탈을 방지하며 유지하는 것은 신규고객을 확보하는 것보다 마케팅 효과가 뛰어남을 알 수 있다.

② 고객관리 전략

1) 고객정보 리스트 작성

효과적인 고객관리를 위해 고객의 정보를 수집해야 한다. 고객정보 리스트는 고객의 인구통계적 특성이나 여행상품 구매경험이나 구매빈도 등을 바탕으로 정리된 자료로서 고객에 대한 기본적인 프로파일 정보이다. 따라서 고객정보와 구매정보는 고객관리에 필요한 핵심 데이터로서 가장 정확한 정보를 수집하고 분류해내는 것이 효율적인 고객관리시스템 구축의 기초 작업이 된다.

여행사에서 작성하는 고객정보 리스트는 여행상품 구매거래를 통해 고객의 성별, 연령, 교육 수준, 직업, 거주지역, 결혼 여부, 자녀 관련 내용 등의 인구통계적 특성이나 여행상품 구매경험, 구매형태, 구매시기, 선호하는 여행상품 등의 구매행태를 토대로 구분하고 이를 체계적으로 정리하여 작성한 고객정보를 의미한다.

현재 우리나라는 「개인정보 보호법」에 의하여 고객정보 수집이 불가능하기 때문에 주로 고객과 대면하는 접점인 영업부서, 상담 및 판매부서, 현지에서의 여행일정을 담당하는 부서 등에서 고객정보를 수집 및 갱신, 보완을 할 수 있다. 고객담당부서는 고객과의 관계 유지를 도모하는 차원에서 일관된 시각으로 고객정보 리스트를 작성하고 수시로 갱신 및 보완, 수정하여야 한다. 그리고 이러한 고객정보 리스트를 토대로 분석하여 통찰력을 갖추어 여행사의 다양한 여행상품 재구매 고객으로 창출될 수 있도록 적극적으로 활용하여야 한다.

2) 고객정보 리스트 관리

여행사의 고객과의 관계 관리 전략을 위해 고객에 관한 모든 정보 항목과 내용을 필요에 의해 리스트화해야 한다. 고객관리는 기존고객과의 지속적 관계를 유지하기 위하여 고객 자료를 분석하여 각종 경영 전략에 반영하는 활동이므로 고객정보를 수집 및 정리하여 리스트화와 관리가 필요하다. 또한 리스트화된 고객의 정보는 전화번호, 이메일 주소, 직장 주소 및 전화번호 등에 갱신시기가 서로 다른 항목에 대하여 고객과의 커뮤니케이션 관례유지를 통해 실시간 통합적으로 업데이트 관리가 이루어져야 한다.

고객정보 수집과 업데이트시에는 여행상품 판매 및 서비스 제공 접점에서의 직원 참여가 전제되고 이들의 적극적인 참여를 유도하기 위한 직무평가와 보상제도를 실시하여 적극적인 참여가 이루어지도록 한다. 고객과의 여행 서비스 접점에서 수집한 고객 정보 외에도 페이스북, 트위터, 카카오톡 등의 SNS와 블로그 등을 통해서 수집된 비정형 자료를 유효적절하게 가공하여 고객정보와 연계하여 활용할 수 있도록 한다.

3) 고객정보의 업데이트 및 보완

❶ 고객정보의 업데이트

기존고객의 자료로 존재하는 정보 중 거주지 주소, 직장명이나 직위, 휴대전화번호, 이메일 주소 등 고객신상이나 특성 등에 변동이 발생한 경우 새롭게 수정한다.

②② 고객정보의 보완

결혼 및 출산 등으로 인하여 새롭게 나타난 고객정보로서 추가해야 하는 것이나 추후 기본 자료에 추가로 수집하여 보완하는 경우이다. 여기에는 고객이 소개한 친지나 친구, 동료 등에 관한 자료를 고객과 연계하여 보완하는 경우도 포함된다.

4) 고객정보 리스트의 통합적 관리

수집된 고객정보의 질은 지속적 관리가 필요한데, 이는 어느 한 부서의 노력에 의존하기보다 전사적 차원에서 통합·관리되어야 한다. 여행사 내에서 각각의 부서와 직원 간에 고객정보가 공유되지 않고 업데이트 및 보완이 부서별로 이루어지면 관련된 시간 및 비용, 노력에 손실이 발생되므로 고객정보를 업데이트하고 보완을 하기 위해서는 여행사 각 부서들이 함께 노력을 해야 한다.

③ 여행업무와 개인정보 보호

개인정보 보호와 관련하여 행정안전부(2014. 12. 8)에서는 여행업자가 여행 업무를 진행하면서 발생하는 개인정보 취급과 관련해 확인한 사항은 다음과 같다.

① 여행자 보험 가입

- 개인정보(주민등록번호 등 포함. 이하 같음)를 단순히 전달 또는 통과만 시켜주고 별도로 수집·저장하거나 편집·기록·가공하는 등 당해 개인정보에 직접 관여하지 않는 경우에는 개인정보의 '처리'로 볼 수 없다.
- 여행업자는 여행자의 보험 가입 의사와 보험 가입을 위해 필요한 개인 정보를 보험회사에 전달하는 자에 해당한다.
- 위의 내용을 종합적으로 고려할 때 여행업자가 여행자 보험 가입을 위한 개인정보를 보험회사에 단순 전달한 후 파기하는 경우는 「개인정보 보호법」에 저촉되지 않을 것으로 판단된다.

② 사증 발급

- 여행업자가 개인정보를 단순히 전달 또는 통과만 시켜 주는 것이 아니라 그 개인정보를 일정 기간 저장·보관하여야 하는 경우 여행업자는 개인정보를 단순 전달하는 자로 볼 수 없다.
- 여행업자가 수행하는 사증 발급 대행 업무는 여행자의 명시적 위임 또는 위탁 하에 이루어지는 업무이기 때문에 여행업자가 여행자의 명시적 위임 또는 위탁을 받아 사증 발급 관련 정보를 보관한 후 해당 여행이 무사히 종료된 이후 지체 없이 파기하는 경우는 「개인정보 보호법」에 위반되지 않을 것으로 판단된다.

4. 여행불편신고처리 사례

여행상품을 상담하는 과정에서 상담사가 실수를 하면 바로 고객 민원이 발생되게 된다. 또한 여행상품을 상담하고 고객이 여행상품을 이용하는 동안에도 여행사의 잘못 또는 현지 문제 등 다양한 고객 민원이 발생되고 있다. 여행상품상담사는 이전에 발생되었던 고객의 여행불편처리 사례를 학습하고 분석하여 적절한 대응을 할 수 있어야 한다.

한국여행업협회에서는 2006년 6월부터 여행불편처리센터를 설치 및 운영을 하고 있다. 여행불편신고 처리절차는 다음과 같다.

여행불편신고 처리절차는 문화체육관광부, 관광공사, 지방자치단체, 한국여행업협회에 접수된 불편사항을 여행불편처리센터에 이송을 하여 고객과 여행사 간의 원만한 합의를 유도한다. 드러나 원만한 합의가 이루어지지 않을 경우 여행불편처리위원회의 심의 및 의결을 하여 민원인과 해당 여행사에 통보를 한다. 이 과정에서 민원인과 여행사 둘 중 한 곳에서 이의제기를 하면 민사소송으로 이어질 수 있다.

이외도 소비자가 여행에 불편을 느꼈을 경우 한국소비자원 및 공정거래위원회에 민원을 제기할 수 있으며 법원에 민사소송으로도 민원을 제기하는 경우가 있다.

여행불편신고 처리절차

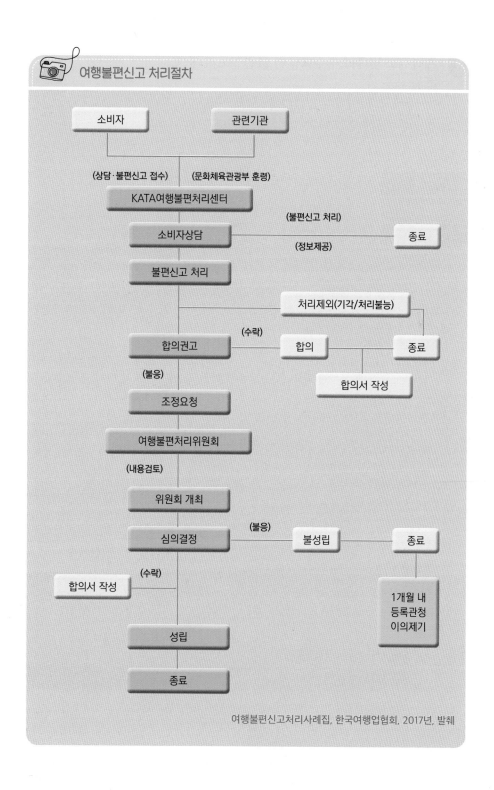

여행불편신고처리사례집, 한국여행업협회, 2017년, 발췌

① 계약취소 및 취소수수료관련 불편신고사례

다음은 한국여행업협회에서 발행한 여행불편신고처리사례집에 게재된 계약취소 및 취소수수료에 대한 민원관련 사례들이다.

제 목	최소 출발인원이 되지 않아 출발 2주전에 통보 했음		
상품명 / 지역	서유럽 5국 10일 / 서유럽		
상품가 / 인원	성인 1인 : 1,990,000원	기 간	2010.04.14~04.23

신고인 주장	여행사 답변
1. 서유럽 일정 출발 확정 상품이라 하여 예약금 1,000,000원을 입금하였다가 일주일 후 여행상품 문의 차 여행사에 전화했더니 일정이 취소되었다고 일방적으로 통보해 옴. 2. 예약 시 모객이 안 될 경우나 기타 사항에 의하여 여행이 취소될 수 있다는 어떤 고지도 듣지 못함. 3. 환불하지 말라는 요청이 있음에도 예약금 1,000,000원을 환불함. 4. 타 여행사에서 비슷한 상품이 있어 여행을 가고자 하였으나 해당 여행사의 상품가격보다 1인당 40만원씩 총 200만원이 비쌈.	1. 해당 여행상품의 최소 출발인원은 20명이고, 인원이 충족되지 않음에 출발 2주 전인 3월 30일 고객에게 통보하였음. 2. 고객이 다른 날짜의 출발 가능 여부를 문의 하여 가능한 상품으로 재안내 드림에 의사 여부를 3월 31일까지 답변을 주기로 하였으나 3월 31일에 연락이 와서 그냥 취소하겠다고 함. 3. 상기 통화과정에서 남편의 통장번호를 알려주며, 다른 곳에 예약할 것이니 예약금을 당장 환불해 달라 하였고날짜 변경하여 진행하실 것을 권유했으나 거부함. 4. 고객은 4월 1일에 유선으로 연락하여 당사직원을 윽박지르며 무조건 4월 14일날 출발하게 하라며, 무리한 요구와 함께 인격적인 모독을 일삼으며 하루에만 50통이 넘는 전화로 업무방해를 일삼음.

신고인 요구사항	해당 여행사 입장
200만원 배상 또는 본래 계약대로 여행을 시켜 줄 것	보상의사 없음.

결정사항	신고인의 청구사유를 기각함.

결정이유
국외여행 표준약관 제9조(최저 인원 미충족 시 계약해제)에 의하여 계약해지를 통지한 사실이 인정됨.

처리결과

제 목	특약에 대해 들은 바 없다?
상품명 / 지역	보라카이_마닐라 허니문 / 필리핀

상품가 / 인원	총 : 394만원 / 2인	기 간	2010.08.28~09.01

신고인 주장	여행사 답변
1. 여행 출발 9일 전 자궁 외 임신이라는 진단을 받고 급하게 수술을 받은 후 8일 전 해당 여행사에 여행 취소 통보함. 2. 취소요청 후 취소수수료 내역을 메일로 발송해 주었고 수수료를 제외한 나머지 금액을 남편에게 보관증으로 전달하였으나, 환불내역도 명확하지 않아 카드취소 986,400원과 196만원 현금을 실랑이 끝에 환불 받음. 3. 해당 여행사에서 환불을 위해선 병원 진단서 및 혼인신고한 주민등록등본을 요구하여 발송하였으나 여행사의 손해 부분을 말하며 명확한 답변을 주지 않고 차일피일 미루고 있음. 4. 이에 따라 계약 당시 특약에 대한 별도의 안내가 없었기에 해당 여행사의 취소수수료 금액은 부당함. 이에 국외여행표준약관에 준하여 배우자의 수수료를 제한 금액의 환불을 요청함.	1. 신고인 남편이 여행 출발 9일 전부터 부인의 건강 이상으로 여행을 취소할 수도 있다는 의사를 밝혀서 취소수수료에 대한 부분을 확인한 후 메일로 발송하기로 함. 2. 신고인 남편에게 취소수수료에 대한 안내 후 항공 및 지상비 수수료에 대한 처리에 대해 여쭙고 별다른 문의가 없어서 수수료 974,000원을 제한 잔액 보관증을 발급해 드림. 3. 계약 당시 취소수수료에 대한 안내를 하지 않은 것은 인정하지만 여행사도 손해가 발생한 상황으로 신고인의 요청을 수용하기 어려움. 또한, 신고인의 남편이 주계약자로 예약부터 취소까지 진행과 마무리를 하셨음에도 불구하고 신고인이 해당 건에 대해 이의를 제기하심에 따라 처리하기 어려움.

신고인 요구사항	해당 여행사 입장
배우자 취소수수료를 제한 나머지 금액 777,680원 추가 환불 * 표준약관에 준하여 계약을 체결했던 것으로 여행 개시 8일 전, 여행요금의 10%를 제한 나머지 금액을 요청하는 바임	항공 및 랜드 수수료 등 실제 발생한 실비부담 요청 (974,000원)

결정사항	해당 여행사는 신고인 외 1인에게 취소수수료로 받은 974,000원을 전액 환급하라.

결정이유
1. 해당 여행사는 신고인에게 여행계약 당시 특별약관에 대한 별도의 고지를 하지 않음에 따라 실제 발생된 수수료를 요구할 수 없음. 이에 해당 건은 국외여행표준약관 제15조 제2항에 준하여 처리해야 함. 신고인은 해당 여행사에 배상책임이 없음. 2. 계약 당시 신고인 부부는 법적인 부부가 아니었다 하더라도 해당 여행의 특성상 신고인의 남편을 신고인의 보호자로 볼 수 있는 사항으로 남편 분 역시 취소수수료를 공제하지 않음.

처리결과	쌍방 수용

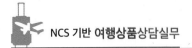

제 목	예약금 입금 부족으로 계약 성립을 인정할 수 없다고?
상품명 / 지역	세부 3박 5일 / 필리핀 세부

상품가 / 인원	성인 97만원 유아 10만원	기 간	2011.07.07~07.11

신고인 주장	여행사 답변
1. 7월 1일 전화상으로 세부 3박 5일 임페리얼 스위트룸 오션뷰 가 있음을 확인하고, 성인 1인당 99만원 상품을 97만원에 해주면서 유아비용은 별도 없는 것으로 예약을 하게 되었음. 2. 그러나 일정표를 주면서 유아비용으로 10만원이 있다고 하였고, 호텔예약을 위해 20만원을 송금해야 한다기에 입금을 해주었음. 3. 7월 4일, 여행사는 객실은 있는데 오션뷰인지 가든뷰인지 확인해야 한다고 하였다가, 다시 여행사에서 전화가 오더니 객실이 없다는 통보를 받음.	1. 7월 1일 전화상으로 견적문의가 있어 랜드사에 확인 후 예약이 가능함을 안내하면서 날짜가 임박하니 예약 여부를 빨리 알려달라고 통지하였고 구두상 유아비용을 잘못 이야기 한 것은 맞음. 2. 성인 1인당 99만원씩과 유아 10만원으로 이메일로 견적서를 발송함에 손님이 재차 할인을 요구하였고 이에 성인 1인 2만원씩 할인하기로 하고, 날짜가 임박한 관계로 예약금(1인당 20만원)을 요청하였지만 신고인은 1인 예약금만 오후 5시 경에 입금함. 3. 요청하신 객실을 다방면으로 확인하였지만, 결국 객실을 구할 수 없어, 대안책 등을 준비하였지만 신고인은 가격이 비싸다는 이유로 여러 제안을 거절하고 계약 취소를 통보해옴.

신고인 요구사항	해당 여행사 입장
여행요금의 20%를 보상할 것.	요청한 예약금을 입금하지 않았으므로 계약은 불성립된 것이라 판단됨에 보상할 의사 없음.

결정사항	해당 여행사는 신고인에게 금 408,000원을 지급하라.

결정이유
1. 서면상으로 계약금을 명시한 사항이 없고 신고인이 해당 여행사에 입금한 20만원의 금액이 통상적인 계약금의 범위인 전체 요금의 10%에 해당되는바, 계약은 성립된 것으로 간주됨. 2. 상기 1의 사유로 계약 성립 후 해당 여행사의 과실로 계약해제되었으므로 국외여행표준약관에 따른 소비자분쟁해결기준을 적용하여 여행요금의 20%를 보상하는 것이 상당함.

처리결과	불합의(신고인/여행사 불수용)

제 목	항공변경으로 계약을 취소했는데 환불을 거부하다니…
상품명 / 지역	몰디브 직항 4박 / 몰디브

상품가 / 인원	성인: 3,439,000원	기 간	2011.10.02~10.06

신고인 주장	여행사 답변
1. 해당 상품을 예약하면서 대한항공과 메가몰디브항공을 고민하게 되었는데 여행사 직원의 추천으로 메가몰디브항공을 결정함. 2. 계약은 5월 31일에 하였는데 해당 여행사에서 9월 30일에 연락이 와서 메가몰디브항공이 결항이되었으니 태국을 경유해 몰디브로 가라며, 대기자 명단에 올라 있다는 통보를 받음. 3. 바뀌는 일정을 보니 원래는 아침도착이던 일정이 저녁으로 변경되어 하루를 버리는 셈이 되고 아내가 임신문제로 경유편은 힘들 것 같아 요청했지만 거부당함. 4. 결국 여행취소를 통보하고 환불을 요청하고 있지만 해당 여행사는 자사의 귀책이 아니라며 환불이 되지 않는다고 회피만 하고 있어 신고하게 됨.	1. 예약 당시 대한항공은 운행확정 통보가 없었던 상황이었기 때문에 직항예약은 메가몰디브항공만 할 수 있었던 상황임. 2. 당사에도 9월 30일이 되어서야 항공사로부터 일방적으로 결항통보를 받게 되어 당황하는 상황이 되었고 급하게 가능한 항공편을 확인하여 왕복 [인천-방콕 비즈니스], [방콕-몰디브 일반석] 추가 항공비용을 당사에서 부담하는 것으로 양해말씀을 드림. 3. 이때 재차 여행요금 전액이 위약금으로 발생됨. 4. 현재 항공사와 연락도 되지 않고 있어 해당 항공사 지사장을 경찰에 고발한 상태이지만 아무런 진척사항이 없어 정확한 답변을 드리지 못하는 점 양해바람.

신고인 요구사항	해당 여행사 입장
여행요금 전액 환불은 당연함.	해당 항공사와 문제만 해결되면 항공요금은 환불하겠음.

결정사항	해당 여행사는 신고인 부부에게 여행대금 전액을 환불하라.

결정이유
1. 항공 결항으로 인해 여행계약 조건이 변경된 사항으로서 계약해지에 따른 여행대금 전액을 환불하는 것이 마땅함. 2. 해당 여행사는 개별 약정을 주장하지만 그 내용에 표준약관을 배제할 수 있는 조항도 없으며, 그러한 내용이 있다 할지라고 소비자에게 부당하게 불리한 약관으로써 무효대상임.

처리결과	불합의(여행사 불수용)

제 목	여행사의 일방적인 계약 취소		
상품명 / 지역	백두산(북파) / 중국		
상품가 / 인원	성인 : 259,000원 / 2명 총 : 598,000원	기 간	2014.04.30~05.05

신고인 주장	여행사 답변
1. 3월 여행계약 후 페리요금 인상으로 4월 중순 여행취소를 하였으나 여행사에서 기존가격으로 진행 가능하다 하여 잔금을 입금하고 진행하기로 함. 2. 여행출발 1일 전, 여행사에서 본인의 의사확인 없이 SMS(문자)로 일방적으로 여행취소를 통보함. 3. 본인은 여행요금을 완납하여 여행출발이 가능하였음에도 여행사에서는 일방적으로 여행을 취소하였고 일행(계약자) 또한 잔금 미결제로 자동취소된다는 내용으로 취소의사를 받아들였음에도 불구하고 여행비용 전액을 환급하지 않고 있음.	1. 4월 23일 일행(계약자)이 취소요청을 하였고 4월 24일 기존 가격으로 여행출발을 재요청하여 취소수수료를 안내하고 동일 상품으로 진행함. 2. 여행출발 1일 전까지 일행(계약자)이 잔금을 납부하지 않아 수차례 연락을 하였으나 연락이 되지 않음. 이에 잔금 미결제로 자동취소된다는 SMS를 발송하였고, 추후 일행과 통화되어 취소의사를 확인함. 3. 동 계약은 일행을 포함하여 2인으로 진행되었으며 일행에게 취소확인 시 2인 모두 취소를 요청받았으며 재계약 시 안내한 취소수수료에 따라 부과함.

신고인 요구사항	해당 여행사 입장
총 479,000원 환불	보상 불가

결정사항	신고인 외 1명의 청구사항을 기각한다.

결정이유
여행계약이 개별로 성립되었다고 보기 어려우며 여행계약 변경 시 해당 여행사에서 여행자에게 위약금에 대해 사전 설명 및 고지한 점이 인정되고, 여행계약의 일행 모두에 대하여 취소 요청한 것이 확인됨.

처리결과	기각

제 목	여행계약 불이행 관련 분쟁		
상품명 / 지역	이탈리아		
상품가 / 인원	1,790,000원 / 1명	기 간	2014.08.26~09.03

신고인 주장	여행사 답변
1. 출발 1일 전, 개인사정으로 여행을 취소하거나 출발일 변경이 필요하여 여행사에 증빙자료를 제출하고 문의를 하였으나 일정변경에 대해 확답을 받지 못함. 2. 출발 당일, 공항으로 나갔으나 여행자 명단에 본인이 포함되어 있지 않아 여행을 출발하지 못함. 3. 여행사 담당자가 예약금을 환불하기로 하였으나, 여행사에서 환불을 거부하고 홈쇼핑에 입출금도 정지시킴.	1. 신고인은 최초 출발 일주일 전 귀국일 변경을 요청하여 전세기상품으로 변경이 불가함을 안내하였고 출발 1일 전 개인사정의 사유를 수차례 변경하며 손해배상 없이 계약해제를 요청하여 증빙자료를 요청하여 확인한바, 여행출발과 연관성이 없는 과거 병력이었으며, 최종적으로 취소의사를 전달하고 일방적으로 통화를 종료함. 2. 신고인이 회사로 내방하여 미팅을 하였으며, 취소수수료 537,000원(여행요금의 30%)이 발생되나 예약금만을 부과한다고 전달하였으나 거부하고 귀가함. 3. 홈쇼핑 카드결제 금액 중, 취소수수료를 제외한 나머지 금액을 취소하려고 하였으나 신고인과 연결이 되지 않아 해결되지 못하고 있음.
신고인 요구사항	해당 여행사 입장
여행요금의 전액 환불	신고인의 사유로 취소한 사항이며 취소수수료를 감액 청구하였으므로 환불 불가

결정사항	신고인의 청구사항을 기각한다.

결정이유
통화내용을 확인한 결과, 여행취소에 대해 신고인은 60%의 취소의사를 전달하였다고 하지만 여행사의 취소처리 여부에 대한 확인질문에 신고인이 취소에 대한 동의의 의사를 표한 것이 확인되므로 동 사항은 신고인이 취소의 의사를 확정지었다고 판단됨.

처리결과	기각

제 목	항공결항으로 인한 보상 분쟁		
상품명 / 지역	페루		
상품가 / 인원	성인: 4,867,200원 / 3명 총합: 13,321,180원	기 간	2015.02.14~02.21

신고인 주장	여행사 답변
1. 출발 당일, 항공이 결항되었으나 여행사의 대응 미흡으로 당일 항공편이 있었음에도 익일 대체 편을 제공함. 2. 이후 여행사에서 일방적으로 8일 일정을 7일 일 정으로 변경하거나 여행요금 전액 환불 중 선택을 하도록 하고 당일 취소임에도 보상은 언급하지 않음.	1. 인천으로 들어오던 해당 항공편에서 기내 응급 환자가 발생하여 회항하며 결항이 되었고 동계 성수기 노선으로 당일 출발이 어려워 최대한 빠른 대체일정을 제시한 상황임. 2. 항공사의 응급환자 발생으로 인한 결항은 별도의 보상사항이 아니어서 일부 정산 후 일정변경과 여행요금 100% 환불을 안내한 사항으로 당사가 현지 행사 취소료를 감수하며 제안한 상황임.

신고인 요구사항	해당 여행사 입장
총 5,190,900원 보상 : 1,970,300원(여행경비의 50%)	보상 불가

결정사항	신고인의 청구사항을 기각한다.

결정이유
동 사항은 항공운항 중 긴급한 환자가 발생되어 부득이하게 회항을 하게 되어 발생된 것으로 항공사와 여행사의 고의 및 과실로 발생한 불편사항으로 보기 어려우며 연휴기간에 발생된 상황임을 고려하였을 때 국외여행표준약관 제14조 제3항에 의거 배상을 하지 아니할 수 있는 사항으로 판단됨.

처리결과	기각

② 일정변경 및 누락 관련 불편신고사례

다음은 한국여행업협회에서 발행한 여행불편신고처리사례집에 게재된 일정변경 및 누락에 대한 민원 관련 사례들이다.

제 목	폭설로 인한 일정변경의 책임은?		
상품명 / 지역	후쿠오카/유후인/아소(일본)		
상품가 / 인원	성인 : 949,000원	기 간	2011.01.06~01.09

신고인 주장	여행사 답변
1. 첫날 눈이 내려 일정을 조금씩 조정하더니 날씨를 핑계로 주요 일정 모두 2일차에 끝냈음. 아소 호텔 난방과 온수가 안 되어 이의제기를 하였지만 아무런 조치를 취해주지 않았음. 2. 대부분 관관광지가 수박 겉핥기 식으로 진행되었고 쿠로가와 온천체험은 시간이 너무 짧아 거의 샤워만한 수준임. 3. 3일차에도 구마모토 일정 중 쇼핑거리에 가기로 예정되었으나, 일정에 없는 구마모토성 일정을 유도하고서 성 안은 볼 것이 없다며 입장을 거부함. 4. 여행팀에는 10명 단체팀이 있었는데 거의 모든 일정이 그 단체 위주로 진행됨. 5. 마지막날 캐널시티 쇼핑은 30분만 주고서는 가이드가 안내한 백화점에 가지 않고 캐널시티를 계속 이용하고 싶다면 본인들이 알아서 가라고 함.	1. 현지 폭설로 인해 원활한 행사 진행을 위해 4일차 아사히 일정을 고객에게 양해를 구한 뒤 일부 변경하였음. 2. 온천은 동굴 온천인 신명관에 입장 예정이었으나, 신고인의 요청에 의거 후지아 온천장을 안내해드렸으며 시간은 1시간 20분 드렸음. 3. 쇼핑거리보다는 나은 곳으로 진행하고자 다수 고객 요청에 의해 구마모토성 일정을 대체한 사항임. 4. 여행팀 총 23명 중 한 분이 분위기를 위해 레크리에이션을 진행하였으며 신고인 일행 역시 동참함. 5. 가이드가 불성실하게 일정 진행한 부분에 대하여 4만원의 환불 의사가 있음. 다만, 가이드가 편하기만을 지향했다면 일정에도 없는 관광지를 추가로 방문하지 않았을 것임.
신고인 요구사항	해당 여행사 입장
1인당 최소 10만원 이상 보상	센터 제안에 따라 7만원까지 보상을 제안한 바 있음
결정사항	해당 여행사는 신고인 외 3인에게 1인당 7만원씩 지급하라.

결정이유
1. 숙박지의 난방문제에 대하여 신고인 일행의 명확한 의사표시가 없었던 사항은 인정되나, 가이드의 적극적인 대처가 미흡하여 신고인 일행에게 불편을 끼친 점이 일부 인정됨. 2. 일정 누락 및 기타 관광지의 시간을 충분히 안배하지 못한 사항이 일부 인정되나 쇼핑일정을 구마모토성으로 유도하거나 일정에 없는 다른 관광지를 방문한 사항을 볼 때 고의성이 없었으며, 오히려 여행자들을 배려한 사항으로 여겨짐. 3. 상기 1, 2 사유와 함께 일정 진행이 단체 위주로 진행된 점을 고려할 때 신고인 일행이 불편을 겪은 사항이 인정됨에 1인당 7만원씩 지급하는 것이 합리적으로 판단됨.

처리결과	쌍방 수용

제 목	현지 도착시간도 다른 팀을 공동으로 진행하면 어떡해?
상품명 / 지역	홍콩/마카오/심천

상품가 / 인원	성인 : 1,029,000원 아동 : 959,000원	기 간	201.10.13~10.16

신고인 주장	여행사 답변
1. 출발 당일 김해공항에서 서울출발 여행객 4명과 홍콩에서 합류하여 행사 진행한다고 안내받음. 2. 서울출발팀이 2시간 늦게 도착한다며, 홍콩역사박물관을 구경하고 있으면 된다고 하였으며 가이드가 동행하지 않았음. 관람후에도 시간이 남아 면세점에서 서울출발팀이 올 때까지 무작정 기다렸음. 3. 서울출발팀이 첫 일정이 시작되었으나 3시간 정도의 시간을 허비하였음에 약속된 일정을 제대로 이행할 수 없었음. 해양공원은 거의 끝난 시간에 입장하여 돌고래쇼도 못봤음. 자녀들은 해당 공원 하나 보고 여행을 온 것인데 구경을 못해 속상해했음. 4. 서울출발팀은 본인 일행과 투숙하는 호텔도 일정도 달랐음. 이에 둘째날부터 1시간 정도 일찍 일어나 먼저 출발하여 서울출발팀을 픽업하러 다른 호텔로 이동하고 마카오 관광 후에도 홍콩으로 돌아가는 서울출발팀을 위해 마카오 부두까지 다녀오는 등 매우 피곤하였음. 5. 본 여행은 해당 여행사의 잘못된 팀 구성의 원인이 크고 그것으로 인해 전 일정 기다림의 연속으로 약속된 일정을 제대로 이행하지 않았고 일정과 숙소가 전혀 다른 팀에 맞추기 위해 일찍 일어나고 늦게 숙소로 돌아가는 등 피로의 누적으로 제대로 관광을 할 수 없었음. 또한 가이드 자질도 부족했음.	1. 홍콩의 모든 패키지 여행은 다른 상품손님과 합류 행사로 진행됨. 일정표에 사전 고지하고 있으며 출발전에 서울팀과 공동행사로 진행됨을 안내하였음. 2. 신고인 일행은 오전 10시30분 홍콩 도착, 서울출발팀은 12시55분에 홍콩도착이었기 때문에 가이드 2명이 나와서 먼저 도착한 신고인 일행을 모셨으나 원활하지 못한 행사로 인해 신고인의 불만이 증대되었음. 3. 일정표 상에 기재되어 있는 상품관광시간은 대략적인 시간이라 현지 사정이나 일정에 따라 조금은 조절될 수 있으나 공동행사가 진행되면서 축소되었던 부분을 충분히 인정하고 사죄의 말씀을 드림. 4. 신고인이 지적해주신 내용을 바탕으로 가이드에게 질책하였으며 해당 행사를 당분간 지정하지 않고 자숙의 시간을 주었으며, 개별가이드 서비스 교육을 실시할 것임.

신고인 요구사항	해당 여행사 입장
성인 경비 20% / 아동 경비 100% 환불	여행경비 20% 환불

결정사항	해당 여행사는 신고인 외 6인에게 총 2,537,500원을 지급하라.

결정이유
1. 해당 여행사는 신고인 일행과 상이한 일정의 다른 여행 일행들과 무리한 합류 행사를 진행하여 신고인 일행에게 불편을 준 사항이 인정되며 이로 인해 신고인 자녀들의 여행 목적인 홍콩 해양공원 일정이 축소됨. 2. 이에 신고인 자녀들의 여행 목적이 불이행된 것으로 판단됨에 따라 해당 여행사는 신고인 일해에게 성인 여행 경비의 30%, 아동 경비의 50%을 보상하는 것이 적정함.

처리결과	쌍방 수용

제 목	출발 당일 공항에서 일정이 바뀌었다고 했으면.....
상품명 / 지역	호주/뉴질랜드

상품가 / 인원	성인 : 2,390,000원 아동 : 2,290,000원	기 간	2011.01.18~01.25

신고인 주장	여행사 답변
1. 신고인 일행은 여행 당일 공항에서 출발지와 도착지가 바뀌었다는 사실을 해당 여행사로부터 통보를 받음. 　• 계약내용 : 뉴질랜드 IN ➡ 호주 OUT 　• 변경내용 : 호주 IN ➡ 뉴질랜드 OUT 2. 해당 여행사에서는 일정변경에 대해 고지하지 않은 점은 사과 하였지만 상품내용은 똑같으니 괜찮다는 안내를 함. 하지만 계약대로라면 뉴질랜드로 이동하기 위해 하루를 아무런 일정 없이 허비해야 했음. 3. 호주에서 뉴질랜드로 이동하는 날 오전 8:45에 출발예정이던 항공기가 엔진고장으로 연착되어 오후06:00이 다 되어 출발함. 오후 11:30에 뉴질랜드에 도착하니 비가내리고 있었고 차안에서 햄버거로 끼니를 때우며 숙소로 이동. 이튿날 뉴질랜드 사상 최악의 폭우가 내려 벼락치기 일정을 진행하였으며 대부분의 일정이 취소되거나 간소화 됨. 호주 여행 중 뉴질랜드 여행을 마치고 온(계약대로라면 동일 일정 진행) 일행을 만나 이야기를 듣고 업체의 과실로 발생된 불편에 대한 피해보상을 요구하게 됨.	1. 일정표와 계약서에 명시했던 바와 같이 "상기 일정은 항공 및 현지 사정으로 인해 변경될 수 있음을 양지하시기 바랍니다."라는 문구가 표시되어 있고 대리점에서 신고인에게 사전고지가 나간 것으로 예상하여 공항에서 계약서 설명을 드리며 사인을 받음. 2. 뉴질랜드 IN ➡ 호주 OUT은 출발 4주 전까지 예약인원이 성립되지 않으면 자동으로 취소가 되는 항공규정으로 신고인 외 다른 예약자가 없었음. 또한 중간항공의 좌석 예약이 어려운 상황이었음. 3. 신고인이 현지 일정 중 겪은 자연적 상황은 누구도 예측할 수 없는 자연재해이며, 신고인에게 고의로 불편을 끼칠 의도는 없었음.

신고인 요구사항	해당 여행사 입장
300만원 환불 요청(뉴질랜드 3일간의 일정 미 진행)	1인 25만원씩 총 75만원 환불

결정사항	해당 여행사는 신고인 외 3인에게 총 1,510,000원을 보상하라.

결정이유
해당 여행사는 여행 출발 전 신고인 일행에게 일정변경에 대한 안내를 할 수 있었던 충분한 시간이 있었음에도 불구하고 변경에 대한 고지를 미뤄 일정 진행에 차질을 빚게 하는 등의 불편을 겪게 한 것이 인정되어(4주 전 행사인원 미충족으로 인한 뉴질랜드 IN 항공권분실취소 당시, 7일전 여행참가자수의 미달 관련 안내 당시, 최소 발권일 2일 전 당시) 해당 여행사에서는 총 여행요금 7,550,000원의 20%를 보상할 것을 심의·결정함.

처리결과	쌍방 수용

제 목	연합행사의 진행 미숙으로 불편했으니 보상하라.		
상품명 / 지역	싱가포르 5일		
상품가 / 인원	성인 : 1,499,000원 아동 : 1,199,200원	기 간	2012.02.24~02.28

신고인 주장	여행사 답변
1. 첫째 날, 계약 시 5성급 호텔로 소개받았지만 4성급 호텔로 보이며, 방이 작아 간이침대도 사용하지 못하였으며 방은 2인 기준으로 세팅되어 있음. 2. 둘째 날, 오전 8시경 가이드와 만나 보타닉가든으로 이동하였으나 이동 시 다른 팀들을 픽업하는 관계로 오전 10시가 넘어 도착하여 30분 정도 관람하고 주룽새 공원에서 식사 후 다른 팀 이동을 위해 일정에 없던 면세점에서 2시간을 소비함. 3. 둘째 날 저녁, 선택관광으로 나이트사파리를 진행하였으나 다른 팀을 호텔로 복귀시킨 후 진행함에 오후 7시 30분경 동물원에 도착하였고 대기라인이 길어 중간 정류장으로 이동하여 열차를 타게 되어 이동 중 벌레에 물리고 20분만에 종료됨. 4. 넷째 날, 가이드에게 당일 일정을 확인하니 다른 팀과 합류하여 식사 후 센토사섬으로 복귀하는 일정이기에 일정을 자유일정으로 변경요청하고 오후 4시에 가이드를 만나기로 하였으나 가이드가 1시간 늦어 이후 남은 관광일정을 급히 진행함. 5. 공항 도착 후에도 가이드는 다른 팀을 안내함에 직접 수속하여 출국함.	1. 싱가포르 호텔의 특성상 3인 1실 제공은 어려우며 간이침대가 들어가기 어려움을 안내함. 2. 싱가포르 여행상품은 특성상 현지 합류행사로 구성되며 빈탄, 바탐 등 여러 상품군이 합류하여 패키지 행사함을 일정표에 안내함. 3. 나이트사파리 옵션은 어두운 시간에 진행되는 일정으로 싱가포르 현지 야생 숲속에서 운영됨. 4. 가이드가 다른 일행의 관광 및 안내 문제로 여행자가 요청하신 대로 자유일정을 소화하게 해드리고 오후 4시 30분에 만나기로 하였지만 약간의 시간을 허비하신 것은 사실임.

신고인 요구사항	해당 여행사 입장
• 옵션비용 총 350불(3인) 중 175불 환불 • 여행요금 중 항공료, 숙박비, 교통비, 점심(2회) 제외한 모든 비용 환불 • 정신적/물질적 보상	가이드팁과 나이트사파리 환불로 총 29만원 환불

결정사항	해당 여행사는 신고인 외 2명에게 총 50만원을 보상하라.

결정이유
본 상품은 연합상품으로 기획되었으나 이에 대한 여행사의 설명이 부족했고, 현지 행사 진행 미숙으로 인해 신고인에게 시간적 손해 등의 여행서비스가 온전히 제공되지 못한 점이 인정돼 위 금액을 보상할 것을 주문과 같이 심의·결정함.

처리결과	쌍방 수용

제 목	예약한 상품과 전혀 다른 상품으로 출발		
상품명 / 지역	스페인		
상품가 / 인원	3,690,000원 / 1명	기 간	2013.07.05~07.14

신고인 주장	여행사 답변
6/9 - 7/5일 출발 상품예약 6/10 - 대리점에서 연락이 와서 예약진행 6/12~13 -어머니 불참으로 여행사에 혼자가게 됨을 통보 6/14 - 문자로 싱글차지를 물어보면서 여행사에서 7/5일 상품으로 인솔자가 여자니 같이 방을 쓰시면 싱글차지 없도록 해드릴테니 7/5일로 옮기면 그렇게 해주겠다라고 함. 7/2 전달된 이메일을 7/3에 열어는 봤으며 다른 일정표를 잘못 보낸줄 알았으며 플라밍고는 원래 스페인 일주 상품에도 포함되어 있어 그런 줄 알았음. 리스본은 내용을 보았으나 포르투갈 지역인지는 몰랐음. 7/5 공항 출발 시 예약상품과 다름을 알게 됨.	6/9 - 7/5 스페인일주 상품 예약 6/10 - 손님과 통화, 여권받음, 계약금 입금 6/11 - 7/9 상품은 출발 가능하나 손님은 7/8 출발할 수 없다고 함. 6/12 - 여행을 혼자 가게 됨을 통보 받음. 6/14 - 7/5일 스페인 포르투갈 상품으로 인솔자와 같이 방을 쓰시면 싱글차지 나오지 않게 해드리겠다. 해외체류 중이라 계속 전화 연락이 안 되었음. 통화 시 바쁘신지 여러 사항 전달이 원활하지 않았음. 9시경 싱글차지 문의 문자 받음. 9시 12분경 상의할 것이 있다고 전화받으시라고 문자 보냄 6/14 - 일정표 이메일 발송 7/1 - 문자 이메일 전송 7/2 - 오전 9시 확정서 이메일 전송 　(7/3 17:27 읽음) 7/3 - 미팅장소 안내 문자 발송 7/4 - 잔금입금 요청 문자 발송 7/5 - 여행자가 공항에서 예약상품과 다르다며 연락을 받음.

신고인 요구사항	해당 여행사 입장
총 140만원 : 추가요금 120만원 + 통신요금 20만원	총 80유로 : 플라밍고 옵션비용

결정사항	여행사는 신고인에게 총 120만원을 지급하라.

결정이유
해당 여행상품의 상품예약이 제대로 이루어졌는지의 여부를 떠나, 출발 당일 여행자와 협의한 120만원 지급에 대한 추가계약 체결이 인정되어 해당 여행사는 여행계약의 주체인 여행사와 연대하여 신고인에게 총 120만원을 보상할 것을 심의·결정함.

처리결과	쌍방 수용

제 목	현지 정부의 명령으로 인해 누락된 일정 보상
상품명 / 지역	미동부/서부/캐나다/하와이

상품가 / 인원	성인 : 4,050,000원	기 간	2013.09.28~10.17

신고인 주장	여행사 답변
1. 미국 여행 중 10/08 미국 연방정부의 셧다운으로 인해 그랜드캐니언을 관광할 수 없으니 다른 곳으로 대체할 수밖에는 다른 방법이 없다고 하여 다른 곳으로 대체 관광을 하고 하와이로 가게 되었음. 2. 그러나 하와이에서 저희 팀과 비슷한 날짜에 여행사를 통해 서부쪽 여행을 하고 온 다른 팀과 합류하게 되었는데 그 팀으로부터 그랜드캐니언 웨스트림 인디안보호구역쪽은 연방정부 셧다운 상관없이 항상 열려있다는 사실을 알게 되었고 또 그 팀은 1인당 40불 하는 입장료를 여행사에서 대신 지불해주어 인디안보호구역쪽으로 그랜드캐니언에 가서 관광한 사실을 알게 됨. 3. 똑같은 여행사를 통해 여행을 왔는데 어느팀은 여행사에서 입장료를 내주어 관광하고 어느 팀은 관광할 수 없으니 다른 곳으로 대체할 수밖에 없다는 것은 계약위반이며 사기라고 생각하여 보상을 요구함, 또한 브라이스캐니언과 자이언캐니언도 보상을 요구함.	1. 해당 고객은 10/08 그랜드캐니언 국립공원을 방문하는 일정이었으나 여행 중 미국 정부 셧다운이 시작되어 국립공원을 방문할 수 없음을 가이드를 통해 전달하였고 이에 따라 대체 일정[세도나]을 고객들의 동의 후 진행하였음. 2. 셧다운 기간 웨스트림을 통하여 방문하신 고객은 10월 7일 출발고객으로 해당고객은 출발전 셧다운 정책이 시작된 후 예약하셨으며 고객도 셧다운 사실을 인지하고 예약이 진행되었으며 회사에서는 고객의 별도 요청이나 고객의 동의가 있는 경우 웨스트림을 통하여 관광을 이행한 사항임. 신고인은 출발 후 여행 중 셧다운이 발생한 경우이며 웨스트림 방문고객은 여행출발 전 고객의 요청으로 체결된 계약사항을 이행된 것으로 다른 경우임. 3. 그랜드캐니언은 대체일정으로 진행되었으며 브라이스캐니언은 캐니언 아래에서 위쪽으로 조망하였으며, 자이언캐니언은 내부관람은 못하였으나 입구에서 캐니언 조망하였음. 그랜드캐니언, 브라이스캐니언, 자이언캐니언은 별도의 입장료는 없음

신고인 요구사항	해당 여행사 입장
입장료와 일정누락에 대한 비용환불	보상불가

결정사항	여행사는 신고인에게 총 16,400원 지급하라.

결정이유
미국정부의 셧다운으로 인해 그랜드캐니언 관광이 불가능하여 대체 일정으로 세도나를 관광하였으나, 대체 일정 검토 시 인디안보호구역을 통한 관람은 인원제한 등 대체 일정으로 진행하기 어려움에 대한 사전 안내가 여행자에게 부족한 점이 인정됨.

처리결과	쌍방 수용

제 목	여행상품과 다른 서비스로 인한 불편		
상품명 / 지역	일본 돗토리		
상품가 / 인원	409,000원 / 2명	기 간	2015.06.11~06.14

신고인 주장	여행사 답변
1. 여행 2일차 석식이 카이세키 정식이었으나 뷔페식이 제공되어 다음 날 가이드에게 식사변경을 문의하니 호텔을 업그레이드해서 식사가 바뀌었다는 설명을 들음. 2. 가이드는 카이세키 정식을 먹으려면 10일전에는 예약을 해야 한다고 하였으나 신고인은 출발 15일 전 여행요금을 입금하였으며 다른 팀 일행은 카이세키 정식을 먹었다고 함.	1. 6월 11일 상품의 이용자가 많아 특급상품(카이케 온천미츠이별관)을 구매한 신고인이 호텔을 무료로 업그레이드하여 뷔페식으로 석식이 바뀌었으나 담당자가 안내하지 못함. 2. 숙소가 변경되면서 도쿄엔 식사가 뷔페식이었던 관계로 다른 손님은 석식을 카이세키로 업그레이드 요청을 하였고 신고인 일행은 담당자의 식사 안내 실수로 불만족스러운 여행이 되신 점을 사과드리고 여행 당시 뷔페식을 드신 점을 고려하여 1인당 3만원 총 6만원 보상을 제안드렸으나 신고인이 거절함.

신고인 요구사항	해당 여행사 입장
총 20만원 : 사과 + 1인당 10만원(카이세키 정식)	총 6만원 보상

결정사항	여행사는 신고인 외 1인에게 총 99,426원을 지급하라.

결정이유
동 사항은 여행계약의 주요 사항인 식사가 제대로 이행되지 않았으며 해당 여행사가 여행자에게 식사 대신 호텔을 업그레이드해줬다고 보기 어려우므로 신고인 일행에게 누락된 식사비용 1인당 5,400엔씩 지급하는 것이 합당하다고 판단함.

처리결과	쌍방 수용

제 목	일정표와 다르게 제공된 숙박시설과 일정누락		
상품명 / 지역	유럽		
상품가 / 인원	1,890,000원 / 2명	기 간	2015.06.23.~07.01

신고인 주장	여행사 답변
1. 1일을 제외하고 일정표상의 지역이 아닌 근교도시에서 숙박을 하였으며 로마 호텔은 청결하지 못하고 시설이 열악하였음. 2. 여행 2일차 점심이 한식이었으나 변경되어 다음날 점심까지 중식이 제공되었으며 동일한 식당을 세 번 방문하였고 피자 제공이 누락됨. 3. 비발디 보육원 및 성당 외관 관람과 판테온이 누락되었음. 4. 가이드 / 기사팁 1일 10유로씩 총 90유로를 지불하였으나 4일 동안 가이드가 미동행하였고 소도시의 경우 동행했으나 설명은 하지 않았음.	1. 일정표에 밀라노는 근교에서 숙박할 수 있다고 명시되어 있으며 로마 숙박은 오표기됨. 숙소가 열악했으나 해당 호텔을 이용하면서 문제가 발생하지 않음. 2. 한식당 미예약으로 중식으로 변경되었으나 식사 제공은 문제 없이 진행됨. 동일한 식당은 현지 랜드에서 운영하여 변경이 어려웠고 피자 누락은 보상 예정임. 3. 비발디 보육원 및 성당 외관 관람은 가이드가 관광지에 내려서 설명하였고 판테온 누락은 보상 예정임. 4. 가이드 미동행 구간은 자유시간으로 가이드 설명이 필요 없었고 인솔자가 문제 없이 통솔하였음.
신고인 요구사항	해당 여행사 입장
총 125만원 : 1인당 여행경비 1/3의 63만원 보상	총 30만원 보상

결정사항	여행사는 신고인 외 1인에게 총 60만원을 지급하라.

결정이유
동 사항은 여행계약의 주요 사항인 숙박, 식사, 일정 등이 해당 여행사에서 온전히 이행되지 않았으며 가이드의 행사 진행 미흡으로 여행자가 불편을 겪은 점이 인정되어 해당 여행사에서 1인당 30만원씩 보상하는 것이 합당하다고 판단함.

처리결과	쌍방 수용

③ 안내원(가이드) / 인솔자 관련 불편신고사례

다음은 한국여행업협회에서 발행한 여행불편신고처리사례집에 게재된 안내원(가이드) 및 인솔자에 대한 민원관련 사례들이다.

제 목	계속된 인솔자와 가이드 간의 다툼		
상품명 / 지역	주말 출·도착 터키직항 / 터키		
상품가 / 인원	성인 1인 : 2,175,500원	기 간	2010.07.25~08.01

신고인 주장	여행사 답변
1. 베테랑을 배정한다는 계약내용과 다르게 인솔자와 가이드의 자질이 부족하다고 밖에 여겨지지 않음. • 인솔자의 안내가 서툴러 인천 및 현지공항에서 시간을 허비하는 등 우왕좌왕하는 상황이 여러 차례 발생함. • 가이드는 시간을 재촉하며 일정을 진행하였고 자질 없는 멘트로 안내함. • 개인시간을 사유로 식당에 물값도 지불하지 않아 여행자들이 불편을 겪게 함. 2. 여러 번 식사가 변경(4회)되었고, 특전이라는 식사는 미흡한 식사량이었음. 3. 7월 30일 '아타투르크 기념공원' 관광일정 누락	1. 가이드는 4년 이상의 경력을 소지한 가이드가 맞으나 인솔자가 베테랑이 아닌 것을 인정함. • 해당 상품이 코드셰어 상품으로 항공사 간 시스템 문제가 있었는데 이러한 과정에서 손님이 불편을 겪은 것으로 보임. • 인솔자와 가이드 간의 다툼은 팁에 대한 의견 마찰이 있었던 것으로 보임. • 손님은 옵션강매를 주장하였지만 그러한 사실은 없음. • 인솔자가 고객에게 제공할 체리를 구매하느라 5분 정도 늦은 것을 손님이 개인시간으로 오해하심. 2. 현지 식당사정으로 인해 식사가 3회 변경되었는데 안내를 드리지 못했음. 식사량에 대해서는 개인적인 견해로 보임. 3. 7월 30일 날씨가 너무 뜨거운 관계로 가이드와 인솔자가 임의적으로 버스 안에서 관광하는 것으로 대체함.

신고인 요구사항	해당 여행사 입장
한국소비자원에서 1인당 20만원 보상을 제안받았지만 불수용함. 더 많은 보상이 있어야 할 것임.	한국소비자원에 보상을 받아들인 바 있음.

결정사항	해당 여행사는 신고인 외 4인에게 금 1,631,500원(여행교금의 15%, 1인당 326,300원)을 지급하라.

결정이유
1. 노팁/노옵션 상품임에도 현지에서 옵션이 진행된 사실이 인정됨에 옵션 요금은 환불하여야 하며 2. 인솔자와 현지 가이드 간의 다툼이 발생하는 등 자질에 문제가 있음을 해당 여행사도 인정하고 여행자에게 편의를 제공해야 할 인솔자와 가이드 간의 다툼으로 여행객에게 불편을 초래하고 전반적으로 여행이 부실하게 진행된 점이 인정됨.

처리결과	쌍방 수용

제 목	가이드가 항상 늦게 도착하다니
상품명 / 지역	미동부/미서부 완전일주 15일 / 미국

상품가 / 인원	성인 1인 : 2,880,000원	기 간	2010.06.11~06.25

신고인 주장	여행사 답변
1. 6월 11일 출발 당일 인천공항에서 AA항공 체크인 카운터까지 안내를 받지 못함. 연세가 70이 가까운 부모님들이 어떠한 도움도 받지 못함. 2. 뉴욕에서 호텔 배정 시 일반 객실의 절반 정도 크기의 객실(더블베드룸)을 배정받음. 3. 6월 18일 보스톤에서 LA로 이동하여 가이드와 공항에서 미팅하기로 하였으나 약 20분 정도 지난 후에야 나타났음. 또한, 라스베이거스 투어 시에도 가이드가 나타나지 않았으며 한참 시간이 지난 후에 가이드가 버스에 탑승하였음. 4. 6월 24일 LA공항에서 나리타로 가는 AA항공탑승 수속 시 신고인의 이모님 내외는 좌석 배정을 받지 못해 계속 대기하였음. 문제없이 좌석 배정을 받은 신고인의 부모님도 먼저 가지 못하고 함께 약 1시간 이상을 기다린 후 좌석 배정을 받아 탑승하였음. 일본에서의 환승 시에도 일본항공 탑승권을 확보받지 못해 마음이 불편했음.	1. 인천공항에는 당사 안내 직원이 A, M카운터에 각 1명씩 배치되어 있음. 항공사마다 체크인하는 게이트 및 항공 스케줄 등이 달라 미팅 후 안내 직원이 게이트까지 안내해드리기 어려운 부분이 있음. 2. 당시 관광 일자에 많은 인원으로 관광이 진행되었으며 이에 따라 예약하는 호텔 룸타입이 모두 같은 타입으로의 수배가 어려운 경우가 있음. 3. LA관광 시 가이드로서 책임을 다하지 못했던 부분에 대해 행사보고서와 사과문으로 가이드로서 책임을 다할 수 있도록 각별히 교육을 하겠음을 약속하였음. 4. 귀국 시, LA에서 수속을 마치고 나리타공항에서 다시 수속 후(환승) 일본항공을 탑승하여 인천으로 들어오게 됨. 당시 AA항공사와 일본항공사 간의 예약 및 기록조회로 대기시간이 길어진 것으로 확인하였음.

신고인 요구사항	해당 여행사 입장
여행경비 20% 배상 요구	보상 불가

결정사항	해당 여행사는 신고인 외 3명에게 1인당 5만원씩, 총 20만원을 지급하라.

결정이유
1. 항공 탑승 수속 중 발생한 사항과 관련하여 신고인 가족이 겪은 불편사항은 인정되나 해당 여행사의 고의·과실로 볼 수 없어 보상을 요구하기에는 어려울 것으로 판단됨. 2. 다만, 해당 여행사의 가이드의 불성실(미팅 시간 미준수 등)로 신고인 가족에게 불편을 초래한 사항은 인정됨.

처리결과	쌍방 수용

제 목	가이드 불친절에 특전사항도 누락하다니 …		
상품명 / 지역	앙코르왓 / 캄보디아 씨엠립		
상품가 / 인원	성인 1인 : 729,000원	기 간	2011.01.23~01.27

신고인 주장	여행사 답변
1. 가이드로 인해 상품특전 일부를 제공받지 못함. 　• 가이드가 보물찾기 무시하였음. 　• 무선수신기 미제공 　• 차량 내에서 물티슈 제공받지 못함. 2. 일정 설명이 미흡했고 무리한 옵션요구를 함. 3. 오후 일정에 있는 시내관광 1시간을 누락 4. 앙코르톰 툭툭이 관람일정 중 3곳을 누락(크레앙, 바푸온, 피메아나카스사원, 레퍼왕테라스) 5. 가이드로서 부적절한 멘트를 하였고, 임의적 일정변경과 식사변경 등으로 불편을 겪게 되었음.	1. 정해진 룰과 달리 보물찾기를 진행한 것에 대해서는 사과드림. 다만, 누구는 주고 안주고의 문제를 떠나 모든 고객께 사은품을 드리고자 설명드리고 제공함. 수신기 역시 동의를 얻고 사용하지 않았을 뿐이며 물티슈도 비치는 하였으나 부족했던 것으로 보임. 2. 옵션에 대하여 일행 모두가 같이 해줄 것을 종용한 적은 있으나 강요하지 않았으며 일정 설명은 보통 일정 시작 전에 안내드리고 진행하였음. 3. 시내에서의 자유시간 정보를 제대로 안내하지 못하여 고객이 불편을 겪은 것으로 보임. 4. 진행경로가 짜여져 있는 곳으로서 앙코르톰 관광에서 누락된 일정은 없음. 5. 부적절한 멘트를 하지 않았지만 손님이 불쾌하게 느꼈다면 사과드리며 보다 원활한 진행을 위해 동의를 얻고 일정을 변경하였으며 식사는 한식을 백숙으로 업그레이드 시켜드린 부분인데 오히려 닭을 못 먹는다고 하시는 분들이 있어 콩비지로 대체해드림.

신고인 요구사항	해당 여행사 입장
최소 여행요금의 20%는 보상해야 함.	1인당 10만원씩 보상 제안함.

결정사항	해당 여행사는 신고인 일행에게 1인당 145,800원씩 총 291,600원을 보상하라.

결정이유
1. 여행 상품명에 17대 특전이 표기되어 있고, 일정상 주요 계약사항임에도 현지가이드가 일부특전사항(보물찾기, 무선수신기, 물티슈 등)을 사사로이 여기어 신고인 일행에게 충분한 동의를 받지 않고 일부 누락한 사항이 인정됨. 2. 앙코르톰 관광일정은 해당 여행사의 주장대로 진행경로에 해당됨에 누락하였다고 볼 수 없으나 신고인 일행이 누락하였다고 느껴질 정도로 설명이 부족했던 사항은 인정되며 전체적인 일정 진행에서 가이드의 미흡한 정보 안내와 부적절한 멘트로 인해 신고인 일행이 불편을 겪은 것으로 여겨짐. 3. 상기 1, 2사항을 사유로 전반적인 여행에서 신고인 일행에게 불편을 끼친 사항이 일부 인정됨에 여행요금의 20%를 보상하는 것이 합리적이라고 판단됨.

처리결과	쌍방 수용

제 목	가이드의 부적절한 언행으로 여행 내내 불편하다니...	
상품명 / 지역	방콕 파타야 5일 / 태국	
상품가 / 인원	성인 1인 : 399,000원	**기 간** 2011.07.22~07.26

신고인 주장	여행사 답변
1. 가이드의 부적절한 멘트 : 현지 가이드는 처음 만나서부터 우리 여행이 저가상품임을 이야기하며 불평하지 말라는 멘트를 하였고 자녀인 8살 아이가 버스에 누워 잠을 잤더니 "싸가지 없이 선생님이 앞에서 설명하는데 누워있다."는 말까지 하였음. 2. 쇼핑 강요 : 마지막 날은 쇼핑이 전부였고 한인회에서 운영한다는 곳은 무조건 사야 한다며 강요하면서 수익금은 한인학교에 쓰여진다고 하여 우여곡절 끝에 로열젤리 한 통을 구매하게 됨. 3. 옵션 강요 : 옵션은 개인사정(고소공포증)이 있어 할 수 없을 것 같았지만 가이드는 한 명이라도 하지 않을 경우 옵션진행을 하지 않는다고 함에 어쩔 수 없이 선택하게 됨.	1. 다른 고객들에게 해피콜 해본 결과 초저가 상품이라는 것을 언급하였지만 기분 나쁘게 말하지는 않았다고 확인하였으며 아이에게 "싸가지 없다."라는 말은 언급하지 않았음. 2. 잡화점은 실제로 일부 수익금을 한인학교에 기부하는 형태로 운영되며 고객들께 좋은 의미로 말씀 드리는 것인데 강요로 느끼셨던 것 같음. 3. 개별적으로 여러 옵션을 요구하면 예약시스템상이나 시간관계상 모두 도와 드리는 것이 어렵다고 안내드리며 패키지옵션을 추천함에 고객들께서 자율적으로 선택해주신 사항임.

신고인 요구사항	해당 여행사 입장
여행요금 전액 환불할 것	가이드의 언행 등을 당사로서 정확히 파악할 수 없지만 계약당사자로서 신고인이 신고사항처럼 느끼셨다면 사과드리는 바임. 이에 가이드팁으로 받은 9만원을 환불하겠음.(지불완료).

결정사항	해당 여행사는 신고인 가족에게 1인당 6만원씩 총 18만원을 지급하라.

결정이유
해당 여행사가 서면으로 제출한 해명자료(전화 내용 및 답변 등)를 볼 때, 신고인이 이의제기한 사항에 대하여 일부 인정하는 것으로 간주되며 특히 가이드의 부적절한 언행은 신고인 일행이 여행 전반에서 불편한 마음을 갖게 하는 등 불편을 초래한 사항이 인정되어 기 지급된 가이드 팁 9만원을 제외하고 여행요금의 15%에 상당하는 1인 6만원씩, 총 18만원을 보상하는 것이 합리적인 사항으로 판단됨.

처리결과	쌍방 수용

제 목	가이드 태도 미식사 불만족		
상품명 / 지역	계림 / 양삭 / 이강		
상품가 / 인원	성인 : 899,000원 / 11명 유류할증료 : 86,200원	기 간	2014.05.22~05.26

신고인 주장	여행사 답변
1. 쇼핑센터 방문 시 현지가이드의 태도가 좋지 못했으며 물건 판매목적의 안내가 빈번하였음. 식사 시에는 매번 10인 기준으로 상차림이 세팅이 되어 있었으며 음식량이 적어 부족한 부분에 대해서는 자비로 해결함. 2. 10살의 조카를 포함하여 11명이었던 일행의 상차림은 늘 10인의 식기만 세팅되어 있어 10인에 대한 식사비용만 지불하지 않았을까 의심스러움. 또한 방문하는 식당마다 1인에 대한 식기를 요청해야 했음.	1. 가이드 태도에 대해서는 인정하고 죄송스럽게 생각함. 상차림에 대한 부분은 원탁 기준으로 10인이 세팅되어 있었지만 고객님의 일행은 11명이기 때문에 10명 원탁에 식기와 의자를 1개씩 추가하여 제공함. 음식량에 대한 부분은 지극히 주관적이라 판단되어짐. 2. 가이드 불친절에 대한 부분은 인정하여 1인 20불씩 총 220불은 환불 가능하나 식사 및 다른 불편사항에 대한 부분은 인정하기 어려운 부분으로 보상 불가능함.

신고인 요구사항	해당 여행사 입장
총 220불 + 110만원 : (가이드팁 20불 + 보상금액 10만원) × 11명	총 220불 : 가이드팁 환불

결정사항	해당 여행사는 신고인 외 10명에게 가이드팁 220불과 110만원을 지급하라.

결정이유
해당 여행사의 가이드가 단순히 상품안내 역할만 하고 서비스가 좋지 못하였음. 또한 여행객들의 불편사항을 해소해 줘야 하는 상황에서 문제해결 및 서비스를 하려고 하는 마음이 없었던 것으로 보여짐. 아울러 이러한 불편사항에 대해 사후처리가 없었던 점과 가이드로 인해 발생된 불쾌함을 감안하여 여행사에서는 가이드팁과 보상금액을 지급하는 것이 합당하다고 판단됨.

처리결과	쌍방 수용

제 목	불성실한 가이드 및 WIFI 미제공
상품명 / 지역	터키

상품가 / 인원	성인 : 1,467,200원 / 3명 유류할증료 : 263,000원	기 간	2014.10.05~10.13

신고인 주장	여행사 답변
1. 여행사에서 WIFI 서비스를 제공하기로 하였으나, 전체 9일 일정 중 2일만 제공되었으며 숙소에서 연기가 발생하였을 때는 항의한 고객에 대해서만 방을 교체해줌. 2. 가이드는 일정진행 시간이 팍팍함에도 무리하게 선택관광을 할인하여 판매하여 환불하는 상황도 발생되었으며 열기구를 탈 때에는 양해도 없이 다른 행사팀과 이동하게 함. 3. 가이드는 준비물 등 사전안내사항을 당일 이동 시에 안내하고 시간관리를 하지 못해 낭비하는 시간과 쇼핑에 할애하는 시간이 많았음.	1. 버스의 WIFI기계가 이용객이 폭증하여 통신망장애가 발생하였으나 가이드가 핸드폰으로 데이터 서비스를 제공하여 대처하였고, 이에 따른 손해액은 지불할 의사가 있음. 숙소에서 발생된 연기는 호텔에서 방을 소독하며 발생된 수증기였으며 이로 인해 소음이 발생되어 방을 교체한 것임. 2. 상품에 포함된 일정은 정상적으로 진행되었으며 현지 여행사에서 선택관광을 무리하게 진행하는 것을 금지하여 비용을 환불하여 줌. 3. 다른 여행자들에게 확인한바 쇼핑 강요 등 신고인이 지적한 가이드의 문제점은 확인되지 않았음.

신고인 요구사항	해당 여행사 입장
총 432,000원 : 가이드 경비 90유로 × 3인 + 데이터사용료 63,000원	총 63,000원 : 해외 데이터 사용료 환불

결정사항	여행사는 신고인 외 2인에게 총 153,000원을 지급하라.

결정이유
여행사에게서 제공하기로 한 WIFI 서비스가 온전히 제공되지 않았으며, 가이드의 사전안내가 부족하여 여행자에게 일정부분 불편을 야기한 것이 인정되므로, 해외 데이터이용료 63,000원과 가이드 경비의 일부(3만원/1인)를 지급하는 것이 합당하다고 판단함.

처리결과	쌍방 수용

제 목	개별 일정 변경으로 인한 분쟁		
상품명 / 지역	보라카이 / 필리핀		
상품가 / 인원	성인 : 509,000원 / 4명	기 간	2015.05.31~06.04

신고인 주장	여행사 답변
1. 첫날, 공항에서 리조트 이동 시 헬퍼의 도움을 받지 못해 캐리어가 고장났으며 석식 시 음식이 제대로 준비되지 않았으나 가이드가 조치하지 않아 식사를 할 수 없었음에도 가이드 경비를 요구함. 2. 둘째 날, 가이드를 만나 일정을 빼고 마지막날 샌딩만 도와달라고 요청하며 동의서를 작성하여 주자 여행사에서 계약위반으로 문자가 왔으며 가이드에게 연락을 하자 가이드 경비를 요구함. 3. 셋째 날, 여행사에 가이드 변경을 요청하여 새로운 가이드를 배정받았으나 동일하게 가이드 경비를 지불하지 않고는 도움을 줄 수 없다고 함. 4. 넷째 날, 여행사에서 샌딩서비스를 해주겠다는 문자를 받았지만 이미 주변의 도움을 받아 공항으로 출발한 후였으며 항공권에 성별을 잘못 표시하여 출국심사과정에서 문제가 발생함.	1. 리조트의 지리적 위치로 인해 100m 가량 이동하였고 헬퍼는 다른 리조트 이용자 안내를 위해 이동하였으며 신고인 일행이 석식 미팅시간에 늦어 식사 대기 중 강력하게 항의하며 식당을 나감. 2. 일정변경을 요구하고 추후 가이드 경비 지급을 약속하였으나 지키지 않았으며 여행자의 이탈은 업무의 중대한 사항으로 상품 담당자에게 보고한 것임. 3. 상품 담당자는 가이드 변경 및 자유일정 진행 후 샌딩을 진행하기로 하였음. 4. 가이드가 카톡과 문자로 수차례 연락하였으나, 응답이 없었으며 항공사에 고객정보를 제대로 전달하여 출발 시에는 문제가 없었으나 항공사의 사정으로 리턴항공권의 성별이 오표기된 사항임.
신고인 요구사항	해당 여행사 입장
총 150만원 보상 : 25만원(여행요금의 약 50%) × 4인 + 추가경비 38만원 + 캐리어 비용 12만원	총 10만원 : 10만원(여행요금의 20%) × 4인(성별오류자)

결정사항	여행사는 신고인 외 3인에게 총 50만원을 지급하라.

결정이유
동 사항은 공항 픽업 및 샌딩서비스, 식사 등이 계약내용대로 온전히 제공되지 않은 것으로 판단되며 항공권의 성별이 잘못 표기된 것이 확인되므로 1인당 10만원씩 40만원과 항공권 성별 오류에 대한 위로금 10만원 등 총 50만원을 지급하는 것이 합당하다고 판단됨.

처리결과	쌍방 수용

제 목	인솔자의 행사진행 미흡		
상품명 / 지역	유럽		
상품가 / 인원	성인 : 3,690,000원 / 19명	기 간	2015.07.13~07.23

신고인 주장	여행사 답변
1. 타사와 달리 시내 중심에 위치한 호텔을 제공하는 것으로 광고하였으나 도시 외곽에 위치한 호텔을 제공함. 2. 안전을 위해 전문 인솔자가 동반한다고 하였으나 여행지 정보 및 지식이 부족하여 사전안내 및 문제해결능력이 부족하였고 도리어 8차선 도로를 무단횡단하게 하고 열차를 놓치는 등 여행자를 위험에 빠트리는 상황이 발생함. 3. 비전문 인솔자의 동행으로 이번 여행에서 스트레스를 많이 받아 정신적인 피해와 인솔자가 동행하지 않는 일정이 동일한 호텔팩의 경우 70만원 정도 저렴하므로 차액을 반환해야 함.	1. 홈페이지를 통해 주로 사용하는 호텔의 정보를 안내하고 있으며 오리엔테이션을 통해 확정된 호텔들에 대해 재차 안내 드렸으며 런던 호텔의 경우 시내중심은 아니지만 유로스타를 이용하기에는 더욱 용이한 위치임. 2. 인솔자는 출발 전부터 다양한 자료를 제공하며 여행자들의 요청사항에 성실히 협조하고 해결하려고 노력하였으나 현지 사정으로 부득이하게 발생된 사항에 대해 일부가 인솔자의 전적인 잘못으로 돌아감. 3. 현지에서 불편사항 접수 후 해결을 위해 회사와 인솔자가 노력하였으나 일행 중 일부가 인솔자의 지시사항을 따르지 않고 개별적인 행동을 하며 다수를 선동하여 발생된 부분에 대해서는 배상할 수 없음.

신고인 요구사항	해당 여행사 입장
총 19,000,000원 보상 : (여행경비의 차액 70만원+위로금 30만원)×19명	총 570만원 보상 : 위로금 30만원 할인

결정사항	신고인 외 18인에게 총 855만원을 지급하라.

결정이유

동 사항은 자격이 없는 인솔자가 동반하였고 인솔자의 역할과 임무에 대해 준비가 되지 않아 여행자의 불편이 가중된 것으로 여행요금의 차액 40만원과 위로금 5만원을 감안하여 1인당 45만원을 지급하는 것이 합당하다고 판단됨.

처리결과	쌍방 수용

4 숙박 관련 불편신고사례

다음은 한국여행업협회에서 발행한 여행불편신고처리사례집에 게재된 숙박에 대한 민원 관련 사례들이다.

제 목	오션뷰로 계약했는데 가든뷰였으니 전액 보상하라.		
상품명 / 지역	푸껫 4박 6일(머큐어 2박 + 쓰리판와 2박)		
상품가 / 인원	2,090,000원 / 2명	기 간	2010.10.17~10.22

신고인 주장	여행사 답변
1. 처음부터 '쓰리판와' 풀빌라를 원하여 해당 여행사에 문의 하였지만 가격이 비싸 '쌍띠' 풀빌라를 추천받아 계약함. 2. 그러나 '쌍띠'가 마음에 들지 않아 다른 여행사를 알아보던 중 '쓰리판와' 예약이 가능하며, 오션뷰 객실로 해준다기에 해당 여행사에 계약취소를 요청하게 됨. 3. 해당 여행사는 사유를 물으며, 타 여행사에서 알아본 것과 같은 조건('쓰리판와' 풀빌라 오션뷰)으로 해주겠다고 함에 수용함. 4. 오션뷰라는 조건이 중요하여 출발 전 여러번 확인을 하였으며 그때마다 해당 여행사가 오션뷰가 맞다고 확인해주었음. 5. 3일차 기대했던 풀빌라 숙박을 위하여, 객실배정을 받아 가보니 가든뷰 객실이어서 해당 여행사에 연락했지만 아무런 조치를 취해주지 않았음.	1. 2010년 5월 2일 신고인 커플은 당사에 방문하여 리조트 2박과 풀빌라('쌍띠') 2박으로 계약 체결함. 2. 이후 다른 여행사를 방문하여 '쓰리판와' 풀빌라 상품을 보았다며 계약해지를 요청함. 3. 당사 담당자가 '쓰리판와'로 예약이 가능한지 확인 후 변경을 해주었지만 계약서를 작성하는 과정에서 신고인이 할인을 요구하여 당사 허니문 특전 중 가방을 제외하는 조건으로 1인 209만원에 계약을 체결함. 4. 3일차 새벽 1시경에 핸드폰으로 연락이 왔지만 그시간 당사로서 해결할 수는 없었기에 담당자를 확인하고 내일 통화할 것을 말했지만 신고인 일행은 막무가내로 화를 냄. 5. 다음 날 담당자에게 확인하니 '쓰리판와' 풀빌라 관계자로부터 오션뷰객실 예약을 확인하고 인품을 드렸는데 랜덤으로 배정을 받다보니 이런 일이 발생하였다고 함.

신고인 요구사항	해당 여행사 입장
4,228,000원 보상할 것	현재는 보상의사 없음

결정사항	해당 여행사는 신고인 부부에게 계약서상 여행요금의 10%인 금 418,000원을 지급하라.

결정이유
1. 해당 여행사 이사의 진술[직접 해당 풀빌라 '쓰리판와' 인스펙션에 참가하여 풀빌라담당자에게 '바다가 보이지 않는 객실은 없다'라는 정보를 습득하였음]은 신고인 일행의 요청사항에 따라 오션뷰 객실을 제공하는 조건으로 계약되었음을 증명하는 사항임. 2. 신고인 부부는 해당 여행사의 무성의한 대처를 주장하고 있지만, 해당 여행사에서 풀 사이즈가 다른 객실로 변경을 제안한 점, 신고인의 레이트 체크아웃 요구사항을 수용한 사항 및 자유쇼핑을 돕고 마사지를 제공한 점 등을 고려할 때 여행사가 고의적으로 무성의한 대처를 하였다고 보기에는 어려움이 있음.

3. 상기 1처럼 해당 여행사가 신고인 부부에게 약속한 오션뷰 객실을 제공하지 못하였지만 불편을 해소하기 위한 여행사의 노력이 일부 인정되고 단지 바다가 보이지 않았다는 이유만으로 여행요금의 전액을 청구하는 것은 무리가 있어 보임에 해당 여행사에서는 계약한 여행요금(금4,180,000원)의 10%인 418,000원을 신고인 일행에게 지급하는 것이 합리적이라고 판단 됨.

처리결과	불합의

제 목	호텔의 오버부킹으로 인한 변경이니 여행사의 책임이 아니야!	
상품명 / 지역	리츠칼튼 리조트 오션뷰(3박)&마하팔라풀빌라(2박) 6일 /인도네시아 발리	
상품가 / 인원	200만원 / 2명	기 간	2008.09.21~09.26

신고인 주장	여행사 답변
1. 사전 아무런 통보 없이 현지에 도착하니 가이드로부터 숙소가 변경되었다는 통보를 받았음. 2. 본래 숙박하기로 했던 리츠칼튼은 최고급 호텔이면서 객실도 상급에 속하는 곳인데 변경된 라구나리조트는 신혼부부를 위한 공간도 아니었으며 트윈룸이어서 침대를 붙여 사용하게 함. 3. 둘째 날 역시 리츠칼튼은 방이 없다 하여, 한국에서 오션블루라는 곳을 들어봤다는 의견을 내어 변경하였으나 리츠칼튼에 비할 바는 아니었음. 4. 여행사에서는 마사지만 한 번 더 해주었을 뿐 아무런 보상의 의사가 없었음.	1. 리츠칼튼 측의 일방적인 당일 통보로 인해 사전에 알수 없어 현지에서 급하게 객실작업을 하였음. 2. 리츠칼튼에서의 객실 등급은 상급이 아니며, 오히려 변경해 준 라구나 리조트의 풀엑세스룸이 상급에 속하고 금액적으로도 15만원이 더 비쌈. 3. 둘째 날 손님이 원하여 변경해준 오션블루는 일반 리조트가 아닌 풀빌라로서 리츠칼튼보단 25만원이 더 비싼 초특급 리조트임. 4. 당사 입장에서 어쩔 수 없는 상황이었으나 최대한 고객 입장에서 변경을 도왔으며 마사지 등 행사 업그레이드를 해준 비용만 해도 300달러 이상 발생함.

신고인 요구사항	해당 여행사 입장
여행불편처리센터와 통화 후 30만원이면 수용할 의사가 있음.	보상의사 없음.

결정사항	해당 여행사는 신고인 외 1인에게 1인당 10만원(여행요금의 5%)씩 보상하라.

결정이유

1. 숙박변경 사유가 오버부킹에 의한 것으로서 해당 여행사의 직접 과실로 보기는 어려우나 계약된 숙소를 제공하지 못한 점은 명백한 계약위반사항이며 해당 여행상품이 허니문여행인 점을 감안함.
2. 다만, 상시 사유로 불편을 겪은 신고인 일행을 위해 해당 여행사에서 업그레이드된 서비스를 제공한 점이 인정되며 관례상 부득이하게 발생한 사항임을 감안할 때, 여행요금의 5%를 보상하는 것이 합리적이라고 판단됨.

처리결과	쌍방 수용

제 목	호텔 전산오류에 대한 여행사 후속조치가 미흡했으니 보상하라.		
상품명 / 지역	홍콩 자유여행 3박 4일		
상품가 / 인원	499,000원 / 2명	기 간	2011.08.12~08.15

신고인 주장	여행사 답변
1. 해당 여행사를 통하여 홍콩 자유여행을 예약하여 홍콩 도착 당일 저녁 7시에 도착하여 예약되어 있는 호텔에 도착, 체크인을 하려 여행사에서 준 호텔 바우처를 제시하였음. 데스크에서 20분 동안 기다렸으나 호텔직원은 1시간이나 지난 후 호텔예약이 취소되었다며 방을 다시 잡으려면 결재를 다시 하라고 하였음. 2. 여행자 둘 다 카드도 없는 상황이라 여행가방을 들고 햄버거가게에서 밤을 새웠으며 다음 날 부모님이 여행사에 전화를 하였음. 해당 여행사에서는 호텔이 취소를 한 것 같다며 체크인 시 호텔 프론트에서 여행사 취소하였다는데 무슨말이냐 따져 묻자 호텔 디파짓을 하라며 손님에게 잠깐 있어보라고 한 것인데 나가버렸다고 한다는 변명을 하였음. 재차 항의하자 담당자가 호텔에 다시 얘기해놨다면서 호텔로 돌아가 체크인을 하라고 하였음.	1. 당사에서는 명확히 호텔을 예약하였음. 다만, 호텔 측에서 전산상 오류와 여러 가지 의사소통의 오류로 인해 발생된 건으로 호텔 측에서는 고객의 여행일정에 불편함이 없게 하기 위해 보증금 목적으로 신용카드 디파짓을 하도록 권유하는 등 최선을 다해 처리하였으며 추가적으로 이러한 이유로 고객님의 동의하에 스위트룸으로 업그레이드하여 제공하였다고 호텔 측으로부터 연락받았음.

신고인 요구사항	해당 여행사 입장
1인당 100만원	1인당 호텔비 1박에 관한 5만원 환불 1인당 여행경비의 20%인 10만원 환불 본 건 관련 국제전화통화료 실비 보상

결정사항	해당 여행사는 신고인 외 1인에게 1인당 20만원씩 총 40만원을 보상하라.

결정이유
1. 신고인이 홍콩 자유여행의 호텔예약 불편으로 현지에서 즉각적으로 조치받지 못하였고 해당 여행사는 사후 대처 시스템 미비에 따라 신고인 외 1인에게 불편을 겪게 한 점이 인정됨. 2. 호텔예약 착오에 따른 불편을 즉각적으로 조치를 받지 못하여 불편이 초래된 부분에 대하여 해당 여행사가 신고인 외 1인에 대하여 1인당 20만원씩 보상할 것을 심의 결정함.

처리결과	불합의(신고인 불수용)

제 목	호텔의 다양한 서비스를 안내했었어야지 …		
상품명 / 지역	강추[퍼팩트 퓨전] 스위스벨 호텔+스위스벨 풀빌라 6일 / 발리		
상품가 / 인원	2,090,000원 / 2명	기 간	2011.10.17~10.22

신고인 주장	여행사 답변
1. 여행 계약 시 매일매일 초콜릿 아로마 등을 다양하게 선택하여 스파를 즐길 수 있다고 하였으나 추가비용을 지불해야 받아볼 수 있는 서비스였음. 2. 호텔은 특급호텔 같지 않았으며 식사부분에서 캔들라이트 디너는 사진과 달리 부실하였고 짐바란 씨푸드의 랍스타는 손바닥크기여서 만족스럽지 못하였으며 기타 식사도 만족스럽지 못하였음. 3. 나이트투어는 꾸따 시내 라이브카페 일정은 맥주 한 병 먹고 온 것밖에 없음.	1. 신고인 상품은 4일 동안 스위스벨 호텔 내에서 리조트 스파를 받으실 수 있는 상품으로 추가금액이 발생하지 않으며 고객의 동의하에 4번 중 1번은 외부마사지를 받으셨고 마사지 숍에서 추천한 EAR CANDLE은 15불 추가 비용을 지불하였음. 현지에서 제공된 선택관광 리스트 중 특별 스파를 별도로 추가하여 하실 수 있는 선택관광 리스트 임. 2. 발리 스위스벨 호텔 베이뷰는 4성급 호텔임. 일정 마지막 날 저녁식사 장소에서 호텔이 한국에서 추천하였던 것에 비해 미비하다고 말씀하심. 캔들라이트 디너는 고객분들에게 보편적으로 제공되는 내용이며 짐바란 씨푸드도 일정상에서 제공되며 다른 일행들에게도 제공하였음. 고객님들이 현지식이 입에 맞지 않다고 하시어 현지인 가이드가 총 3번을 한식으로 변경하여 드렸음. 3. 발리의 나이트 투어는 일정표에 게시된 대로 진행되었고 설명의 과장은 있을 수 없음. 해당 여행상품은 기획된 내용대로 모두 고객들에게 제공이 되었으며 만족을 드리지 못해 유감임.

신고인 요구사항	해당 여행사 입장
1인당 30만원 보상	금전적 보상의사 없음

결정사항	해당 여행사는 신고인 외 1인에게 1인당 209,000원씩 총 418,000원을 보상하라.

결정이유
1. 신고인이 해당 여행사로부터 제공받은 정보의 불충분으로 리조트 서비스를 원활하게 이용하지 못하여 불편을 겪은 점이 인정됨. 2. 여행상품이 여행사에서 알려준 정보에 못미치게 부실하여 불편이 초래된 부분에 대하여 해당 여행사가 신고인 외 1인에 대하여 1인당 상품가의 10%를 보상할 것을 심의·결정함.

처리결과	쌍방 수용

제 목	호텔 리모델링 공사로 인한 불편 등		
상품명 / 지역	필리핀		
상품가 / 인원	397,048원 / 1명	기간	2013.09.17~09.20

신고인 주장	여행사 답변
1. 호텔 예약 시 고층, 흡연룸을 요청하였고, 예약 담당자분의 확인까지 받았으나 현지 호텔에서는 전혀 모르고 있는 내용이었음. 2. 인터넷 비용이 유료임을 안내하지 않았음. 3. 신고인의 방 윗층 리모델링 공사 소음으로 불편을 겪었으며 여행사나 호텔 측에서는 리모델링에 관한 안내가 전혀 없었음. 또한 옮길 수 있는 고층 흡연 룸이 없다는 것을 알고 있었기 때문에 호텔 측에 방이동을 요청하지는 않았음.	1. 당사에서는 공급사인 해당 여행사에 호텔로 요청사항을 전달함은 물론 신고인의 요청사항은 확정사항이 아님을 홈페이지 예약 시와 예약 후 SMS 발송, 호텔 바우처의 사용 안내문에 대하여 안내함. 2. 호텔 바우처에 명시되어 있음. 3. 호텔 바우처에 명시되어 있음.
신고인 요구사항	해당 여행사 입장
397,048원 (호텔 3박 비용)	보상 불가

결정사항	신고인의 보상청구를 기각한다.

결정이유
신고인이 해당 여행사의 예약시스템을 통해 직접 예약한 사항으로 해당 여행사는 바우처, SMS 등을 통하여 신고인의 요청사항 미확정 및 인터넷 비용에 대해 안내를 하였으며 신고인의 호텔 투숙 중 보수·공사에 대한 문제제기가 없어 호텔 측에서 소음에 대한 불편사항을 확인할 수 없음.

처리결과	기각

제 목	호텔 등급 계약위반		
상품명 / 지역	대만/화련/태로각협곡/아류		
상품가 / 인원	성인 419,000원 아동 120,000원	기 간	2013.10.12~10.14

신고인 주장	여행사 답변
1. 일정표에는 '산천호텔 또는 동급'이라고 되어있고 4성급 호텔이라고 안내받았으나 실제로 제공된 '황태호텔'은 시설 및 위생상태가 4성급 수준 미달인 호텔이었음. 2. 대만 관광청에 문의한 결과 대만에도 호텔 등급이 있고 금액은 같은 등급이라고 여기지 않았으며 산천호텔은 지방의 온천 호텔급으로 생각하면 될 듯한데 황태호텔은 나와 있지 않다는 답변을 받았음. 3. 호텔 식당의 위생상태 불량으로 조식 2회 먹지 못함. 4. 온천 가능시간 안내판이 공란으로 되어 있는 것으로 보아 애초에 온천을 할 수 있는 호텔이 아니었음.	1. 현재 국제적으로 통용되는 호텔 등급의 표기 기준이 없으며 현지 호텔 측으로부터 받은 판매가격을 기준으로 산천호텔과 황태호텔은 동급 호텔로 안내하고 있음. 2. 대만호텔의 경우 정부에서 인/허가하여 등급을 산출하는 형태가 아닌 관광청에서 자율적으로 평가 신청을 받아 관광청의 평가로 등급을 나누고 있으나 대만 자오시는 많은 관광객이 찾는 온천 지역의 특성상 다수의 호텔이 관광청에 평가 신청을 별도로 하지 않으며 관광청에 등록이 되지 않은 호텔이 더 많음. 3. 당시 제공한 황태호텔의 조식은 현지 및 한국 여행자들이 지금 이 시간에도 식사를 하고 있으며 고객의 개인적인 취향으로 생각됨. 4. 온천욕이 가능한 시간대가 표지판으로 게시되어 있으며 고객의 주장은 고객의 착오로 판단됨.
신고인 요구사항	**해당 여행사 입장**
조식 2회 비용 및 호텔 불편으로 인한 손해배상	보상 불가

결정사항	여행사는 신고인 외 5인에게 총 60만원을 지급하라.

결정이유
해당 여행사에서 호텔 등급이 없는 호텔을 4성급으로 안내하였으며 호텔 청결상태 및 음식 수준이 미흡하여 신고인 일행이 불편을 겪은 사항이 인정됨.

처리결과	쌍방 수용

제 목	호텔 침입자 발생 등으로 인한 보상 분쟁		
상품명 / 지역	포르투갈/스페인/모로코		
상품가 / 인원	1,950,000원 / 10명	기 간	2015.05.15~05.26

신고인 주장	여행사 답변
1. 첫째 날, 호텔에서 안전고리도 없는 1층에 방을 배정받아 새벽에 무단침입자가 들어와 정신적인 충격으로 여행을 제대로 할 수 없었음. 2. 몸이 불편한 친구가 있어 플라멩고 선택관광을 진행하지 않으려고 하였으나 현지 가이드의 강력한 권고에 참여할 수밖에 없었음. 3. 일정에 포함된 알함브라궁전과 프라도미술관 방문 시 가이드가 의도적으로 코스를 변경하여 주변만 관광함. 4. 여행 후 정신과 치료도 받고 있으나 여행사에서는 안부전화도 없었으며 오히려 적반하장의 자세를 취하고 있음.	1. 프랑스 손님이 두고간 물건을 찾으러 청원경찰과 함께 방을 찾아가 상황을 설명하였으나 의사소통이 제대로 되지 않은 상황으로 호텔에서도 사과드림. 2. 선택관광 진행에 대해 신고인 일행분들을 제외한 모든 분들이 참여하신다고 하여 재확인차 물어본 것이고 최종적으로 신고인 일행 중 한 명은 참여하지 않았음. 3. 알함브라궁전과 프라도미술관은 내부에 입장하여 이상 없이 행사를 진행함. 4. 당시 인솔자가 안심시키기 위해 프론트에 확인하여 충분히 상황을 설명하고 호텔에서 사과도 진행하였으며 위로 차원에서 약간의 보상을 생각하였으나 너무 과도한 요구를 해 응대할 수 없었음.
신고인 요구사항	**해당 여행사 입장**
총 200만원 보상 : 여행경비의 50% × 2인(투숙객)	총 20만원 보상 : 위로금 10만원 × 2인

결정사항	여행사는 신고인 외 1인에게 총 200만원을 지급하라.

결정이유

동 사항은 가이드가 무리하게 선택관광을 진행하였으며 호텔에서 신고인 일행에게 적절한 양해과정 없이 새벽 2시 30분경 갑자기 입실하여 불편이 발생되었고 이후 여행사에서 신고인의 불편사항에 대해 적절히 대처하지 않아 불편이 가중된 것이 인정되므로 치료비용, 국제전화요금, 위로금 등을 감안하여 신고인의 요구사항에 따라 1인당 여행요금의 50%에 해당하는 100만원씩 총 200만원을 지급하는 것이 합당하다고 판단됨.

처리결과	불합의(여행사 불수용)

5 상담원 관련 불편신고사례

다음은 한국여행업협회에서 발행한 여행불편신고처리사례집에 게재된 상담원에 대한 민원 관련 사례들이다.

제 목	인천 – 프랑크푸르트 왕복 항공권		
상품명 / 지역			
상품가 / 인원	7,016,400원	기간	2009.07.28~08.11

신고인 주장	여행사 답변
1. 해당 여행사에서 항공권 예약을 하기 전, 타 여행사와 항공권 예약 진행을 하고 있었으며 해당 여행사가 항공료를 총 7,016,400원으로 해주겠다고 하면서 타 여행사와 진행하고 있는 항공 예약에 대해 취소를 권하였음. 2. 발권을 해야 하는 날 해당 여행사에 방문하자 항공 요금을 잘못 계산했다고 하며, 7,998,300원이지만 과실을 인정하여 222,000원을 할인해서 총 7,776,300원의 항공료를 제시하였음. 3. 이에 대전 소비자센터에 문의하자 상담원이 해당 여행사와 통화를 하여 7%를 할인하는 것으로 조율했다며 그렇게 처리할 것을 권하였음.	1. 7월 10일 신고인은 인천-프랑크푸르트 구간 아시아나 왕복 티켓 요금 문의(7월 28일 출발 8월 12일 귀국)를 하였음. 이에 귀국일은 8월 11일이 가능할 것으로 안내하고 총 금액을 알려주었음. 신고인은 일행과 상의 후 연락을 준다고 하였으며, 잠시 후 예약 요청 연락을 함. 2. 담당자의 실수로 일행 한 명의 항공료를 빼고 계산하여 총 결제 요금을 잘못 안내하였음. 그러나 신고인에게도 요금을 전화상으로 안내한바 요금이 잘못되었음을 알 수 있었던 사항으로 생각 됨. 3. 여행상품을 여행사에 계약했으면, 그 계약시의 약관에 준해 배상할 책임과 의무가 있음. 그러나 항공예약은 항공사의 위탁을 받아 발권업무를 해주고 수익을 발생시키는 업무임. 계약과 예약은 책임을 물을 수 있는 상황이 다르다고 생각함.
신고인 요구사항	해당 여행사 입장
항공료 차액(253,600원)과 일정변경으로 인한 피해(1일 10만원 × 7일) 총 953,600원 보상 요청	보상 불가

결정사항	신고인 외 5인의 보상청구를 기각함.

결정이유
여행계약이 성립되지 않았으므로, 심의대상이 되지 않음에 기각함.

처리결과	기각

제 목	여행정보 안내서비스가 미흡하였으니, 보상하라.		
상품명 / 지역	싱가폴 1박 + 스위스벨 풀빌라 3박		
상품가 / 인원	성인 1,850,000원	기 간	2011.03.26~03.31

신고인 주장	여행사 답변
1. 출국 당일 4시 40분까지 공항에 도착하여야 한다고 문자가 와서 결혼식(평택)을 끝내고 급하게 차를 밟아 도착했으나 담당자는 5시에 만나는 걸로 되어 있었다며 티켓팅까지 마친 후에야 도착하였음. 발리에 가면 다른 팀이 있을 것이라고 안내하였음. 인도네시아 입국신고서 카피본만 주고, 싱가폴 입국에 대한 설명은 없어 현지 도착 후 30분 넘게 헤맨 후에 출구로 나갔는데, 다른 일행이 있었음. 2. 1박 후 다음 날 가이드는 발리로 가는 항공편 시간이 6시 40분인데 남는 시간 동안 옵션투어(100불/1인)를 하자고 했음. 다른 커플이 한다고 해서 같이 할 수밖에 없었고, 끝날 무렵 일정표를 가이드한테 보여주니 신고인 커플의 비행시간은 4시 40분이라고 했음. 3. 여행사로 연락하니 실수가 있었다며 일단 신고인 커플이 개별적으로 티켓팅을 다시 하면 귀국 후 환불해 주겠다고 함. 4. 다시 티켓팅을 하고 발리에 도착하여 가이드에게 늦게 도착하여 미안하다고 하니 가이드는 6시 40분으로 알고 있었으며, 다른 팀에 물어봤더니 이번에는 신고인 커플밖에 없다고 함.	1. 공항의 담당자는 본 여행사의 직원이 아니며 왜 그렇게 설명했는지 알 수 없음. 일정표상에 다른 팀과의 조인 여부에 대해서 안내한 바도 없음. 2. 싱가폴 현지 여행사에 시간이 변경된 것을 알리지 못해 불편을 드린 점은 죄송하게 생각함. 3. 새로 티켓팅을 하면서 발생한 비용은 환불 처리함(249,920원).

신고인 요구사항	해당 여행사 입장
· 제 시간에 발리로 갔다면 하지 않아도 됐을 옵션비 200불 · 추가로 가이드와 커뮤니케이션이 되지 않아 불편을 겪은 것에 대해 보상을 원함.	· 옵션 비용은 개인적인 의사에 의해 발생한 것으로 환불은 불가능함. · 불편에 대한 사과의 뜻으로 상품권 5만원 보상의사 있음.

결정사항	해당 여행사는 신고인 일행에게 15만원씩 총 30만원을 지급하라.

결정이유
1. 송객 서비스는 여행사의 중요한 업무로서 잘못된 정보를 제공한 것은 여행사의 과실임.   2. 또한 현지 신고인 일행의 일정을 잘못 전달하여 불편을 끼친 것으로 인정됨에 따라 주문과 같이 보상금액을 결정함.

처리결과	불합의(여행사 불수용)

6 교통 관련 불편신고사례

다음은 한국여행업협회에서 발행한 여행불편신고처리사례집에 게재된 교통에 대한 민원 관련 사례들이다.

제 목	항공권 확보하지 못했으니 보상해!		
상품명 / 지역	호주/뉴질랜드 8일		
상품가 / 인원	성인 : 1,590,000원 유아 : 450,000원	기 간	2009.12.17~12.26

신고인 주장	여행사 답변
1. 여행을 준비하던 중, 해당 여행사로부터 여행 출발 10일 전인 12월 9일 항공권 미확보(호주-뉴질랜드 구간)에 따른 여행 취소를 통보해옴. 이에 해당 여행사에 위약금을 요구하였으나 최소 출발인원 부족으로 인한 여행 취소임을 주장하며 계약금 환불 처리만 하겠음을 통보 받음. 2. 여행 취소 사유가 최소 출발인원 부족이 아닌 항공권 미확보(호주-뉴질랜드)이므로 표준약관대로 위약금을 지급할 것을 요구함.	1. 여행 최소 출발인원이 확보되지 않은 관계로 12월 19일 출발자에게 출발 가능일인 12월 21일 상품을 권유하였으나 신고인을 제외하고는 모두 일정 변경을 하였음. 2. 이 과정에서 고객에게 사전 정보제공을 위하여 12월 7일 유선상으로 수수료 및 약관에 대한 내용을 공지하였고 이해를 부탁드렸으며 2010년 1월 행사 일정에 경제적인 혜택을 제의하였으나 신고인이 수용하지 않음.

신고인 요구사항	해당 여행사 입장
국외여행표준약관에 준해 위약금 요구	위약금 지급의사 없음.

결정사항	해당 여행사는 신고인 외 3명에게 여행경비의 5%인 금 261,000원을 지급하라.

결정이유
1. 해당 여행사는 신고인과의 계약내용대로 (호주-뉴질랜드 구간)을 확보하지 못한 점이 인정됨. 2. 이에 해당 여행사는 신고인에게 국외여행표준약관에 준해 여행경비의 5%를 보상하는 것으로 결정함.

처리결과	쌍방 수용

제 목	운송시설이 결항된 경우 대체방안을 모색해줘야지!		
상품명 / 지역	뉴칼레도니아 누메아 / 일데팡 6일		
상품가 / 인원	성인 : 2,499,000원	기 간	2009.04.06~04.11

신고인 주장	여행사 답변
1. 뉴칼레도니아 국내 항공사의 파업이 여행출발 1주일 전부터 시작했음에도 관광일정 변경가능성에 대한 아무런 정보를 받지 못하고 현지에서 변경통지를 받았으며 이로 인해 일데팡에서의 자유일정을 제대로 즐기지 못함. • 계약일정 : 누메아 출발 4.8(수) 09:40 출발 일데팡 출발 4.10(금)19:30 출발 • 변경일정 : 누메아 출발 4.8(수) 18:30 출발 일데팡 출발 4.10(금)16:30 출발 2. 호텔 로비에 문의하니 배편이 존재한다는 사실을 알게 되었는데 이를 여행사는 사전에 알고 있었으므로 의향을 묻고 대체해야 했음에도 아무런 조치를 하지 않았음.	1. 당사가 항공사 파업으로 인해 스케줄이 변경 된 사실을 안 것은 여행 2일째인 4. 7(화)이어서 미리 조치를 취하지 못하였음. 2. 대체편으로 페리(선박)를 이용할 수는 있었으나 항공비용 환불이 불가능한 점과 선편비용이 추가로 발생하게 되는 점 등으로 인해 권해드리지 못함.

신고인 요구사항	해당 여행사 입장
2명에 대하여 총 1,145,000원에 합의할 의사가 있음.	항공사의 파업이 당사의 과실은 아니나, 그로 인해 불편을 겪으신 것에 대하여 1인당 10만원의 보상을 제안드림.

결정사항	해당 여행사는 신고인 외 1명에게 1인당 125,000원씩 총 25만원을 지급하라.

결정이유
1. 쌍방이 모두 항공사가 파업을 하였다고 주장하고 있지만 해당 항공사의 항공편 일부가 운행된 점을 감안할 때 파업이 아닌 태업인 것이 인정됨. 2. 이에 상기 1사항은 해당 여행사가 사전에 인지할 수 없었던 상황으로서 해당 여행사의 귀책이라고 볼 수 없음. 3. 다만, 선편 등 대체방안을 모색하여 여행자에게 선택권을 주지 못하고 일정안내 등을 제대로 진행되지 못한 과실이 일부 인정됨에 여행요금의 5%를 지급하는 것이 합당하다고 판단됨.

처리결과	쌍방 수용

제 목	자유여행인데 천재지변에 보상하라니 …		
상품명 / 지역	해피뉴이어 정통호텔UP+향토요리 온천 3일 / 일본		
상품가 / 인원	성인 : 569,000원	기 간	2010.12.29~12.31

신고인 주장	여행사 답변
1. 가이드가 아무런 사전 연락 없이 변경됨. 2. 2일차 이동 중 가이드가 12월 31일 폭설로 인해 귀국편 배가 결항되었고, 1월 3일까지 배는 뜨지 않으며 귀국 방법은 항공편만이 유일하다고 설명함. 3. 여행자들은 기다렸다가 배 타는 방안을 물었지만 가이드는 무조건 항공편을 이용하도록 종용하면서 본인은 12월 31일 항공편으로 귀국할 것임을 설명함. 4. 결국 어쩔 수 없이 인천행 항공편을 선택할 수밖에 없었으며 추가 교통(항공, 버스)비용으로 270만원이 발생함. 5. 또한 상품특전에 표기된 구마모토성 관광일정을 누락한 것에 대한 책임도 있음.	1. 예정 가이드가 변경되어 모든 여행자에게 여행 전 안내해 드린 사항임. 2. 2일차 오전에 선박회사로부터 결항 가능성이 높음을 통보받아 고객들에게 설명하고, 오후 2시 결항확정문서를 받고 가이드를 통해 현지 체류 시 체재비용에 대한 대략적인 금액과 물가 등을 안내드림. 3. 귀국에 대해서 선박과 항공 등 여러 방편으로 가능 여부를 확인하였지만 유일하게 후쿠오카 → 인천행 대한항공편만 가능하여 안내드린 것임. 4. 기상을 예측할 수 없는 상황에서 갑작스러운 대체안을 마련하는 것에 대한 한계가 존재할 수밖에 없음을 양해 바람. 5. 12월 29일부터 1월 1일까지 구마모토성의 휴관을 파악하고 12월 9일에 소전사공원으로 일정표를 변경 후 기 예약한 손님들께 안내드렸으나 신고인 일행은 12월 15일 예약하신 손님이어서 당연히 인지하고 있으리라 생각했지만 자사 과실로 상품특전의 내용을 바꾸지 못하였음.

신고인 요구사항	해당 여행사 입장
기상문제가 인정이 되더라도 피해금액의 30%를 보상할 것	보상의사 없음.

결정사항	신고인 외 1인의 보상청구를 기각함.

결정이유
1. 신고인 일행은 해당 여행사의 '자유여행' 상품을 구매한 것으로 해당 여행사의 책임은 선박편 및 숙박시설 제공이 전부임. 또한 해당 여행사는 천재지변으로 발생된 문제에 대해 도의적인 책임으로 숙박비 및 버스편 제공 등 최선의 대책을 마련했다고 인정함에 따라 기각하기로 심의·결정함.

처리결과	기각

제 목	차량탑승인원을 초과하여 행사를 진행하다니 …		
상품명 / 지역	북인도+갠지스강 8일		
상품가 / 인원	성인 : 1,950,000원	기간	2011.02.01~02.08

신고인 주장	여행사 답변
1. 델리공항에 도착하여 차량에 탑승하고 호텔로 출발해야 하나 주차위반 문제로 45분 늦게 출발하였음(9인승 차량에 11명이 탑승하여 이의를 제기하고 다음 날 큰 차량으로 교체하기로 약속함). 2. 이튿날 차량교체가 이루어지지 않아 항의하였더니 사과 후 교체를 하였지만 탑승인원이 같은 더욱 노후된 차량이었고 좌석이 뒤로 넘어가기까지 하였음. 3. 자격도 없는 현지 아르바이트를 가이드로 선정하여 설명도 부족했거니와 제대로 알아들을 수도 없어 불편하였음. 4. 6일차 일정에서 '중세 천문대 잔타르 만타르'가 누락되어 이야기했더니 7일차에 진행한다고 하고서는 결국 가지 않았음.	1. 차량은 10인승 차량으로 진행하였으며 여유자리가 없는 사항을 손님이 불편함을 느낀 사항에 대해서는 인정함. 2. 그러나 홈페이지나 일정표상 인원이 6~&명인 경우 10인승 차량으로 행사진행됨을 표기한 사항임. 3. 가이드가 부족하여 아르바이트를 기용한 부분이 사실임. 4. 6일차 누락일정은 현지에 파악 중임.

신고인 요구사항	해당 여행사 입장
여행요금 50%(1,950,000원) + 가이드팁50%(15만원) 배상할 것	가이드팁에 해당하는 1인당 $120씩, 총 $240을 제안한 바 있음.

결정사항	해당 여행사는 신고인 부부에게 1인당 35만원씩 70만원을 지급하라.

결정이유
해당 여행사는 계약된 내용대로 차량을 제공하였다고 주장하고 있지만 운전석 및 보조석까지 포함된 11좌석 차량에 11명을 탑승하게 한 점은 특히, 인도여행의 장거리 이동시간 및 차도 상황을 고려해 볼 때 신고인 일행에게 불편을 끼친 사항이 인정되며 자격이 없는 아르바이트를 가이드로 고용하여 관광지 설명 부족은 물론 행사 진행 미숙 등으로 불편을 초래하였음이 인정됨에 따라 전체 여행요금을 감안하여 금 70만원을 보상하는 것이 합리적이라고 판단됨.

처리결과	쌍방 수용

제 목	차량고장으로 인한 불편		
상품명 / 지역	미 동부 + 미 서부		
상품가 / 인원	성인 : 2,580,000원	기 간	2014.06.07~06.20

신고인 주장	여행사 답변
1. 여행기간 중 3차례(6월 8일 차량 휠 분리, 6월 16일 엔진고장, 6월 18일 타이어 펑크)의 차량고장으로 일정이 지연 및 축소되었으며 이로 인해 사고의 불안감을 가지고 여행을 진행함. 2. 미 동부 일정 중 가이드가 동행하여 설명을 하여야 하나 동행하지 않아 가이드의 서비스를 받을 수 없었으며 6월 9일 가이드가 여행자 관리를 소홀히 하여 여행자를 잃어버려 일정이 축소되고 6월 12일 가이드의 지각으로 일정이 지연되었음. 3. 6월 17일 샌프란시스코에서 본래 일정인 차이나타운 및 피셔맨즈워프를 누락하고 선택관광인 크루즈 유람선과 케이블카를 진행함. 4. 해당 여행사에서는 잘못을 인정하여 1인당 15만원 보상을 제안하였으나 합당한 손해배상이라고 판단되지 않아 추가 보상을 요구하였으나 보상을 거부하고 있음.	1. 차량고장으로 불편을 겪으신 부분은 인정하나 이로 인한 여행자의 상해는 발생되지 않았으며 단순한 차량고장으로 신고인의 주장을 받아들이기 어려움. 2. 가이드에 관한 불편사항은 연령이 높은 다른 고객과 동행하는 과정에서 불편함을 느끼신 신고인의 주관적인 주장으로 사료됨. 3. 차이나타운은 차창관광으로 진행하고 피셔맨즈워프에서 선택관광을 진행하여 일정누락은 없었지만 가이드의 안내가 부족했던 것 같음. 4. 차량고장으로 발생된 일정 지연과 가이드의 안내 부족을 인정하여 1인당 15만원을 제안함.

신고인 요구사항	해당 여행사 입장
총 5,160,000원 : 1,290,000원(여행요금의 50%)×4명	총 60만원 : 위로금 15만원×4인

결정사항	여행사는 신고인 외 3인에게 총 916,000원(치료비 350,900원 별도)을 지급하라.

결정이유
차량의 관리가 부족하여 발생됐던 것으로 판단되며 차량사고로 여행자의 외상은 발생되지 않았지만 신체 및 정신적인 충격은 상당했을 것으로 인정되는바, 1인당 여행요금의 10%인 229,000원과 신고인 일행의 치료비 350,900원을 지급하는 것이 합당하다고 판단함.

처리결과	쌍방 수용

제 목	항공사의 운송 지연으로 인한 불편		
상품명 / 지역	라스베이거스+칸쿤		
상품가 / 인원	성인 : 3,250,000원 유류 별도	기 간	2013.06.30~07.07

신고인 주장	여행사 답변
1. 항공사 측의 실수로 여행 당일 인천-나리타-달라스 경유 항공편이 취소되어 있었으며 급하게 달라스 직항 항공편을 잡아주어 중환자석 앞자리에 앉아 불편하게 이동함. 이로 인해 일정이 어긋나 면세로 구입한 물건도 찾지 못하고 면세점 이용도 하지 못하여 불편을 겪음. 2. 달라스 항공에서 라스베이거스로 이동하는 항공편 환승시간(2시간 30분)이 부족하여 비행기를 놓침. 결국 1시간 후 비행기로 대체편이 제공되었으나 대체편 또한 1시간 가까이 지연되어 다음 일정에 차질이 생김. 3. 라스베이거스에서 수하물 찾는 곳을 잘못 안내하여 짐을 찾느라 시간을 빼앗김. 4. 귀국 후 2일 뒤에 짐이 도착함.	1. 여행출발 당일 인천공항에서 나리타-LA 구간이 딜레이되면서 항공사 측에서 항공 예약 변동이 되었고 현장에서 신고인에게 바로 대체편을 마련해 드림. 항공사 측에서는 신고인께서 대체편을 이용하였기 때문에 별도 보상은 없다고 함. 2. 여행사 직원은 출근 전이었기 때문에 해당 내용을 확인할 수 없는 상황이었으며 공항 항공사 직원이 대체 스케줄로 예약을 해준 것임. 3. 항공사 직원이 신고인에게 안내 나간 부분임. 4. 항공사의 실수로 짐이 늦게 도착한 것이며 항공사에 원인규명을 요청하였으나 항공사 측에서도 원인규명이 어렵다는 답변을 받음.

신고인 요구사항	해당 여행사 입장
여행 중 겪은 불편에 상응하는 보상	보상 불가

결정사항	여행사는 신고인 외 1인에게 총 30만원을 지급하라.

결정이유
항공기 결항으로 인한 항공 대체편 이용, 환승시간 부족 및 화물운송 지연 등 항공사의 귀책사유로 인하여 발생하였지만 해당 여행사는 달라스 공항의 환승시간이 부족하다는 것을 알고 있었음에도 불구하고 그에 따른 적절한 조치를 취하지 아니하는 등 여행 전문가로서 여행객에 대한 배려가 부족했던 것이 인정됨.

처리결과	쌍방 수용

제 목	렌터카 고장으로 인한 불편		
상품명 / 지역	뉴질랜드		
상품가 / 인원	성인 : 3,436,100원	기 간	2015.02.14~02.23

신고인 주장	여행사 답변
1. 오토 캠퍼밴을 계약 후 수동차량이 예약되어 출발 2일 전 오토차량으로 변경받아 출발하였으나 문이 닫히지 않는 노후 차량을 인수 받음. 2. 여행 출발 후 차량 하부가 파손, 차량문 고장, 시동이 걸리지 않아 여행이 지체되었으나 렌터카 업체에서는 주행에 문제없다며 차량 교체를 해주지 않음. 3. 렌터카 회사에서 10만원 상당의 관광을 제공하였지만 일정을 제대로 소화하지 못하여 귀국 후 여행사에 민원을 제기하였지만 환불 외에 보상은 거부하고 있음.	1. 현지 성수기 시즌으로 오토차량의 수배가 어려워 신고인의 동의를 구해 당사가 추가 요금을 지불하고 업그레이드된 캠퍼밴을 제공함. 2. 차량 고장 후 정비업체를 파견하여 수리하였고 정비업체에서 운행에는 문제가 없다고 판단하였으며 대체 차량을 확인하였으나, 성수기 기간으로 수배가 어려워 퀸스타운으로 이동하여 차량을 교체하도록 조치함. 3. 당사는 차량 예약을 대리로 진행해 드리는 것으로 컨디션까지는 책임을 지지 않으나 밀포트사운드 관광 1일과 퀸스타운 숙박 2일을 제공하고 수리비용 등 추가비용을 선지급하였으며 위로의 차원에서 수리비 및 통화료 등 총 275,000원을 보상 제안하였으나 신고인이 거부함.

신고인 요구사항	해당 여행사 입장
총 2,443,000원 환불 : 렌트비 2,168,000원 + 수리비 95,000원 + 통화료 18만원	총 275,000원 보상 : 수리비 95,000원 + 통화료 18만원

결정사항	여행사는 신고인 외 1인에게 총 575,000원을 지급하라.

결정이유
동 사항은 컨디션이 좋지 않은 차량이 제공되어 불편이 발생된 것으로 인정되며 여행사를 통해 차량의 예약과 결제가 이루어진바, 여행사에서 책임을 면할 수 없으나 카드 취소를 통한 환불 및 현지 투어서비스가 제공된 부분을 감안하여 수리비 95,000원, 통신비 18만원 보상금 30만원을 지급하는 것이 합당하다고 판단됨.

처리결과	쌍방 수용

제 목	개별 서비스 축소 제공으로 인한 불편		
상품명 / 지역	괌		
상품가 / 인원	성인 : 599,000원	기 간	2013.03.06~03.10

신고인 주장	여행사 답변
1. 신고인 외 3명은 소셜커머스를 통해 각자 해당 여행사에서 렌터카 24시간을 무료로 제공하는 자유여행 상품을 구입함. 2. 여행사는 1인 기준으로 24시간씩 렌터카를 제공하여야 하나 차량 1대를 48시간만 제공하였으며 모든 특전 사항을 1인 기준이 아닌 2인 기준으로 축소하여 제공함. ex. 24시간/인 × 4인 = 96시간 　　차량 1대 사용 시 4일 제공	1. 신고인 일행은 소셜커머스를 통해 각자 예약을 하셨고 유선으로 예약 확인 시 4인이 일행이라는 것을 확인함. 2. 신고인이 유선으로 렌터카 제공에 대해 문의하였으며 여행상품은 2인 기준으로 구성되어 일행이 4인인 것을 고려하여 차량 1대를 2일간 제공하는 것으로 수차례 안내드리고 진행한 사항임.

신고인 요구사항	해당 여행사 입장
렌터카 2일분 환불	환불 불가

결정사항	신고인 외 3인의 청구사항을 기각한다.

결정이유
동 사항의 예약 후 진행과정을 확인한 결과, 여행사에서 렌터카 제공에 대해 사전안내가 이루어졌으며 이에 따라 여행기간 동안 차량 1대를 2일간 제공하는 것으로 서로 간의 합의가 이루어진 것이 확인됨.

처리결과	기각

📚 참고문헌

- 공정거래위원회 표준여행약관, http://www.ftc.go.kr
- 국가직무능력표준, NCS학습모듈, http://www.ncs.go.kr
- 김수빈·정동근, 데이터베이스를 이용한 협력학습 그룹핑 추천 앱 설계, 한국IT마케팅학회논문집. Vol.1 No.1, 2015.
- 내일투어, http://www.naeiltour.co.kr
- 노랑풍선, http://www.ybtour.co.kr
- 동부화재 여행자보험, http://www.dongbusos.com
- 레드캡투어, http://www.redcaptour.com
- 롯데관광, http://www.lottetour.com
- 모두투어, http://www.modetour.com
- 미래서비스아카데미, 서비스 매너, 새로미, 2014.
- 박시범·이병열·서정원, 뉴 관광학개론, 새로미, 2016.
- 박시범·이병열·홍영호·서정원, 여행사 경영론, 새로미, 2010.
- 박오성, 국제매너와 에티켓, 현학사, 2015.
- 서울특별시 관광협회, 신규 여행업회원 경영활용 자료, 2015.
- 손일락·김영식, 비즈니스 매너의 이해, 한올출판사, 2014.
- 여행불편신고처리사례집, 한국여행업협회, (2011년,2013년, 2015년, 2017년)
- 오정주·권인아, 비즈니스 매너와 글로벌 에티켓, 한올출판사, 2015.
- 이병열·천덕희·이은민·윤세환, 세계관광과 문화, 한올출판사, 2016.
- 이준석, 효율적인 데이터베이스 마케팅을 위한 데이터마이닝 전처리도구에 관한 연구, 디지털융복합연구. Vol.12 No.11, 2014.
- 임송국·이수진·김은희, 텔레마케팅, 홍익출판사, 2012.
- 지희진, 행동하는 매너 메이킹하는 이미지, 한올출판사, 2014.

- 참좋은여행, http://www.verygoodtour.com
- 천덕희·김지선·민정아, 여행사 경영과 실무, 대왕사, 2012.
- 천덕희·민정아·장윤희, 항공발권실무, 대왕사, 2013.
- 천덕희·민정아·장윤희, 항공예약실무, 대왕사, 2014.
- 클럽메드, http://www.clubmed.co.kr
- 하나투어, http://www.hanatour.com
- 한국관광공사, 2015 국민여행실태조사, 2016.
- 한국여행서비스교육협회, 국외여행인솔자 공통실무, 한올출판사, 2106.
- 해피허니문클럽, http://www.happyhoneymoonclub.com
- 허니문리조트, http://www.honeymoonresort.co.kr

NCS 기반
여행상품상담실무

집필 위원

이병열(인덕대학교 관광서비스경영학과 교수)

천덕희(UTC Tour 대표이사 / 순천향대학교 관광경영학과 겸임교수)

이은민(사단법인 한국여행서비스교육협회 사무국장 / 여행시간 대표이사)

용환재(진주보건대학교 관광과 교수)

서정원(대림대학교 호텔관광과 교수)

최동열(서영대학교 항공서비스과 교수)

김종아(동남보건대학교 글로벌관광서비스과 일본어전공 교수)

정대봉(경복대학교 국제관광과 교수)

김경희(H&S 커뮤니케이션즈 대표이사 / 안산대학교 관광영어과 겸임교수)

김재곤(원광보건대학교 글로벌호텔관광과 교수)

김효경(한국관광대학교 관광경영과 교수)

NCS 기반
여행상품상담실무

초판 1쇄 발행 2016년 8월 30일
2판 1쇄 발행 2019년 8월 10일
3판 1쇄 발행 2021년 8월 30일

저　　자　(사)한국여행서비스교육협회
펴 낸 이　임 순 재
펴 낸 곳　(주)한올출판사
등　　록　제11-403호
주　　소　서울시 마포구 모래내로 83(성산동, 한올빌딩 3층)
전　　화　(02)376-4298(대표)
팩　　스　(02)302-8073
홈 페 이 지　www.hanol.co.kr
e - 메 일　hanol@hanol.co.kr
ISBN 979-11-6647-126-1